메이로쿠잡지 明六雜誌

【하】

메이로쿠잡지【하】明六雜誌 下

1판 1쇄 발행   2025년 3월 27일
—
편저자 ㅣ 메이로쿠샤 동인
역주자 ㅣ 김도형·박삼헌·박은영
발행인 ㅣ 이방원
—
발행처 ㅣ 세창출판사
　　　　신고번호·제1990-000013호 ㅣ 주소·서울 서대문구 경기대로 58 경기빌딩 602호
　　　　전화·02-723-8660 ㅣ 팩스·02-720-4579
　　　　http://www.sechangpub.co.kr ㅣ e-mail: edit@sechangpub.co.kr
—
ISBN　979-11-6684-363-1　94910
　　　　979-11-6684-360-0　(세트)
—
·이 책은 한국연구재단의 지원으로 세창출판사가 출판, 유통합니다.
·잘못된 책은 구입하신 서점에서 바꾸어 드립니다.
—
이 번역서는 2016년 대한민국 교육부와 한국연구재단의 지원을 받아 수행된 연구임 (NRF-2016S1A5A7019019).

메이로쿠잡지 明六雜誌

제29호~제43호

The Translation and Annotation of "**Meiroku Zasshi**"

【하】

메이로쿠샤 동인 편저

김도형·박삼헌·박은영 역주

세창출판사

해제

『메이로쿠잡지明六雜誌』는 1874년(메이지 7) 4월 2일 창간호를 시작으로 1875년(메이지 8) 11월 14일 정간 시까지 모두 43호가 발행된 잡지다. 이 잡지는 1873년(메이지 6) 7월에 미국에서 귀국한 주미대리공사 모리 아리노리森有礼가 유럽과 미국에서의 체험을 기초로, 일본의 교육개혁을 목표로 하여 같은 해 8월에 동지들과 함께 설립한 학술결사 메이로쿠샤明六社가 만들어지면서 시작되었다고 말할 수 있다. 메이지 유신 이후 근대국가 건설을 위해 국민 전체의 지적 수준 향상과 그것을 위한 교육개선의 필요를 통감한 모리는 해외의 학회에서 학자 및 지식인들과 교류한 경험을 바탕으로 일본 지식인들의 고립성과 폐쇄성을 타파하고, 지식인 간의 학문적 교류를 촉진하기 위해 학술결사를 설립하려고 했던 것이다. 모리가 귀국 후 이 메이로쿠샤의 설립을 위해 어떤 활동을 벌였는지는 메이로쿠샤 회원 중 하나였던 니시무라 시게키西村茂樹 만년의 회고록을 통해 엿볼 수 있다.

미국에서 학자는 각기 배우는 바에 따라서 학사를 일으킴으로써 서로 학술을 연구하고, 또 강담講談을 나누면서 세상 사람들을 이롭게 합니다. 우리 나라의 학자는 모두 고립되어 서로 왕래가 없으므로 세상에 도움 되는 일이 매우 적습니다. 저는 우리 나라의 학자도 저 나라의 학자들처럼 서로 학사學社를 만들어 모이고 강구講究하기를 희망합니다. 또 우리 나라 근년 국민 도덕의 쇠퇴함이 그 바닥을 모를 지경이니, 이를 구제할 것은 노학사老學士 이외에 또 누가 있겠습니까. 그러므로 지금 먼저 모임을 만들어 학문의 높은 진전을 도모하고 도덕의 모범을 세우고자 합니다.[1]

모리의 상담을 받은 니시무라는 "내가 그 일의 마땅함을 찬성하니, 이로써 두 사람이 서로 의논하여 도하의 명가들을 모을 것을 약속"한다고 응답했다. 여기에서 말하는 '도하의 명가'에는 후쿠자와 유키치福澤諭吉, 나카무라 마사나오中村正直, 가토 히로유키加藤弘之, 쓰다 마미치津田真道, 니시 아마네西周, 미쓰쿠리 슈헤이箕作秋坪 등의 이름이 거론되었고, 이렇게 니시무라의 소개로 모리의 구상이 사람들에게 전달되면서 일본 최초의 '학술결사'가 설립되었다는 것이다. 다만 이 회고는 니시무라 본인의 입장인 만큼, 본인이 구성원을 모으는 중심적 역할을 했으며 특히 "도덕의 모범을 세우고자" 한다는 식으로 모리가 이야기했다는 내용은 그대로 받아들이기에는 의문이 남는다. 유교도덕을 중심으로 한 국민 만들기의 기획은 만년의 니시무라가 가장 힘을 쏟았던 필생의 작업이었던 점에서 위 회고록의 관점은 당시 니시무라의 주관이 들어갔을 가능성을 배제하기 어렵고, 무엇보다 두 사람은 1885년 모리가 문부대신을 맡았을 때 도덕교육의 방식을 두고 유교 중심의 전통적 방식으로 할지, 서양의 근대윤리학 방식으로 할지를 두고 대립했던 사이라는 점을 생각하면 더욱 그렇다.

---

1   니시무라 시게키, 『往事錄』, 1905.

또 이 결사는 모리의 니시무라 방문(1873년 7월)으로부터 거의 한 달 이내에 첫 모임(8월 21일)을 가졌는데, 이 결사의 성원들은 이미 '도하의 명가'들로서 각자의 분야에서 활동하던 지식인들이었던 만큼, 위 제안만으로 즉각 모임이 이루어졌다는 것도 쉽사리 이해하기 어렵다. 도리어 생각해 볼 만한 것은 위 성원들 다수가 특히 막부의 연구기관인 가이세이쇼開成所에서 이미 활발한 교류가 있는 인물들이었다는 점이다. 즉 막부가 1856년에 설치한 서양연구기관 반쇼시라베쇼蕃書調所에 당시 일본의 서양 연구자들이 모여들었고, 이것이 이후 가이세이쇼로 개편되는 가운데 네덜란드, 영국, 프랑스, 독일 등 각종 서양의 정치, 제도 관련 지식들을 흡수하며 학문적 역량을 축적하고 교류하는 네트워크가 만들어졌으며, 이들이 서양의 학문을 연구하고 보급하고자 하는 의지를 이미 품고 있던 상황에서 모리의 제안과 니시무라의 소개가 뒷받침되어 빠르게 모임이 이루어졌다고 생각하는 편이 보다 타당하게 여겨진다.

이렇게 결성된 모임은 매월 1-2차례 정도의 정기집회를 가졌고, 이 모임이 1873년에 발족했기 때문에 메이지 6년明治六年(메이지 로쿠넨)에서 따 메이로쿠샤라는 이름을 붙이게 되었다. 모임 설립의 목적은 「메이로쿠샤제규明六社制規」[2]에 따르면 "우리 나라의 교육을 진보시키기 위해 뜻이 있는 자들이 회동하여 그 수단을 상의함"에 있다고 밝히고 있는데, 여기에서 회동 이외에 '교육의 진보'라는 목적을 위해 '수단을 상의'한다는 점에 주목할 필요가 있다. 이들 대부분은 자신들이 학습한 내용을 널리 세상에 알리고 지식을 보급하는 것으로 세상의 진보를 가져올 수 있다고 믿는 낙관론자들이었다. 이 시대 서양에는 자연과학적 지식을 확대하고

---

2   「메이로쿠샤제규明六社制規」, 1873.

그것을 사회에 적용하여 '문명'을 '진보'시킬 수 있다고 믿는 낙관주의적 목적론이 유행하였고, 그것이 서양의 문명을 표준으로 하는 것이었던 만큼, 그것을 일본에서 가능케 하는 데 필요한 지식과 방법은 무엇인지가 이들 지식인의 최대 관심사였다. 그것은 흔히 '문명개화'라는 단어로 표현되었으며, 이 단어 자체가 메이로쿠샤의 지식인들이 공통적으로 공유하고 추진하는 목표가 되어 있었다고 말해도 좋을 것이다.

메이로쿠샤 지식인들이 그 '교육의 진보'를 위해 지식을 보급한다는 목표를 달성하기 위한 수단으로서 추진했던 것은 크게 두 가지였는데, 그중 하나는 '연설회 개최'였고, 다른 하나는 '잡지의 발행'이었다. 실제 잡지의 창간호가 모임 결성으로부터 반년 남짓한 기간이 지난 이듬해인 1874년 4월 2일에 발행되었던 것을 보면 이 잡지는 모임의 결성과 동시에 구상되고 추진되었던 것으로 볼 수 있을 것이다.

이런 결사의 목적은 잡지 제1호의 권두사에서도 동일하게 표명되고 있다.

최근 우리는 모여서 사리를 논하거나 새로 들은 것을 이야기하고 학업을 연마하며 정신을 맑게 하고 있다. 거기에서 나눈 이야기를 필기한 것들이 쌓여서 책을 만들 만큼이 되었으니, 이를 출판하여 뜻을 함께할 여러 동지와 나누고자 한다. 보잘것없는 소책자이긴 하나, 여러 사람을 위해 지식을 알리는 데 조금이나마 도움이 된다면 더없이 기쁠 것이다.

이런 동일한 목적을 공유한 성원들이 스스로 획득한 지식을 사람들에게 소개하고 보급함으로써 이른바 '문명개화'를 촉진하는 수단으로 삼고

자 했던 것인데, 그러나 목적과 수단은 공유되었을지언정, 그 '문명개화'의 내용에 대해서는 다양한 이견이 제시될 수밖에 없었고, 이런 논의의 다양성과 논쟁이 분출되었던 것이 이 잡지의 특징이 되었다. 그렇기 때문에 이 잡지는 어떤 단일한 논의나 의도를 가진 것으로 읽어 내기보다는, 그 안에 어떤 종류의, 얼마나 다양한 '문명'의 궁리들이 존재했는지를 읽어 내는 방식으로 접근하는 것이 보다 유효한 독해법이 될 것이다. 가령 야마무로 신이치山室信一와 같은 연구자는 거기에서 수행되었던 논의들을 카테고리별로 분류하여 결사結社, 존이尊異, 상의商議, 논총論叢, 직분職分, 세무世務, 신의信疑, 친시고험親試考驗, 과학科學, 욕망欲望, 교법敎法, 문명文明이라는 내용으로 이루어지고 있고, 이것들이 당시 일본에 부족하였던 것을 보충하거나 구습을 타파하고자 하는 목적으로 제시된 것들이라고 분석했는데,[3] 이것은 당시 일본에서 펼쳐진 '문명개화'의 내용 그 자체였다고 말해도 무리는 아닐 것이다.

또 이 잡지에는 당대 일본뿐 아니라 서양에서 유행하던 지식이나 사상들이 다채롭게 소개되고 있어서, 우리에게 현재 '상식'이나 '교양'으로 정착해 있는 지식의 기원과 전파의 양상을 살펴보는 데 흥미로운 단서들을 제공해 준다. 가령 칸트, 밀, 몽테스키외, 홉스, 루소, 기조, 버클, 버크, 블룬칠리, 스펜서 등 다양한 시간대와 공간의 사상가들이 이 잡지 안에서 혼재되어 소개되고 있는데, 다만 그 소개되는 정도와 방식 역시 그 것을 소개하는 학자의 역량에 따라 천차만별이어서 실제 자신의 의도를 완전히 대변하는 인물로서 서양의 학자를 끌어들여 소개하고 있는 경우가 있는가 하면, 막상 자신의 의도와는 다른 효과를 초래하여 이후에 이

---

3   야마무로 신이치, 「『明六雜誌』の思想世界」, 『明六雜誌』(下), 岩波書店, 2009, 447-517쪽.

를 다시 부정하게 되는 경우도 존재하는 등, 그 지식의 전파양상 자체가 매우 흥미롭게 펼쳐지고 있었다는 점도 주목할 만하다.

앞에서 언급한 다양성과 논쟁의 분출이 전개되는 양상을 잠시 살펴보자. 가령 이 잡지의 제1호의 첫 번째 기사 제목은 「서양 글자로 국어를 표기하자」(니시 아마네)였고, 두 번째 기사 제목은 「개화의 정도에 따라 문자를 개량해야 한다」(니시무라 시게키)였다. 히라가나 표기를 알파벳으로 대체하자는 이 대담한 주장은 사실 메이로쿠샤의 발기인이었던 모리가 미국에 체류할 때 발간한 자신의 저서 *Education in Japan*(1872)에서 언급했던 것으로, 다가오는 시대에 일본어가 문명의 언어로 적합하지 않은 만큼 인민의 교육을 위해서는 영어를 모국어로 하자는 내용이었다. 모리의 소위 '영어공용화론'은 이후 많은 비판을 받았는데, 이에 관한 니시 자신의 주장을 잡지 창간호의 첫 번째 기사로 싣고, 그 반대 논의를 함께 게재하였다는 것은 이 잡지가 지향하였던 문명개화의 대담함과 포부를 보여 주기에 충분했다고 말할 수 있을 것이다. 이 논의는 여기에서 끝나지 않고, 이후 제7호에서 시미즈 우사부로의 히라가나 전용론[4]이나 제10호 사카타니 시로시의 논의[5]로 이어지기도 하고, 이후 잡지 바깥에서도 수많은 논쟁을 일으켜 이후 한자와 히라가나를 섞어 쓰는 일본어의 '국어' 형태가 정착되는 데까지 연결되는 거대한 지적, 학술적 흐름의 일단을 구성한 것이었다.

또 제3호에서는 인민계몽의 수단으로 기독교를 선택하여 보급할 것을 제안[6]하는 쓰다 마미치津田真道와, 표트르 대제의 유훈遺訓을 소개하면

---

4   시미즈 우사부로, 「히라가나의 설」, 『메이로쿠잡지』 제7호 6.
5   사카타니 시로시, 「질의일칙」, 『메이로쿠잡지』 제10호 4.

서 "세상에서 성행하는 선한 종교를 선택하여 이에 따르고, 우리 지식을 밝히"[7]면서 기독교를 넘어서야 할 것을 주장하는 스기 고지杉亨二가 직접 서로를 호명하지는 않지만 다른 입장의 논의를 전개하고 있다. 쓰다가 제기한 종교를 교화의 수단으로 이용할지 어떨지의 문제는, 니시의 「종교론」[8]과 거기에 대한 가시와라 다카아키柏原孝章의 「종교론 의문」[9]의 논쟁으로 이어졌으며, 이 외에도 가토 히로유키의 「미국의 정치와 종교」[10]나 쓰다와 니시의 논의를 이은 모리의 번역 기사 「종교」,[11] 그리고 나카무라의 「인민의 성질을 개조하는 것에 대한 설」[12] 등으로 활발하게 이어진다. 이러한 논의는 당시 일본의 사상적, 문화적 지형 안에서 서양의 'religion' 개념을 이해하고 수용하는 문제가 얼마나 까다로운 것이었으며, 이후 천황제의 강화와 함께 그 배경으로 후퇴할 수밖에 없었던 일본의 독특한 '종교' 개념 성립을 이해하는 데 필요한 단서들을 제공해 준다.

이 외에도 잡지가 간행되는 내내 여성문제, 민선의원 설립 문제, 외국인의 일본 거주 및 여행 문제, 타자와의 공존 문제 등등 다양한 당대의 주제들에 대한 회원 간 직간접적인 논쟁들이 잡지의 정간 때까지 계속되었다.

이렇듯 잡지 자체도 이미 이름이 널리 알려진 지식인들 다수가 참가

---

6   쓰다 마미치, 「개화를 진전시킬 방법에 대해 논하다」, 『메이로쿠잡지』 제3호 5.
7   스기 고지, 「러시아 표트르 대제의 유훈」, 『메이로쿠잡지』 제3호 4.
8   니시 아마네, 「종교론」, 『메이로쿠잡지』 제4호 4, 제5호 2, 제6호 2, 제8호 5, 제9호 3, 제12호 1.
9   가시와바라 다카아키, 「종교론 의문」, 『메이로쿠잡지』 제29호 3, 제30호 3.
10   가토 히로유키, 「미국의 정치와 종교」, 『메이로쿠잡지』 제5호 5, 제6호 3, 제13호 1.
11   모리 아리노리, 「종교」, 『메이로쿠잡지』 제6호 4.
12   나카무라 마사나오, 「인민의 성질을 개조하는 것에 대한 설」, 『메이로쿠잡지』 제30호 4.

했던 데다, 이런 논쟁의 양상이 잡지를 통해 전개되었을 때 독자들은 더욱 많은 관심을 가졌으며, 그런 만큼 판매도 호조였고 영향력도 적지 않았다. 당시 각종 신문의 투서란에는 메이로쿠샤의 연설 활동 및 잡지 내용과 관련한 의견들이 등장하였고, 잡지의 판매 수익 역시 제법 이문을 남길 정도가 되어서 실제 메이로쿠샤 회의의 결산보고 이후에 회원들 간에 연설 장소로서 건물을 얻는 등의 운영구상 등이 논의되기도 할 정도였다.[13] 이렇듯 회원들의 논쟁이 전개되고 이를 통해 다양한 지식과 정보를 제공하는 장으로 활용되었던 이 잡지는, 애초에 내세웠던 지식의 보급과 전파, 이를 통한 교육의 보급이라는 목적을 충실히 달성해 가고 있었던 것으로 보인다.

　그러나 이 잡지는 흥행이나 목적의 달성과는 별개로, 불과 1년 반 정도의 기간밖에 존속하지 못했다. 여기에는 1875년(메이지 8) 이후 본격화한 메이지 정부의 언론단속 강화 움직임이 영향을 준 사실을 부정하기 어렵다. 메이지 정부는 1874년(메이지 7)에 나온 민선의원 설립 논쟁을 계기로 격화되고 있던 소위 '자유민권운동'과 언론의 움직임을 억누를 필요를 느꼈고, 그 결과로 6월 28일 「참방률讒謗律」과 「신문지조례新聞紙條例」를 발포하게 되었다. 이를 두고 회원들 사이의, 특히 『메이로쿠잡지』의 기사들에 나타나는 '정치논의'를 둘러싼 입장의 차이가 표면화하게 된다. 그러나 이 문제는 사실 정부의 언론정책 변화 이전에 이 '결사society'의 성

13　모리 아리노리, 「메이로쿠샤 제1년 차 역원 개선(役員改選)에 대한 연설」, 『메이로쿠잡지』 제30호 1. 여기에서 나온 보고에 따르면 메이로쿠샤의 1년 수입액은 잡지 판매, 헌금, 이자를 합하여 717엔 65센 7린, 지출액은 식비, 인쇄비 등을 합하여 262엔 17센 6린으로 상당한 흑자를 보고 있었다. 또 이 수입액 중 잡지 판매 수입은 632엔 82센 5린으로, 전체 수입액의 약 88%가량을 차지하고 있었음이 확인된다.

격을 둘러싼 정체성의 문제, 나아가 당시 일본 내 '문명개화'의 내용을 둘러싼 첨예한 입장 차이와 갈등에서 야기된 것이라고 보는 편이 타당하다.

앞서 언급한 잡지상에서 벌어진 '논쟁' 가운데 가장 유명한, 그리고 결사의 정체성과 연관된 것은 잡지 제2호에서 전개된 이른바 '학자직분논쟁'이라고 일컬어지는 논전이었다. 이것은 흔히 지식인의 민간활동 참여를 강조한 후쿠자와 유키치와 관직에 있으면서 메이로쿠샤에 참여하고 있던 다른 성원 간의 갈등에서 비롯된 것이었다. 이미 저술가, 번역가, 언론인, 교육자로 크게 성공했던 후쿠자와가, 관직에 있으면서 민간에 대한 지식보급 및 교육활동에 종사하려고 했던 회원들을 베스트셀러 저서 『학문의 권장(学問のすすめ)』의 「학자의 직분을 논함(学者の職分を論ず)」이라는 제목의 논설에서 은연중에 비판하면서부터 논쟁은 촉발되었다. 그런데 여기서 흥미로운 점 하나는, 원래 후쿠자와의 이 논설은 『메이로쿠잡지』 제2호에 동인들의 반론과 함께 실리기로 예정된 기사였다는 점이다. 이에 대해 당시 회장을 맡고 있던 모리 아리노리는 『메이로쿠잡지』 제2호 속표지에 아래와 같은 글을 적어 두었다.

후쿠자와 선생의 '학자직분론'은 게이오기주쿠慶應義塾에서 출판한 『학문의 권장』 제4편에 나온다. 이것은 선생이 이 모임을 위해서 저술한 것으로, 원래 이 잡지에 실어야 하지만 이미 출판되었으므로 여기에는 싣지 않는다. 독자들께서는 본론과 함께 읽어 보시기 바란다.

이 글에는 모리의 후쿠자와에 대한 섭섭함이 묻어 나온다. 이 모임의 동인들, 이를 두고 함께 글을 싣기로 한 약속, 이제 막 시작한 잡지의 흥행 등 여러 가지를 생각했을 때, 후쿠자와의 처사는 그다지 유쾌한 일이 아니었을 것이기 때문이다. 게다가 문제는 그 내용에 있었다.

> 지금 우리로부터 사립私立의 실례를 보이고, 인간의 사업은 홀로 정부의 임무가 아니라 학자는 학자로서 민간에서 일을 수행해야 한다. …
> 학술 이하 세 가지도 스스로 그 소유에 귀속하여 국민의 힘과 정부의 힘을 상호 간에 균형을 맞춤으로써 전국의 독립을 유지해야 한다.[14]

후쿠자와가 동 시기 '지식인'을 비판한 배경에는 또 후쿠자와의 '일신 독립하여 일국 독립한다'는 유명한 명제가 있다. 이런 지식인에 대한 입장 차이 이외에도 여기에서는 학문의 자립적 가치(사립)와 학자의 역할이 정부와 균형을 맞출 정도의 인민을 만들어 내는 일에 관여하는 것임을 분명히 언급하고 있다. 여기에서 후쿠자와가 강조한 '학문의 자립'과 그것을 위한 학자의 역할이라는 것은, 사실 당시로서는 매우 앞서 나간 이야기였던 것도 사실이다.

애초에 일본은 무관 중심의 사회로, 메이지 시대 이전에 지식인들 즉 '유자儒者'는 사회적으로 그다지 영향력을 가지는 존재가 아니었다. 조선이나 중국의 유학자들이 위정자이자 때로는 조정에 대한 비판자일 수 있었던 것에 비한다면, 일본의 지식인이 하는 역할은 미미한 것이었다고 말할 수 있을 것이다. 와타나베 히로시渡辺浩의 논의[15]에 따르면 다도가나 꽃꽂이 전문가와 같은 특수한 직업적 예능인과 견주어지는 그런 존재였

---

14   후쿠자와 유키치, 『学問のすすめ』, 福澤諭吉全集 第三巻, 岩波書店, 1971, 53쪽.
15   와타나베 히로시, 『東アジアの王権と思想』, 1997, 13쪽.

다. 몇몇 특수한 사례를 제외하면 지식인이 정치에 관여하는 경우는 극히 드물었고, 비판한다고 해도 어디까지나 나랏일을 근심하고 걱정하는 차원의 충정 어린 조언일 뿐, 정권 자체의 모순을 적극적으로 지적하는 사례는 거의 없었다고 해도 과언이 아닐 것이다. 그것은 위정자의 '교양'일 수는 있지만, 애초에 그것을 이념으로 하는 정치는 거의 불가능했다. 후쿠자와는 맹렬한 유교 비판으로 유명하지만, 거기에는 이러한 '무기력한 지식인'에 대한 비판의식도 존재했다고 말할 수 있다.

> 고래 세상의 유자나 한학자 등이 말한 것은 떠받들고 귀히 여길 만한 것이 아니다. 고래 한학자 가운데 집안을 잘 다스리는 자도 적고, 와카和歌를 잘하거나 상업을 잘하는 조닌町人도 드물다. … 필경 그 학문이 실로 멀어서 일용日用에 맞지 않는 증거이다. 그렇다면 지금 이러한 실없는 학문은 우선 뒤로 돌리고, 오직 인간 보통의 일용에 가까운 실학에 힘써야 한다.[16]

미국에서 이미 민간 교육의 중요성과 효과를 직접 보고 돌아온 후쿠자와에게 '관官'에 얽매여 있는 전통적인 지식인의 형태는 세상을 문명으로 나아가게 하는 데 그다지 미덥지 못한 존재였을 것이다. 그래서 그는 '사립'의 중요성을 강조하고, 관으로부터의 지식의 독립, 나아가 국가에 얽매이지 않는 자유로운 '지식'의 독립과 활성화야말로 문명개화로 나아가는 첩경이라고 생각했다. 이를 위해서는 기존 지식인들이 추구하던 유학이나 한학이 아닌 새로운 지식, 즉 '실학'에 힘써야 하며, 자신의 동료

---

16   후쿠자와 유키치, 『学問のすすめ』, 福澤諭吉全集 第三巻, 岩波書店, 1971, 30쪽.

들, 즉 메이로쿠샤 회원들이 '관'에 몸을 담고 있는 한 이런 지식의 추구는 불가능하다고 보았던 것이다. "정부는 여전한 전제의 정부, 인민은 여전한 무기력의 우민일 뿐"이라고 개탄하며, "인민의 기풍을 일신하고 세상의 문명을 진전시키기 위해서는, 지금의 양학자류에게도 역시 의뢰할 수 없"[17]다고 단정한 후쿠자와는, 정부로부터 독립한 '학자의 직분'을 명확화하고, '외부로부터의 자극'으로서의 역할, 즉 비판자로서의 지식인의 역할을 온전히 함으로써 구 막부 이래의 침체한 '기풍'의 쇄신이 도모되며, 진정한 문명화가 달성된다고 제언했던 것이다.

하지만 이런 후쿠자와의 논의에 대해 여타 메이로쿠샤 회원들은 반론을 제기했다. 가령 가토 히로유키는 다음과 같이 후쿠자와의 논의를 반박한다.

제 어리석은 견해로는 내양內養과 외자外刺가 모두 대단히 중요하지만, 요즈음과 같은 때에는 내양이 더욱 중요하다고 생각합니다. 따라서 양학자가 마땅히 그 뜻하는 바에 따라 관리가 되는 일도 반드시 불가하지는 않을 것입니다. 선생의 논의는 리버럴liberal에 해당합니다. 리버럴은 결코 불가한 것은 아닙니다. 유럽 각국이 요사이 세상에서 진보를 보완한 것은 무엇보다도 리버럴의 공입니다. 하지만 리버럴의 입장이 지나치게 된다면 국권은 마침내 쇠약해지고, 국권이 쇠약해지면 국가 또한 결코 바로 설 수 없습니다.[18]

---

17   후쿠자와 유키치, 『学問のすすめ』, 福澤諭吉全集 第三卷, 岩波書店, 1971, 49-52쪽.
18   가토 히로유키, 「후쿠자와 선생의 논의에 답하다」, 『메이로쿠잡지』 제2호 1.

가토는 일단 '내양과 외자가 모두 대단히 중요'하다며 논의의 전제는 인정하면서도, 후쿠자와가 말하는 것처럼 민간으로부터의 '외부 자극'에 역점을 두는 것은 "내양을 가볍게 여기고 외부 자극을 중시"하는 리버럴에 지나지 않는 것이라 하고, "나랏일도 민간의 일도 모두 중요하므로, 양학자가 그 재능과 학문에 따라서 어떤 이는 나랏일에 종사하고, 어떤 이는 민간에 종사하기도 하면서 치우치지 않을 수 있다"라고 주장했다. 그리고 이 가토의 반론, 즉 내양과 외부 자극은 두 가지 모두 중요하지만, 그렇다고 해서 논의가 어느 한편으로 기울어서는 안 된다는 주장은 학자가 관직에 나아가는 행위의 정당성을 역설하는 다른 논자에게도 공통되는 것이었다.

가령 모리 아리노리는 원래 정부와 인민을 도식적으로 대립시켜서 배치한 점이 후쿠자와의 오류이며 "관리도 인민이고 귀족도 인민이며 평민도 인민이다. 일본 국적에 속한 자는 한 사람도 일본 인민이 아닌 자가 없으며, 그 책임을 담당"해야 한다고 언급하고, '관'도 '민간'도 모두 인민인 이상 "관직에서 일하는 것의 공익公益이 사적으로 행하는 세상의 이로움에 미치지 못한다면, 학자는 모두 관직을 떠나고 학자 아닌 자들에게만 정부의 일을 맡겨야 비로소 세상의 이로움이 흥한다는 말이 된다"[19]라며 반론을 펼쳤다. 또 쓰다 마미치도 "국가를 인체에 비유할 수 있다. 하지만 정부는 생명력과 같고 인민은 외부의 자극과 같다고 함은 비유가 잘못된 듯하다"[20]라면서 후쿠자와가 말하는 '국가', '인민'의 신체적 비유 표현에 이론을 제기하는 형태로 "관에 있든 그렇지 않든 상관없이 각

---

19   모리 아리노리, 「학자직분론에 대하여」, 『메이로쿠잡지』 제2호 2.
20   쓰다 마미치, 「학자직분론에 대한 평」, 『메이로쿠잡지』 제2호 3.

각의 지위에 따라서 그 사람의 상황에 맞게 진력함이 마땅할 것"[21]이라고 반박했다. 니시 아마네 역시 "사람들은 장점도 취지도 모두 다르다. 그러므로 같은 양학자라 해도 정부에서 일을 돕든 민간에서 일을 성사시키든 모두 안 될 것이 없다"[22]라며 중간적 입장을 취하는 형태로 다른 논자들과 결론을 같이하고 있었다. 이들은 모두 관과 민간의 협조라는 표면상의 이유 위에서 현실론을 기반으로 학자가 관직에 나아가는 것이 정당하다는 논지를 자기 변호하듯이 전개한 점에서 일치한다.

이상과 같은 지식인론, 즉 당대 일본에서 '학자'의 역할이란 어떠해야 하는가에 대한 견해의 차이는 생각보다 큰 것이었고, 결정적으로 정부가 언론에 대한 통제를 강화하는 국면에서 '관직에 있는 자가 정치적인 사안에서 자유로이 정부를 비판할 수 있는가?'라는 치명적인 문제를 제기하게 만든 것이다.

메이로쿠샤의 초대 회장을 맡고 있던 모리 아리노리는 1875년(메이지 8) 2월의 모임에서 "지금 시대의 정치에 관해서 논하는 것 같은 일은 본래 우리가 모임을 만들 때 내세웠던 주의는 아닙니다. 또 그것은 힘만 들고 효용이 없을 뿐만 아니라, 이로 인해 어쩌면 불필요한 어려움을 초래할지도 모르는 일입니다"[23]라며 비정치적 입장을 분명히 밝힌 바 있다. 이는 당시 비등했던 정치적 논쟁을 보고 자신도 관료의 입장에서 이른바 '문명개화'를 위해 어디까지 이야기할 수 있는지 고민한 끝에 취한 입장이었을 것이다. 그러나 앞에서 살펴본 후쿠자와를 위시한 사립 중시파

---

21   쓰다 마미치, 「학자직분론에 대한 평」, 『메이로쿠잡지』 제2호 3.

22   니시 아마네, 「비학자직분론」, 『메이로쿠잡지』 제2호 4.

23   모리 아리노리, 「메이로쿠샤 제1년 차 역원 개선(役員改選)에 대한 연설」, 『메이로쿠잡지』 제30호 1.

와 관직에 몸을 담고 있던 몇몇 회원들 간 갈등은 1875년 9월 1일의 모임에서 결국 본격화되었다. 미쓰쿠리 슈헤이가 정치적 비판 기사를 게재할 수 없는 잡지의 성격에 대해 문제를 제기했고, 이에 정간론을 제안하면서 모리와 논쟁이 일어났다. 이를 보고 후쿠자와가 잡지의 폐간을 제안하면서, 잡지의 문제가 아닌 결사 자체의 존립에 관한 문제로까지 사안이 발전해 버린 것이다. 이 사태는 역시 '문명개화'의 보급 및 교육 수단으로서의 잡지의 효용성에 대한 문제 제기보다는, 애초에 관과 민간을 둘러싼 회원 간의 갈등, 나아가 '문명개화'란 어떻게 가능한가에 대한 회원 간의 생각의 차이가 심화하면서 야기되었다고 보아야 할 것이다. 결국 결사의 존폐를 건 중대 회의는 투표로 이어졌고, 후쿠자와의 제안에 찬성 12명, 반대 4명의 결과가 나오면서 잡지 폐간이 결정되었다. 동시에 이 결정은 단지 잡지만의 문제가 아닌, 결사 자체의 사실상 활동 정지 즉 해산이라는 방향의 결정이나 다름없었다. 찬성한 회원들은 이미 언론이 폭발적으로 증가하던 시기에 굳이 『메이로쿠잡지』에 의거하지 않고 보다 자유롭고 개별적으로, 정치적 발언의 규제 등에 구애받지 않는 공간을 선택해 활동하는 것을 선호했던 것이다. 이후 잡지는 10월과 11월에 2회를 더 발행하고 제43호로 중단되었다. 별다른 종간 표명이 없는 정간의 형태를 취한 것이었다. 메이로쿠샤의 또 하나의 수단, 즉 연설회 역시 당연히 중단되었다. 메이로쿠샤의 제안자였던 모리 아리노리는 11월에 청나라 공사로 부임했고, 이에 모임을 이끌어 갈 동력이 상실된 상태였다. 다만 모임 자체가 '해산'했는가 하면 그렇지는 않았고, 이들은 여전히 각자의 개인적 인연 등을 이어 가며 회합을 지속하고 있었다. 그리고 1879년(메이지 12) 1월에 문부성 직할 학술기관으로 설립된 도쿄학사회원東京學士會院에 메이로쿠샤의 회원들이 그대로 참가했다. 마치 민간의 메이로쿠샤가 관설 학술기관으로 모습을 바꾼 (혹은 흡수된) 형태가 되었던 것이다. 다만 거기에서는 『메이로쿠잡지』에서처럼 다채로운 영역에서의 활동은 이루어지지 않았고, 대개 '학술' 분야에서의 활동에 집중하게 되었다. 엄밀한 의미에서 민간에 대한 '지식의 보급'과 '교육'은 이루어지지 않게 되었던 것이다.

이 도쿄학사회원의 설립과는 별개로, 메이로쿠샤의 사원들은 잡지의 정간 이후 각자의 분야에서 많은 활동을 했고, 근대 일본의 학술계, 지식계에 큰 영향을 끼쳤다. 가토 히로유키는 도쿄대학 총장으로 재직하면서 자신의 제자들을 내세워 보다 '학술'에 충실한 학회를 만들고 학술지 [『東洋學藝雜誌』(1881), 『哲學會雜誌』(1887)]를 발간했으며, 대학에서 근대적 체제의 '학과' 설치와 조정에 깊이 관여했다. 모리 아리노리는 문부대신으로 학제의 개혁과 학술 내용의 서양화에 진력했고, 니시무라 시게키는 전통적인 '도덕'을 사회에 보급하고 활성화시키는 것으로 또 다른 근대 일본의 모습을 만들어 냈다. 어쩌면 이들은 아직 모든 것이 명확하지 않았던 시기에 『메이로쿠잡지』 활동을 통해 찾아낸 시행착오와 미숙함을 보완하며 자신들의 입장을 정리하고, 이후 일본의 현실을 만들어 내는 역동성을 찾았던 것이라고도 말할 수 있을 듯하다. 이 잡지에는 다양한 사람들이 참여했다. 지적 배경으로 보자면 서양학자부터 한학자까지, 연령대로 보아도 당시 27세의 모리 아리노리부터 52세의 사카타니 시로시까지, '남성'이라는 공통점 이외에는 모두 다른 환경과 입장에 처한 이들이었다. 그러나 이들은 모두 새로운 시대에 적합한 '지식'에 대한 왕성한 욕구를 지니고 있었고, 당면한 과제로서 '문명개화'라는 목표를 공유했다. 메이로쿠샤라는 모임과 그 결과물로서의 잡지는 오래 지속되지 못했지만, 그 경험과 시행착오가 이후 근대 일본의 지식계, 학술계를 구축하는 데 중요한 자양분이 되었던 것은 분명하다.

이러한 지식인들의 활동에 대해 이후 철학자 오니시 하지메大西祝는 "우리 나라 유신 이후로 십수 년간은 오직 계몽적 사조의 정신으로 돌진"[24]하였다고 평가했다. 이것이 일본에서 '계몽'이라는 단어의 첫 사용 사례이자 번역 사례[25]임을 생각하면, 앞에서 살펴본 일련의 움직임들이 근대 일본에서 전개되었던 초기 '계몽'의 양상들이며, 『메이로쿠잡지』는 이런 양상들을 생생하게 담아 전해 주고 있는 것이다.

24   오니시 하지메, 「啓蒙時代の精神を論ず」, 1897, 『大西祝選集 Ⅱ』, 岩波書店, 2014, 486쪽.

25   오니시는 여기에서 독일어 'Aufklärung'을 기준으로 삼아 일본에서의 문명개화사조를 비교하여 '계몽시대'라고 평가하였다.

참고문헌

『메이로쿠잡지』, 1874-1875.

大久保利謙,『明六社』, 講談社, 2007.

大西祝,「啓蒙時代の精神を論ず」, 1897,『大西祝選集 II』, 岩波書店, 2014.

渡辺浩,『東アジアの王権と思想』, 東京大学出版会, 1997.

福澤諭吉,『福澤諭吉全集』, 第三巻, 岩波書店, 1971.

山室信一,「『明六雑誌』の思想世界」,『明六雑誌』(下), 岩波書店, 2009.

河野有理,『明六雑誌の政治思想―阪谷素と「道理」の挑戦』, 東京大学出版会, 2011.

차례

전체 차례

일러두기

❀

1. 본문의 각주는 역자가 독자의 이해를 위해 설명을 단 것이다.

2. 일본어 표기는 국립국어원의 표기법을 따랐다.

3. '지나'는 중국을 멸시하는 명칭이지만, 원문에서 중국과 지나
   를 혼용하고 있으므로 그대로 번역하였다.

메이로쿠 잡지

明六雜誌

메이로쿠잡지
제29호

1875년(메이지 8) 2월 간행(2월 23일)

—

❀

1. 망라의원網羅議院의 설

니시 아마네西周

　민선의원에 관한 논의가 한 차례 세상에 나온 후 지금까지도 그칠 줄 모른다. 이것으로 여론이 귀착하였음을 알 수 있다. 필경 민선의원이 유럽의 최근 정치학에서는 경륜의 중요한 근본이자 치술의 근원이므로, 우리 나라에 이것을 건립하려는 데 애써 바라지 않을 자가 없음은 말할 필요도 없다. 하물며 적어도 유럽의 학술에 종사한 자는 더욱 그러할 것이니, 군이 이것을 거부할 자도 없음을 알 수 있다(나는 이전에 「옛 상공들의 주장을 반박한다」를 『메이로쿠잡지』 제3호에 실었다. 논의의 중후반에서 혹시 의원을 만들어 그 권력을 나누어도 어쩔 도리가 없다고 말한 것은 이 때문이다). 다만, 진정한 민선의원은 이 반개화半開化의 나라에서 성급히 실행할 수 없는 바가 있기 때문에 사람들의 주장이 자칫하면 서로 모순을 일으킬 수 있다. 그리하여 일단 민선의원의 주장이 제기되고 여러 논의가 많이 제출되기는 했지만, 요컨대 그 건립할 방법은 대동소이하다.

　그 기본적인 내용은 크게 네 가지이다. 첫째는 현령과 참사(슈參)[1]로 구성하는 의회이다.[2] 이것은 작년 가을에 정부가 명령한 것인데, 많은 사정으로 인해 중단되었다. 둘째는 관선의원官選議院이다. 또는 칙찬勅撰이라고도 한다. 이것은 신문지상에 많이 언급되지 않았지만, 확실히 이전부터 이러한 주장을 한 사람이 있었다. 셋째는 부현府縣의 의회이다. 이것은 이미 여기저기에서 착수한 사람이 있다고 들었다. 넷째는 대소구大小區의 의회[3]로, 작은 부분에서 시작하려는 것이다. 이상 모두가 진정한 민선의원에 이르는 길이자 큰 목표를 달성하려는 방편이다. 지금 망라의원이라는 것은 이런 경우들을 망라해서 모두 실행함으로써 진정한 민선의원을 실제로 건립하려는 주장이다.

이제 이 주장은 어떠한 것인가. 정부가 이전에 착수했던 현령과 참사로 구성된 의회를 기본으로 하는 것이다. 현령과 참사를 의원으로 삼고 민의를 대변하도록 하는 것은, 군주와 인민 양쪽을 모두 대리代理하는 경향이 있기는 하지만, 각 현의 실제 민정을 가장 잘 알기로는 현령과 참사만 한 자가 없을 것이다. 따라서 이것을 의원의 본체로 삼고, 운영은 관찬의원官撰議員이 담당하면 괜찮으리라 생각한다. 또 현령과 참의가 관할하는 지역의 민정을 잘 안다고 해도 천하의 큰 계획과 외교 등은 잘 모를 수 있다. 따라서 관官에서 학식과 덕망이 있는 사람을 골라 그 운영을 맡겨야 하는데, 이를 다시 둘로 나눠서 하나는 오직 학식과 덕망을 위주로

---

1   현령(縣令)은 일본의 메이지정부가 1871년부터 1886년까지 설치했던 지방장관의 명칭. 현재 일본의 지사(知事)에 해당한다. 참사(參事)는 메이지 시대 일본 중앙정부 공무원의 명칭으로, 현재의 차관급에 해당한다.
2   지방장관과 중앙부처 고관이 참석하는 지방장관회의를 가리킨다. 1874년(메이지 7) 5월 2일의 조서로 개최가 결정되었지만 대만 출병으로 인해 연기되었다.
3   1871년(메이지 4) 제정된 호적법에 따라 성립된 말단의 자치단체인 대구(大區), 소구(小區)의 회의를 가리킨다.

채용하고, 다른 하나는 각 부처(省) 가운데 업무 대강에 정통한 사람을 골라서 각 부서의 이해利害를 대의代議하게 한다. 대개 덕망과 학식이 있는 지식인은 천하의 사정에 정통할 수는 있어도 학술적으로 약간 치우친 경향이 있어서 편중편경偏重偏輕의 병폐가 생길 수 있다. 또한 각 부처 사무의 세세한 조목 등을 소홀히 여기는 폐해를 피하기 위해서이기도 하다. 이들을 합쳐서 하나의 의원으로 삼고, 지금의 좌원左院⁴을 상원의 체제로 갖추게 하며(앞에서 말한 소위 관찬의원 중 뒤쪽의 일부는 여기에 두어도 괜찮을 것이다), 이 두 가지를 가지고 잠시 팔러먼트(巴理滿) 아문衙門⁵의 모양을 갖추어 의정議政을 실행하는 관官으로 삼는다. 그리고 각 부현에서는 부현회의를 열고, 대구에서는 대구회의, 소구에서는 소구회의를 열어 각각 해당 구의 사안만 심의하도록 하며, 이곳에서 사람을 뽑아 천거하는 법을 세워야 한다.

그 법에 대해서 말하자면, 소구의 회의에서 명망이 있는 사람을 뽑아서 대구에 천거하면 대구는 부현에 천거하고 부현은 의원에 천거해서 현령, 참사와 교대하도록 한다. 대체로 선거법, 임기, 연령, 연월 등의 항목을 정하여 실행해야 한다. 이것을 망라의원이라고 한다.

그러면 이것은 즉 황상전제皇上專制의 권력을 의원에게 나누어 주는 것인가 하면 결코 그렇지 않다. 왜냐하면, 지금 건립하는 것은 방편이지 목적이 아니기 때문이다. 따라서 이것을 해산하고 폐지할 권리는 완전히 특재特裁⁶에 있을 뿐만 아니라, 의원이 허가한 것을 만약 정부가 불가하다

---

4   1871년(메이지 4)의 관제개혁으로 태정관(太政官) 안에 설치한 기관. 입법에 관한 자문 기관으로, 관선의원으로 구성되었다. 1875년(메이지 8) 폐지되었다.

5   전통 시대의 관아. 관청의 의미이다.

6   군주가 자신만의 판단으로 시비를 가려 결정하는 일. 여기에서는 천황의 결정에 의

고 하면 굳이 채용하지 않을 권리를 가질 수 있다.

그러면 의원이 있어서 무슨 이익이 있는가. 여기에서 말하는 이익은 직접 얻는 이익이 아니라 의원을 매개로 그에 상응하는 다른 효과이다. 그럼에도 이런 의원을 만들면 직접적인 이익도 적지 않을 것이다.

직접적인 이익이란 무엇인가. 이런 의원이라도 정부가 고려하지 않을 이유가 없다. 정부는 어떤 일에 대해 널리 여론을 알고 싶다면 의원을 통해 즉시 알 수 있기 때문이다. 이것만으로도 이익은 적지 않으리라 생각되고, 민권 또한 조금은 신장했다고 말할 수 있다. 무릇 정부는 인민이 보호를 요청하는 곳이지 인민과 적대하는 곳이 아니다. 즉 관원도 의원도 모두 같은 배를 탄 사람일 뿐이다. 만일 정말로 핵심을 찌르는 논의라면 정부가 채택하지 않을지 걱정할 필요가 없다. 하물며 지금처럼 현명한 군주와 충량한 신하가 교분을 맺고, 대신들은 모두 충성스럽고 현명하며, 정부에는 훌륭한 문화가 모여드는 상황에서는 더 말할 것도 없다. 만약 여론이 있다면 채택하지 않을 리 없을 것이다.

그러면 의원을 매개로 하는, 그에 상응하는 다른 효과는 무엇인가. 우선 사람들이 저절로 분발하게 된다. 사람의 자부심ambition이 스스로 두뇌를 자극하고 정부와 멀어졌던 마음도 고무될 것이다. 이렇게 되면 둘째로는 천하의 일에 대한 여론의 방향을 거의 알 수 있을 것이다. 이렇게 되면 셋째로는 의사議事[7]하는 방법이 차차 정해지고 의논하는 체재도 갖추어져서 언젠가 진정한 민선의원의 기초를 이루게 될 것이다. 이렇게 되면 넷째로는 천하의 유식하고 학문과 기술을 갖춘 사람들이 한자리

한 재가(裁可)를 가리킨다.

7   어떤 일을 두고 회의한다는 의미이다.

에 모여 온화하게 서로 도우며 알게 되고, 마음을 서로 터놓으면서 그들의 지식이 저절로 이해되고 뒤섞이며 하나가 될 것이다. 이렇게 되면 다섯째로 천하 만민이 점차 삼가 모범으로 삼을 바가 무엇인지 알게 될 것이다. 이것이 의원을 매개로 하는, 그에 상응하는 다른 효과이다. 이렇게 3, 4년이 지난 후 진정한 민선의원을 건립한다면 정말로 의원의 체재를 완전히 망라한다고 말할 수 있을 것이다. 이것을 망라의원의 설이라고 한다.

이 논설의 취지는 아마 당분간 관선의원을 설립함으로써 진정한 민선의원으로 진행시키자는 것인 듯하다. 그러나 관선과 망라의 구별이 전혀 명료하지 못한 것 같은데 어떠한가?

모리 아리노리森有礼 평함.

✿

2. 자유교역론自由交易論

니시무라 시게키西村茂樹

자유교역론이란 무엇인가를 논함에, 자유교역이 나라에 해가 됨을 논해 보고자 한다. 어느 나라에 해가 되는가 하면 지금의 일본 제국이다.

무릇 천하에서 가장 뛰어난 주장은 지근至近한 이치를 벗어나지 않으며, 만일 지근한 이치를 벗어난다면 그것은 반드시 정론正論이 아니다. 부모를 섬기는 데 효를 다해야 함은 지근한 이치로서, 배우지 못한 야만인이라도 잘 안다. 성인이 부모를 섬기는 도리를 논한 것들도 결국에는 효에서 벗어나지 않는다. 나라를 부유하게 하는 데 화폐의 무분별한 유출을 막는 것은 지근한 이치로서, 백면서생이라도 알 만한 것이다. 지혜로운 자가 경제의 도리를 논한다 한들, 결국 화폐의 무분별한 유출을 옳다고 말하는 자는 없을 것이다.

자유교역을 주장하는 자는 대체로 모두 영국이 자유교역을 행하여서 나라의 부강과 융성을 이룬 것을 보고는, 우리 나라도 역시 그렇게 해야 한다고 생각하였을 것이다. 무릇 영국과 일본의 교역 상황을 비교해 보면 조금도 비슷한 점이 없다. 영국은 스스로 교역을 열었다. 일본은 미국인에게 압박을 받아 어쩔 수 없이 개방하였다. 영국의 인민은 마음으로 하는 계산에 밝고 기계로 물건을 만드는 데에도 뛰어난데, 일본의 인민은 마음으로 하는 계산이 어둡고 기계로 물건을 만드는 데에도 서투르다. 영국은 토지의 개척을 마쳐서 땅에서 남김없이 이익을 거두고 인민은 근면하여 여력이 없을 정도인데, 일본은 황무지가 아직도 남아 있어 땅을 놀리고 있고 인민은 게을러서 남는 인력이 많다. 영국이 자유교역을 열었을 때에는 홀로 공작과 상업에 뛰어났고 다른 나라의 인민은 모두 이에 미치지 못하였다. 일본이 자유교역을 열었을 때에는 다른 나라의 인민이 공작과 상업에 뛰어났고 일본만 홀로 이에 미치지 못하였다. 이 네 가지를 비교하여 고려해 본다면, 일본이 자유교역을 행해서는 안 되는 이치가 이미 분명할 것이다.

영국과 같은 나라도 처음에는 머컨타일 시스템mercantile system[1]이라는 법을 만들어서 수입품에 무거운 세금을 부과하고 수출품에는 보상을 주며 자국의 생산을 장려하고 화폐의 무분별한 유출을 방지하였다. 1700년대 말에는 애덤 스미스[2]라는 자가 나타나서 비로소 머컨타일 시스템의 그릇됨을 주장하고 자유교역의 이로움을 설파하면서 마침내 나라의 교역법을 바꿨다. 그렇지만 내가 보기에는 영국의 부유함을 이룬 것은 처음에 머컨타일의 법이 화폐의 무분별한 유출을 막고 자국의 공업을 장려하였기 때문이다. 1700년대 말에 그 나라 공업 생산이 대단히 번

1   중상주의. 보호관세에 의해 경제를 통제하고 상업과 무역을 육성하는 체제를 가리킨다.
2   애덤 스미스(Adam Smith, 1723-1790). 『국부론』으로 자유주의경제학을 확립한 인물이다.

성하면서 더 이상 토지에서는 이익이 나지 않고 사람에게는 여력이 남지 않았다. 자유교역의 법을 도입하고 교역의 범위를 확대하여 오늘날의 부강과 왕성에 이르게 된 것이다. 만일 애덤 스미스가 3, 4백 년 전에 태어났더라면 그가 자유교역설을 주장하지 않았으리라고 생각한다.

아메리카인이 단호하게 보호세법을 실시하며 타국의 수입 물품에 무거운 세금을 부과하는 것은 자국의 공업 생산을 장려하기 위해서라고 말한 바 있다. 지금 일본과 미국의 교역을 비교해 보면, 다른 나라보다 교역의 개방이 늦어진 것도 똑같고, 땅에 미개척지가 많은 것도 똑같으며, 마음으로 하는 계산이 뛰어난 것은 일본의 인민이 미국인에 크게 미치지 못하지만, 미국인의 공업 생산이 유럽인의 그것보다 훨씬 아래에 있는 점 또한 일본과 유사하다. 다른 점이 있다면 스스로 개방한 것과 압박으로 개방된 것 한 가지뿐이다. 그렇다면 일본의 교역법이, 네 가지가 다른 영국을 배울지, 하나만 다르고 세 가지가 똑같은 미국을 배울지 부디 지식이 있는 자라면 헤아려 보시기 바란다.

그렇지만 앞에서 말한 것은 다만 이론상의 득실일 뿐, 실제상의 득실을 따져 보면 이보다 더욱 심하다. 이것은 세상 사람 대부분이 알 수 있는 바로서, 상업의 관점에서 말하자면 1년에 700만 엔 정도의 손실이 있고, 공업의 관점에서 말하자면 일본의 공업 종사자가 훗날 일을 잃어버리게 될 우려마저 있다. 만약 매해 지금처럼 심하게 돈을 잃어버리고 해를 거듭할수록 공업에 종사하는 인민이(특히 목면, 설탕, 철과 같은 종류) 줄어든다면, 인민은 무엇을 가지고 생활을 꾸릴 것이며 나라는 무엇을 가지고 자립할 것인가. 이것은 그야말로 높이 쌓아 올린 장작더미 위에 앉아 있는 것과 같은 모습일 것이다.

지금 처음 교역을 개방하는 것이라면, 자유교역과 보호교역의 이해득실을 따지기에 어쩌면 분명하게 알지 못하는 부분도 있었으리라. 하지만 교역을 개방한 지 이미 십여 년이 흘렀고, 자유교역의 해로움은 이미 가까이에서 경험해 보았다. 가령 외국에서 잘 알려지지 않은 진기한 먹거리가 들어오는 것과 같은 일이 그러하다. 처음에 들어왔을 때에는 누구도 그 맛과 성질을 아는 자가 없었지만, 이것을 이미 수년 동안 먹으면서 거기에 많이 중독되었으면서도 여전히 완고하게 깨닫지 못하고 무해하다고 말하곤 한다. 우리와 같은 사람들의 의중을 알지 못하는 것이다.

무릇 사람의 몸에 병이 생기는 것은 혈액과 근육 사이에 불균형한 곳이 있기 때문이다. 의사가 병의 근원을 찾고 약을 투여하여 그 병의 불균형을 조정하고 평균하게 되돌리면 이를 좋은 의사라고 한다. 지금 인체에 불균형한 곳을 찾아서 과감히 약을 투여하지 않고, 병자에게 자연스레 균형을 회복하기를 기다리라고 훈계하는 자를 어찌 좋은 의사라 말할 수 있겠는가. 만일 불행하게도 그 신체가 결국 균형을 잃고 점점 쇠약해져 죽음에 이른다면, 의사가 어떻게 그 병자에게 사과할 수 있겠는가. 국가를 보호할 임무를 가진 자가 불균형을 조정할 약을 쓰지 않는 일이 어찌 있을 수 있다는 말인가.

나는 오로지 지금 무역법 개정의 시기를 맞아서 미국의 법을 따라 보호세를 정하여 화폐의 무분별한 유출을 막고 공업 생산의 진보를 재촉하기를 바랄 뿐이다(공업의 진보를 재촉하는 일은 보호세만으로 충분하다고 할 수 없다. 이에 대해서는 따로 논하고자 한다). 무릇 이러한 이치는 매우 얕은 것이기는 해도, 지식을 가진 이들의 주장도 역시 이와 같지 않겠는가.

그렇지만 수년 후 일본 인민의 통상과 공업 생산이 모두 다른 나라 인민보다 뛰어나게 되고, 토지에서 더 이상 이익이 나오지 않고 사람에게도 남는 여력이 없어지게 된다면, 또한 자유교역을 선하다고 할 때가 올 것이다. 이것이 내가 우리 국민에게 바라는 바이다.

1875년(메이지 8) 2월 1일.

3. 종교론 의문(教門論疑問) ①

가시와바라 다카아키柏原孝章

　내가 요사이 니시 선생의 종교론을 읽어 보니, 문장이 대단히 진실되고 뜻이 오묘하여 여러 차례 반복하여 읽고 깨달은 바가 적지 않았다. 그런데 가만히 생각하기에, 그 주장의 취지는 대개 옛날의 학설(古說)과 같지 않은 바가 있으므로, 독자들께서 마음속에 선입견을 일소하지 않는다면 자칫 그 진의가 가리키는 바를 알지 못할 것이라 여겨졌다. 따라서 내가 고루함을 무릅쓰고 이해하기 어려웠던 의미를 간략하게 적어서 감히 선생께 묻고자 한다. 만일 선생께서 가르침을 내려 주시는 수고를 해 주신다면 미약한 나에게는 대단한 행복일 것이다.

　무릇 정치를 행하고 가르침을 펴려면 먼저 사람에게 믿음을 얻어야 한다. 믿음을 얻은 연후에 영令이 행해지고 가르침(教)이 설 수 있다. 믿음을 얻지 못한다면 영을 내려도 행해지지 않고, 삼가라 타일러도 지켜지지 않는다. 믿게 만드는 방도는 모두 다르지만, 사람으로 하여금 의심하지 않게 한다는 점은 모두 동일하다. 이렇게 이미 의심하지 않게 되면

물 위를 걷고 불 속을 지나가게 하고 돌과 나무에 절하게 할 수 있다. 모름지기 믿는 것이 어려운 게 아니라 믿게 하는 것이 어렵다고 하였다. 즉 덕德으로써 믿음을 얻는 자가 있고, 술術로써 믿음을 파는 자가 있으되, 사람이 이것을 믿음에 아직 일찍이 모르고서 믿는 자는 없었다. 무릇 이것을 믿는 시작은 눈으로 보고 귀로 듣고 마음으로 살펴서 그것이 믿을 수 있는 것임을 알고 난 연후에 비로소 의심하지 않게 되는 것이다.

옛날에 처음 인도에 건너간 서양인들이 있었다. 왕에게 말하길, 신하의 나라에는 겨울이 있고 얼음이 얼어서 수정이나 거울처럼 되고, 단단함이 돌과도 같다고 하였다. 왕이 이 말을 듣고는 자기를 속인다고 생각하여 이들을 죽여 버렸다. 왕이 아직 본 일이 없고 들은 바가 없으며 살펴본 적이 없었으니, 이들을 죽이는 것 또한 당연한 일이었다. 그러므로 스스로 되돌아봐서 알지 못한다면 무엇에 기대어 스스로 믿을 수 있겠는가. 스스로 믿지 않는데, 어떻게 남을 믿게 하겠는가. 옛날에 자기 몸을 희생하여 믿음을 증명한 자들이 적지 않았다. 그렇지만 그 성공의 자취를 살펴보면, 흡사 처음부터 모르고서 믿는 것 같은 자도 있다. 소위 '부지불식간에 상제의 법칙을 따른다'는 말이 바로 그것이다. 이것을 감화하여 바뀐다고 한다. 그렇게 이미 바뀌게 되면 사람은 이것을 도저히 어찌할 수가 없다. 그렇지만 마음에 뿌리내린 믿음 중에는 깊은 것도 있고 얕은 것도 있다. 깊은 것은 움직이기 어렵고, 얕은 것은 쉽사리 떠다닌다. 지금 움직이기 어려운 것을 흔들어 보면, 기둥은 꺾이고 가지는 부러져도 그 뿌리는 점차 무성해질 것이다. 유력자라도 결국 이것을 뽑아내

---

1   『시경(詩經)』「대아(大雅)」편의 "부지불식간에 상제의 법칙에 따른다[不知從帝則]"에 의거한다.

지 못한다. 만일 그중에 얕은 것을 먼저 골라서 베어 낸다면, 깊은 것도 필시 홀로 설 수 없어서 결국 스스로 무너지게 될 것이다. 모름지기 석가 는 바라문波羅門²을 깨뜨렸고, 루터는 천주교를 일신하였다. 우리 나라의 승려들도 종파를 종종 일으켰다. 이로부터 보자면 믿음이 옮겨 가지 못 할 것도 없지 않은가.

　서양 각국에는 결코 천박한 종교가 없다. 그러므로 사람들이 스스로 기꺼워하는 바에 맡겨도 괜찮을 것이다. 또 사람들의 학식이 넓고 깊어 서 목석충수木石蟲獸에게 절하는 자가 없을 것이다. 우리 나라는 그렇지 않으니, 어리석은 남녀가 사교邪敎에 빠져서 어지럽게 휘둘리는 일이 입 에 담기조차 어려운 경우가 많다. 그런데 정부가 어떻게 이를 문제 삼지 않을 수 있겠는가. 내가 들기로는 나라의 왕이 있다는 것은 마치 집안에 부모가 있는 것과도 같다. 세상 안이 모두 형제이다. 이러한 부모 형제의 정치를 행하는 자는 당연히 스스로 믿는 바가 어리석은 남녀 백성들과 같지 않다. 그런데 자식들이 빠져드는 것을 보면서도 수수방관하며 구하 려 들지 않는다면 어찌 부모 형제라 말할 수 있으며, 어찌 인민을 보호한 다고 말할 수 있겠으며, 또 어질지 못하며 자비롭지 못하다는 비방을 피 할 수 없을 것이다.

　선생의 말씀으로는 믿음에 본말이 없고 단지 진실이라고 믿는 것을 믿어야 한다고 하셨는데, 이 역시 맹인으로 하여금 많은 색깔을 고르게 하는 것이나 마찬가지 일이다. 만일 어리석은 남녀로 하여금 각자 자기 가 진실이라고 믿는 것을 믿게 한다면 결국에는 짚신으로 만든 신(草鞋大

2　석가가 처음 불교를 창시하였을 때, 당시 인도에서 가장 유력했던 종교인 브라만교 를 비판하였다.

王)³에게 절하게 될 것이다. 이것은 사람을 수수방관하여 포기하는 길이다. 또 말씀하시길, 도리를 잘 모르는 보통 사람이 돌과 나무, 벌레와 짐승을 믿는 것도 진실된 믿음이라고 하셨는데, 이것은 도대체 무슨 말인지 알 수가 없다. 돌과 나무, 벌레와 짐승을 믿는 것이 진실되다면 어떻게 하늘을 두려워하고, 어떻게 상제를 공경하며, 또 어떻게 가르침을 행하겠는가. 그릇된 것은 거부하고, 음란한 것을 물리치며, 거짓을 버리고 진실을 추구하는 것이 가르침의 큰 근본이다. 선생의 말씀에 정치의 권력은 종교의 도리와 근본을 같이하지 않는다 하시고, 그 주된 바는 인민을 모아서 나라를 이루고, 부정이 올바름을 침범하지 않도록 함으로써 치안을 유지하는 것이라 하시며, 만일 종교의 도리와 같은 것은 그야말로 이것과 상반된다고 말씀하신다면, 전혀 그 근본을 달리하는 것이다. 또 어떻게 서로 간섭한다 해서 종교로 인해 정치가 해악을 받는 일이 있단 말인가. 내가 이 문장을 읽으면서 대단히 이해하기 어려웠는데, 선생이 말씀하신 종교라는 것은 정교正教를 가리키는 것인지 아니면 사교邪教를 가리키는 것인지, 그 의미하는 바를 여전히 알 수 없었기 때문이다.

이제 가령 예수의 종교를 가지고 논해 보자면, 예수에게 십계명이 있었다. 가장 앞부분의 세 가지 조항은 신을 경배하는 도리에 대한 것이다. 네 번째는 부모에게 효도하라고 말한다. 이것은 즉 제왕, 높은 관리로부터 부모, 스승에 이르기까지, 모두 공경해야 한다는 뜻이다. 다섯째에서는 살인하지 말라고 한다. 사람이 무릇 분노하고 매도하며 남을 상처 입

---

3   여행자들이 들러 헌 짚신을 걸어 두고 새 짚신을 갈아 신으며 소원을 빌던 큰 나무에 한 나그네가 '초혜대왕 모월 모일에 다녀감'이라는 낙서를 남기자, 사람들이 그곳에 사당을 세우고 초혜대왕이라는 이름의 신을 섬기게 되었다는 고사에 의거한다.

히고 해치는 일을 경계한 것이다. 여섯째로 음란한 일을 하지 말라고 말하고, 일곱째로 도둑질하지 말라고 하였는데, 대개 남의 재물에 손해를 입히거나 공평하지 못할 것을 경계한 것이다. 여덟 번째로 거짓 증언을 하지 말라고 하였는데, 대개 남의 명성을 훼손하거나 남을 속이는 일을 금지한 것이다. 아홉 번째로 남의 아내를 탐하지 말라고 하였는데, 이것은 음란한 생각을 끊으라는 것이다. 열 번째로는 타인의 재물을 탐하지 말라고 하였다. 이것은 탐욕스러운 마음을 경계한 것이다. 이상의 일곱 가지 계율은 사람이 혹시 어긴다면 모두 반드시 정부의 벌을 받기에 충분한 것들로, 종교의 도리는 다만 형법의 항목을 두지 않았을 뿐이다. 그런데 형법보다 훨씬 심한 것이 하나 있으니, 착한 사람은 천당의 상을 받고, 악한 사람은 지옥의 벌을 받는다는 것이다. 그 엄격함이 오형五刑[4]보다도 심하다. 만일 사람들이 이 계율을 잘 지키게 된다면, 오형이 있다고 해도 그것을 쓸 일이 없을 것이다. 만일 이 도리를 부정한다면, 인민을 모아서 나라를 이루고 부정이 올바름을 침범하는 일이 없도록 치안을 유지하는 일이 어려울 것이다.

이렇게 보자면 어떻게 그 근본이 다르다고 할 수 있는지, 또 어떻게 서로 간섭하지 않는다고 말할 수 있는지 알 수가 없다. 정부에 도리가 없으면 법률이 행해지지 않고, 인민은 가르침이 없으면 다스림에 복종하지 않는다. 사람에게 가르침이란 하루라도 없어서는 안 되는 것이다. 배부르게 먹고 따뜻한 옷을 입으며 편안하고 한가로이 지내는데 가르침이 없다면 금수에 가까울 것이다. 정치에서 가르침이란 돌아갈 유일한 곳

---

4 죄인에 대한 다섯 가지 형벌. 중국의 수·당(隨·唐) 시대 이래 형벌의 종류에 태형(笞刑), 장형(杖刑), 도형(徒刑), 유형(流刑), 사형(死刑)의 다섯 가지가 있었다.

이다. 내가 듣기로 문명의 나라들에서 왕가의 큰 행사[5]가 있을 때 반드시 종교 지도자를 데리고 와서 관장시킨다고 한다. 하늘을 공경하기 때문이고, 인민을 믿기 때문이다. 정치에서 가르침의 중대함이 이와 같다. 그렇지만 가르침의 도가 바르지 않으면 그것이 정치에 주는 해로움 또한 적지 않다. 이것이 사람들로 하여금 자기 좋아하는 바에 맡겨서는 안 되는 까닭이다. 만일 가르침이 바르고 진실되다면 사람들의 지식이 개명함에 따라서 그 믿음 또한 더욱 깊어지고, 정치를 행하는 데 있어서도 점점 빼놓을 수 없게 될 것이다. 만일 그것이 허망한 것이라면 개명한 인민으로 하여금 믿음을 갖게 할 수 없을 것이다. 소위 신교정치神敎政治라는 것은 사실 신교가 아니라 어리석은 백성들을 속이는 술수인 것이다. 야만 세계의 군주는 일종의 속임수로 백성들을 통제하려고 하니, 그것이 멸망하는 것 또한 당연하지 않은가.

5   즉위나 장례, 결혼 등의 중대한 의식을 가리킨다.

메이로쿠잡지
제30호

1875년(메이지 8) 3월 간행(3월 8일)

—

✿

1. 메이로쿠샤 제1년 차 역원役員 개선改選에 대한 연설

모리 아리노리森有礼

　오늘은 메이지 8년 2월 1일, 즉 메이로쿠샤를 결성한 지 1년째 되는 날로, 비로소 모임의 역원들을 새로 뽑는 시기가 되었습니다. 따라서 먼저 여러분들께 개회 이래 있었던 일들의 대강을 진술하고, 모임의 번영을 축하하며, 또 여러분들의 너그럽고 후한 우의와 간절한 정에 감사드립니다. 그리고 이제 모임의 대표를 내려놓으면서 장래의 사업에 관해 잠깐 제 생각을 말씀드리고 정중히 여러분들의 높은 뜻을 청하고자 합니다.

　○ 메이지 6년 7월, 제가 미국에서 돌아와[1] 같은 뜻을 가진 사람을 모아 모임을 만드는 일을 도모하였습니다. 여러분들 모두가 기꺼이, 그리고 신속하게 그 뜻에 응하여 주시고, 서너 차례의 회담을 거쳐서 모임의 규칙을 정하는 회의를 가졌습니다. 그런데 그 회의가 지체되면서 메이지

1　모리는 1873년(메이지 6) 7월 23일에 주미대리공사직을 그만두고 귀국하였다.

7년 2월에 이르러서야 비로소 규칙이 정해질 수 있었습니다. 그 이전에 후쿠자와 유키치 군을 대표로 선출하자는 논의가 있었고, 모임에서는 니시무라 시게키 군과 저에게 위임하여 그 뜻을 후쿠자와 군에게 전달하고 요청하도록 하였습니다. 후쿠자와 군은 이를 고사하였고, 이에 모임에서는 저를 대표로 임명하였습니다. 저는 감히 사양하지 못하고 승낙하였습니다. 모임에서는 또한 회계를 시미즈 우사부로 군에게, 서기를 세라 다이치世良太一 군에게 맡겼습니다. 두 사람이 노력하고 힘써 일하던 모습은 여러분들께서도 직접 보신 바와 같습니다. 여기에서 두 사람에게 모임에서 보내는 감사의 말을 전하는 것은 저 한 사람의 기쁨일 뿐만 아니라 여러분들께서도 기꺼이 허락해 주시는 바라 믿습니다.

창립 회원들은 모두 열 명으로, 즉 니시무라 시게키, 쓰다 마미치, 니시 아마네, 나카무라 마사나오, 가토 히로유키, 미쓰쿠리 슈헤이, 후쿠자와 유키치, 스기 고지, 미쓰쿠리 린쇼, 모리 아리노리이고, 그중에서 미쓰쿠리 린쇼 군만 병 때문에 모임에서 탈퇴하였습니다. 미쓰쿠리 군과 같이 박학다식한 명사를 잃은 것은 실로 모임의 불행이라 하지 않을 수 없습니다. 그렇지만 조금 병세가 나아지면 미쓰쿠리 군이 다시 모임으로 돌아오기를 바라는 마음은 여러분도 모두 저와 마찬가지라 믿어 의심치 않는 바입니다. 모임이 만들어진 후에 새롭게 들어온 분들이 5명, 통신원으로 뽑혀서 들어온 분이 5명, 격외格外회원이 10명으로 합쳐서 모두 30명입니다. 그 외에도 객원이라는 명목으로 모임의 허가를 얻어서 임시 가입한 분들이 많습니다. 그렇지만 요사이는 매회마다 증가하는 추세여서, 몇 개월 안으로 몇백 명에 이르게 될지 이 또한 헤아리기 어렵습니다. 이것은 모임의 면목이 실로 번영하고 있다고 하기에 충분하다고 하겠으나, 또한 이로 인해 다소의 복잡한 일들이 생기고, 모임의 비용이 약간 증가됨에 따라서 어떻게든 이를 위한 처분이 있어야 할 것입니다. 제생각으로는 객원을 허가할 때에는 표를 파는 방법으로 비용을 보충하고, 그 표에는 번호를 기록하여 좌석의 순번을 정한다면 잡다한 걱정거리는 면할 수 있을 것입니다. 그렇다면 객원은 그 표를 사서 자유롭게 와서 볼수 있고, 또한 모임도 사업을 넓히는 방편을 얻을 수 있으니, 모두에게 좋은 일일 것입니다.

○『메이로쿠잡지』의 발행은 작년 2월부터 매월 대개 2개 호씩 이루어졌는데, 작년 11월에 3개 호로 늘어나 작년까지 모두 25개 호 간행되었고, 그 책자의 숫자는 105,984부인데 그중에서 80,127부가 팔렸습니다. 즉 매호 3,205부 정도의 비율이 됩니다. 상세한 것은 세라 군이 만든 조사표를 보시기 바랍니다.

○ 전체 회계는 시미즈 군이 작성한 회계부에 상세하게 나와 있습니다. 또 정산을 위해 스기 고지, 쓰다 센 두 분께 이 장부의 점검을 맡겼습니다. 바라기로는 두 분께서 이것을 자세히 조사하여 그 실상을 제시해 주시기 바랍니다. 지금 시미즈 군의 표에 따르면『메이로쿠잡지』제1호부터 제19호까지 메이로쿠샤의 판매 수입으로 잡힌 금액이 632엔 82센 5린(세라 군의 잡지 조사표에 따르면 641엔 15센. 이 차이는 호치샤報知社에서 우리 모임용으로 선입한 금액을 빼고, 잔금을 시미즈 군에게 낸 것에서 생겨난 것으로 보임), 모임 내부의 헌금이 81엔 50센, 이 두 가지 금액에서 발생한 이자가 3엔 33센 2린(본문 두 항목의 금액 가운데 이자가 붙은 것의 유무가 있으니 회계부를 대조하실 것), 이상 총액이 770엔 65센 7린입니다. 이 중에서 소비한 부분이 식비 214엔 84센, 잡비 5엔 60센 8린, 잡지 검인료檢印料[2] 21엔 72센 8린, 작

---

2   1872년(메이지 5) 1월 13일 문부성포달로 「출판조례(出版條例)」 제4조에서 정한 출판면

년 12월부터 금년 1월까지의 서기·회계 사례금 20엔, 총계 262엔 17센 6린입니다. 입출 차이의 나머지가 455엔 46센 6린인데, 이것이 바로 현재 우리 모임이 가진 돈입니다. 잡지 제20호부터 제25호까지의 판매 수익금 중 아직 모임으로 수납되지 않은 금액이 대략 180엔이라고 보면, 작년에 잡지에서 얻은 수익은 810엔 정도에 이릅니다.

ㅇ 작년 11월부터 잡지 판매 수익 금액 절반은 모임에 쌓아 두고, 나머지 절반은 잡지 저자에게 분배하기로 결정했습니다. 그렇지만 그 비축금을 어디에 쓸지는 아직 정하지 않았습니다. 지금대로라면 이 비축금이 매월 50여 엔(저자에게 분배하고 남은 잔금), 1년이면 600여 엔이 쌓입니다. 원래 뒷일을 미리 예측하기 어렵지만, 지금까지 1년 정도의 경험에 따른다면, 이것이 오래 지속되리라고 믿어 보는 일도 꼭 불가능하지는 않다고 말할 수 있을 것입니다. 그런데 이미 앞에서 말씀드렸듯이 매년 600여 엔씩 쌓이는 저축금의 사용법을 아직 정하지 않았지만, 제가 잠시 생각하기로는 이것을 우리 모임의 회관을 건축하는 비용으로 충당하는 것이 가장 무난하고 얻는 바가 커서 좋을 듯싶습니다. 지금 그 취지와 방법을 대략적으로 말씀드려 보고자 합니다.

하나. 회관의 건평은 대략 70평, 한 평당 50엔으로 보고 그 총액 3,500엔. 그 이자를 일 년에 1할로 치면 350엔, 여기에 토지(地所) 100평의 차임을 1년 60엔, 경비, 관리인 등에게 들어가는 제 비용을 190엔으로 잡아, 총계 600엔. 즉 이것은 우리 모임의 저축금으로 감당할 수 있는 액수입니다.

허수속을 위한 요금을 가리킨다.

둘. 회관 건축의 돈을 제공해 주는 이는 이자 매월 수십 엔(건축비의 1할)을 내기로 약속합니다. 만일 이것을 내지 못할 때에는 『메이로쿠 잡지』의 판권으로 지불합니다.

셋. 메이로쿠샤 집회 이외에 다른 일로 이 회관을 사용하여 이익을 얻게 될 경우는 그 이익의 절반을 건축 자금 제공자에게 주기로 약속합니다.

넷. 회관 건축의 자본금을 몇 주株로 나누어서 각 주당 100엔으로 정합니다. 자금주는 한 명이건 몇 명이건 관계없습니다. 원래 메이로쿠샤도 똑같이 그 주주가 될 수 있습니다.

다섯. 회관을 타인에게 빌려주고 메이로쿠샤의 수입으로 모임이 내는 비용(매월 50엔)을 배상할 수 있게 되면, 잡지 판매 금액으로 들어오는 돈은 모두 저자에게 분배할 수 있습니다.

이상이 회관을 건축하는 취지와 방법의 대강입니다. 그런데 그 목적은 오직 메이로쿠샤 집회를 위해서라고 하지만, 그 집회가 겨우 매월 두 차례이고 시간도 4, 5시간을 넘지 않으므로 남는 시간에는 다른 일에 써도 무방할 것입니다. 그렇게 하면 단지 빌려주는 금액으로 얻는 이익이 있을 뿐만 아니라, 널리 세상의 공익을 일으키는 방편을 진전시킬 수도 있을 것입니다. 가령 이 회관을 음악회나 교회, 그림 전시회, 상공회, 강연회, 토론회 등 여러 가지 유익한 회합에 쓰는 것과 같은 일이 그러합니다.

○ 지난 겨울 이래 모임의 회합 연설에 관한 법을 만든 후 간신히 소사이어티society의 체재를 갖추게 되었습니다. 그렇지만 이후로 아직 이에 대해 토론하거나 비평하는 단계에 이르지는 못하였습니다. 이것은 필경

한자를 많이 써서 청자들이 그 의미를 분명하게 이해하지 못하였기 때문이며, 연설의 방법이 아직 잘 정돈되지 않은 탓도 있을 것입니다. 마땅히 여기에 주의를 기울여서 이러한 장애를 없앨 방법을 찾아 점차 모임의 즐거움과 이익을 늘릴 방법을 도모해야 할 것입니다.

○ 우리 모임에서 논하는 사항들은 제규制規 제1조에서 정하고 있듯이 오로지 교육과 관계된 문학, 기술, 물리, 사리事理 등 대개 사람들의 재능을 풍부하게 하고 품행을 진전시키는 데 반드시 필요한 것들이고, 게다가 오직 후세를 기약하는 종류의 일들인 만큼, 어쩌면 지금 세상에서는 몹시 기피하는 내용을 다루는 경우도 있을 수 있다고 생각합니다. 이것은 어쩔 수 없는 일이겠으나, 그렇다고 해서 지금 시대의 정치를 논하는 것 같은 일은 본래 우리가 모임을 만들 때 내세웠던 주의는 아닙니다. 또 그것은 힘만 들고 효용이 없을 뿐만 아니라, 이로 인해 어쩌면 불필요한 어려움을 초래할지도 모르는 일입니다. 그러므로 지금 잠시 모임의 장래 이익을 생각하여 이러한 점을 미리 알려 두고자 하니, 여러분들께서도 부디 양해해 주시기 바랍니다.

○ 모임의 대표를 새로 뽑는 것과 관련하여, 새로운 대표를 지명하여 공개선거에 부치는 일은 전 대표의 임무라고 하였습니다. 지금 저는 너무나도 송구스러워 면목이 없을 따름이나, 그렇지만 직을 맡은 동안 시종 여러분들의 큰 은혜와 깊은 신뢰를 받았고, 오늘 이 자리를 기꺼이 놓을 수 있게 된 것에 대해 정말 대단한 기쁨으로 생각해 마지않습니다. 이에 다시 정중히 감사를 표하니, 여러분들께서 부디 받아 주시길 바랄 따름입니다.

○ 모임의 대표는 성품이 온후하고 매사의 사정에 잘 통달한 자가 적임일 것입니다. 나는 지금 미쓰쿠리 슈헤이 군이 여기에 적합하다고 봄

니다. 그러므로 미쓰쿠리 군을 지명하여 이후 1년간의 모임 대표로 추천하는 바입니다. 여러분의 선거 결과도 이렇게 이루어진다면 실로 대단한 행복일 것입니다.

✿

2. 인재론人材論

쓰다 마미치津田眞道

　하늘이 인재를 낳는 것은 지방에 따라 차이가 있고 시대에 따라 우열이 있다. 지방에 따라 차이가 있는 것은 전적으로 각색 인종의 고장이 서로 다르고, 기후의 온도가 서로 다르기 때문이다. 시세에 따라서도 우열이 있어서 똑같은 지방이라도 인재가 나오는 것이 시대에 따라 크게 차이가 있는데, 이것은 주로 정치의 흥폐, 풍속의 성쇠와 관계가 있다. 대개 옛날에는 아시아에서 많은 인재가 나왔고, 후대에는 구미 각국에서 인재가 많이 나왔다.

　이에 대해 자세히 말해 보자면, 오제삼왕五帝三王이 나왔을 때 인재는 중국 서북부에 많았고, 후세에는 반대로 동남부에 인재가 많았다. 테무친(칭기즈 칸)이 나오고서 인재는 잇달아 몽골에서 나왔고, 만주족의 청이 일어나고는 많은 인재가 만주에서 나왔으며, 그리스가 번성하면 인재는 그리스에 모여들고 로마가 일어나면 인재도 모두 로마에서 나왔다. 유럽이 일어나고서 인재는 독일·프랑스·영국 등에서 많이 나왔다. 또 이것을 우리 일본 제국의 역사에서 자세히 보자면 가시하라 전도櫃原奠都[1] 이래 많은 인재가 야마토大和[2] 지방에서 나왔고, 헤이안平安 천도遷都[3] 이래 많은 인재가 야마시로山城[4] 지방에서 나왔으며, 겐지源氏, 호조北條, 닛타新田, 아시카가足利씨[5]가 잇달아 일어나면서 많은 인재가 관동 지방에서 나왔고, 오다織田·도요토미豊臣씨가 일어나면서 많은 인재가 오와리尾張[6]에서 나왔으며, 도쿠가와德川씨가 일어나면서 많은 인재가 미카와三河[7]에서, 현재 복고혁신에 즈음하여서는 많은 인재가 사쓰마薩摩·조슈長州·도사土佐·히고肥後에서 나왔다.[8]

그 원인은 물론 하나가 아니며, 쉽게 알 수도 없다. 옛날 사람들은 이 것을 시세 때문이라고 했다. 내 생각에는 인재를 배출하는 이유를 쉽게 알 수도 없고, 물론 한마디로 다 설명할 수도 없지만, 주로 사람의 재기才氣를 잘 계발하고 억누르지 않기 때문일 것이다. 즉 사람의 천성인 자유자주, 독립불기의 기질을 펼치는 정도에 따라 이와 같은 인재의 차이

---

1   『일본서기(日本書紀)』 제3권에 따르면 기원전 660년 진무[神武]천황이 가시하라궁[橿原宮]에서 즉위하고 수도를 정했다고 전해진다. 전도(奠都)는 수도를 정한다는 뜻이며, 가시하라는 현재 나라현 중서부의 가시하라시[橿原市]이다. 현재 일본에서는 이날(2월 11일)을 양력으로 환산하여 '건국기념일(建國記念日)'로 삼아 기념하고 있다.

2   현재 나라현[奈良縣] 지역이다.

3   794년, 간무[桓武]천황은 나가오카교[長岡京]에서 헤이안쿄[平安京, 현재 교토시]로 수도를 옮겼다.

4   현재 교토부[京都府]의 남동부 지역이다.

5   겐지, 호조, 아시카가는 무사정권을 세우고 유지했던 무사 가문이며, 닛타는 가마쿠라막부를 멸망시킨 무사 가문이다.

6   현재 아이치현[愛知縣] 서부 지역이다.

7   현재 아이치현 동부 지역이다.

8   이상의 네 번이 막부를 폐지하고 천황의 정치를 세우는 왕정복고 쿠데타를 성공시켰다.

가 나타난다. 현재 구미에서 인재가 번성하는 까닭은, 다름 아니라 주로 이 자유의 기질이 발달했기 때문이다. 아시아의 풍속은 군주압제의 정치가 인민의 재능을 농락하였기 때문에, 인민의 재능이 발달한 곳은 오히려 벽지(僻陬)나 변경같이 군주의 덕이 미치지 못하는 곳이었다. 이것이 예로부터 남달리 뛰어난 인물이 발흥한 곳은 문화가 유행하는 큰 도시가 아니라 오히려 변경의 소박한 재야에 있는 이유이다. 그리고 이렇게 뛰어난 호걸이 한 명 나오면, 주변 사람들이 떨쳐 일어나도록 고무시켜 그들이 가진 재능을 떨치게 한다. 이런 이유로 뛰어난 군주가 나온 지역에서 명현들이 많이 나오는 것이다. 지금 사쓰마・조슈・도사・히고에서 인재가 많이 나와서 다른 번藩보다 앞서가게 된 이유도 아마도 여기에 있을 것이다.

그러나 우리 일본의 현재 인재는 우리 나라가 쇄국하였을 때 키운 인재로서, 즉 일본식의 인재에 불과하다. 아직 이것을 세계의 인재라고 말할 수 없다. 이후 우리 일본 제국에서 나올 인재는 일본만의 인재에 그치지 않고 세계적 인재가 되기를 누구나 바랄 것이다. 하지만 이후에 우리 동방에서 세계적 인재를 내고자 한다면, 우리 제국 인민의 자유자주, 독립불기의 기질을 함양하게 하고 인민의 견식을 키워야 할 것이다. 그러므로 입법자가 법률을 제정하고 위정자가 정치를 시행할 때, 이 점에 깊이 주의해야 할 것이다.

✿
3. 종교론 의문 ②

가시와바라 다카아키

　사물에 폐단이 있는 것은 사물의 성질이다. 성인이라도 이를 미리 대비하지 않으면 극복할 수 없다. 로마가 나라를 회복한 것도 종교의 힘에 의한 것이요, 무너진 것도 역시 종교에 의한 것이다. 모름지기 당시의 왕이라는 자는 모두 소위 인의仁義라는 명목을 앞세우고 패권을 도모하는 이들이었다. 그리하여 법왕法王에게 아첨하여 세상을 구한다는 명목으로 인민들을 도탄에 빠뜨리기에 이르렀으니, 종교의 폐단이 극에 달했다. 하늘의 기운이 순환하여 루터 씨가 나타나 비로소 그 폐단을 금지하자 법왕의 권위가 급속히 쇠퇴했다. 대저 그 폐단이 어디에서 나왔는지를 살펴보면, 그 가르침이 아니라 사람으로부터 나온 것이었다.

　이를 정치의 도리에 비유하자면, 마치 성왕의 뒤를 이어 걸주桀紂가 나온 것과 마찬가지이다. 무릇 나라의 왕을 세우는 것은 백성을 지키기 위함이나, 그로부터 걸주의 악업이 나왔다. 사람이 가르침을 세우는 것은 세상을 구하기 위함이나, 그로부터 로마는 재앙을 면하지 못했다. 그렇지만 하루라도 왕이 없을 수 없고, 또 하루라도 가르침이 없어서는 안 된다. 무릇 가르침이라는 것은 사람의 마음을 다스리는 도구이다. 마음이 바르면 몸을 다스리고, 몸을 다스리면 집안이 가지런하다. 집안이 가지런하지 않은데 무엇으로 자주의 권리를 세우겠으며, 몸을 다스리지 않는데 어떻게 품행의 고상함을 바랄 수 있겠으며, 마음이 바르지 않은데 어떻게 나라의 법률을 준수할 수 있다는 말인가.

지금 니시 선생께서는 속마음은 제쳐 두고 겉모습만을 앞세우고 있다. 이를 사물에 비유하자면, 속마음은 물건이고 겉모습은 그림자와도 같으니, 물건이 둥글면 그림자도 역시 둥글고 물건이 각지면 그림자도 역시 각이 진다. 즉 그 마음이 바르면 그 행실도 역시 바르지 않을 수 없으니, 성중형외誠中形外[1]란 바로 이를 가리킨다. 마음을 다스리지 않으면서 헛되이 그 행실을 조심하는 것은 마치 각진 물건에서 둥근 그림자를 찾는 것과 같다. 모든 좌도左道[2]에 빠진 자는 재물을 탐하고 색을 즐기며, 요행으로 복을 탐하고 직무의 분수를 잊는다. 밖으로는 재물에 초연하고 의로움을 중시하는 인덕이 없으며, 안으로는 마음속의 욕심을 이기고 몸을 다스리지 못하니, 살아서는 육신의 노예가 되고 죽어서는 마귀의 희생양이 된다. 지금 천하의 사람들로 하여금 제멋대로 짐승이나 목석을 존경하고 믿게 한다면 분명 사람들은 그런 마음을 중심으로 삼다가 결국 그 어디에 기대야 할지를 모르게 될 것이다.

그런데 이런 사람들에게 겉모습을 강조한다면, 이는 제대로 가르치지

---

1   '마음속에 진실함이 있으면 겉으로 드러난다.' 『대학(大學)』 「성의(誠意)」장에 의거한다.
2   유교(儒敎)의 종지(宗旨)에 어긋나는 다른 종교(宗敎). 잘못된 가르침을 가리킨다.

않고 벌하는 것이다.[3] 또 형벌이 아무리 무거워도 겨우 한 번의 죽음에 지나지 않으니, 한 사람을 죽인 자는 한 번의 죽음을 그 목숨으로 상쇄할 수 있지만, 만 명을 죽인 자는 어떤 형벌을 받아야 만 명의 목숨을 충당할 수 있다는 말인가. 설령 그자를 죽인다 해도 단지 한 번의 죽음에 지나지 않을 뿐이니, 그렇다면 어찌 공평한 법이라고 말할 수 있겠는가. 정치의 요체는 덕을 우선시하고 형벌을 뒤로 돌리는 것이다. 덕의 근본은 가르침으로써 사람의 마음을 하나로 만드는 데에 있다. 현명한 군주는 천하의 마음이 한곳으로 모이도록 하여 명령하면 행해지고 금지하면 그치게 된다. 만일 천하의 사람들이 각자의 마음을 중심으로 삼는다면, 아무리 매일 백 가지 형벌을 시행한다고 해도 명령이 행해지지 않을 것이고, 그렇다고 천하의 사람들을 어찌 모조리 벌할 수도 없을 것이다. 하물며 정부도 역시 사람이고, 사람이라면 역시 믿는 바가 필경 인민과 다르지 않을 것이다. 정부가 만일 정말로 짐승과 목석을 믿는다면, 이는 짐승과 목석을 믿는 정부로 하여금 짐승과 목석을 믿는 인민을 다스리게 하는 꼴이 된다. 기이하다고 말하지 않을 수 없을 것이다.

---

3   『논어(論語)』「요왈(堯曰)」, "공자께서 말씀하시길, 제대로 가르치지 않으면서 엄벌하는 것을 학대라 하고, 미리 주의를 주지 않으면서 이루라고 하는 것을 흉포라고 하며, 명령을 태만히 하면서 기일을 재촉하는 것을 도둑질이라고 하고, 남에게 주기로 하였으면서 내고 거두는 데에 인색하게 구는 것을 하급의 관리라고 부른다[子曰, 不敎而殺, 謂之虐, 不戒視成, 謂之暴, 慢令致期, 謂之賊, 猶之與人也, 出納之吝, 謂之有司]"에 의거한다.

✿

4. 인민의 성질을 개조하는 것에 대한 설 (1875년 2월 16일 연설)

나카무라 마사나오中村正直

무진년[戊辰年][1] 이래로 어일신[2]이라고 하는데, 신新이란 무슨 말인가. 과거의 막부 정치를 버리고 새롭게 왕정을 시행한다는 말일 것이다. 그렇다면 정체政體를 일신한다는 말이기는 하나, 인민을 일신한다는 의미는 아니다. 정체는 물을 담는 그릇과 같고, 인민은 물과 같다. 둥근 그릇에 넣으면 둥글어지고, 각진 그릇에 넣으면 각이 지게 된다. 그릇이 바뀌면 형상도 바뀌지만, 물의 성질은 다를 바 없다. 무진년 이후에 인민을 담은 그릇은 과거보다 모양은 좋아졌지만, 인민은 역시 과거의 인민 그대로이다. 노예근성을 가진 인민이고, 아래로는 교만하고 위로는 아첨하는 인민이며, 무학문맹의 인민이다. 주색을 즐기고 독서를 싫어하는 인민이

---

1   1868년. 즉 게이오[慶應] 4년으로 메이지[明治] 원년이다.
2   일본은 1868년 이후 다시금 천황이 정치의 중심이 되는 왕정복고를 기치로 하는 일련의 정치적 변혁이 전개되었다. 여기에서 천황의 명령에 의해 세상이 새로워졌다는 의미에서 어일신(御一新)이라는 표현이 메이지유신을 가리키는 말로 사용되었다.

며, 천리를 모르고 직분을 깨우치지 못한 인민이다. 지식이 매우 얕고 짧으며, 도량이 편협하고 작은 인민이다. 고생을 싫어하고 괴로움과 어려움을 견디지 못하며, 사사로운 지식에 갇혀 약아빠지게 행동하는 인민이다. 노력하고 인내하는 성질이 없고, 마음이 들뜨고 경박하며, 마음속에는 주인의식이 없는 인민이다. 자립할 뜻이 없이 남에게 의지하길 즐기며, 관찰하고 생각하는 성질이 결핍된 인민이다. 금전을 쓰는 법을 모르며 약속으로 정한 것을 깨고 신의를 중시하지 않는 인민이다. 우애의 정이 부족하여 합동일치하기 어려운 인민이고, 새롭게 발견한 일에 힘쓰지 않는 인민이다. 이상의 모든 폐해를 벗어난 인민도 적지 않다고 하지만, 대체로 이러한 모습들이다.

이런 인민의 성질을 선량한 심정과 고상한 품행을 가진 것으로 바꾸려고 한다면, 정체를 고치는 것만으로는 절대로 효과를 볼 수 없다. 다만 둥근 것이 각진 것으로 바뀌어 팔각의 모양을 이룰 뿐으로, 그 안에 담긴 물의 성질은 고쳐지지 않는다. 그러므로 정체를 고치는 것보다는 도리어 인민의 성질을 바꾸어서 점차 오래된 구습을 버리고 날이 갈수록 새롭게 하는 것이 바람직하다. 지금 민선의원이라는 것이 세상에서 떠들썩한 것은 좋은 일이 있을 징조로 축하할 만하다. 모름지기 이 의원이라는 것이 일어나게 되면, 인민이 일본이라는 나라를 총체적으로 가지게 되면서 이것을 지키려고 하는 마음가짐이 생기게 될 것이므로, 정부와 관리들에게 의존하려는 마음이 고쳐지고 노예근성도 나날이 줄어들며, 사방에서 인재들이 배출되어 인재를 한쪽에서 선거하는 폐단이 점차로 사라질 것이다. 그러므로 민선의원은 민심을 일신하는 데에 도움이 되리라는 것은 굳이 논할 필요조차 없다. 다만 여기에서 한 가지 주의해야 할 점이 있다. 가령 민선의원을 창립하여 인민이 위로부터 어느 정도의 정치권력을 나누어 받는다고 해도, 역시 이전 그대로의 인민이므로 정치의 겉모습이 조금 변하는 정도일 뿐, 인민의 성질을 개조하는 주요한 효과는 없을 것이라는 점이다.

그렇다면 인민의 성질을 개조하는 것은 어떻게 해야 하는가 하면, 크게 학문과 기술, 종교와 도덕의 두 가지 방법이 있을 뿐이다. 이 두 가지는 수레의 양 바퀴, 새의 양 날개와도 같아서 서로 도와 가며 사람들의 생활을 복지로 이끄는 것이다. 예술만 고상하고 오묘한 영역으로 나아간다고 한들, 단지 물질상의 개화만으로는 옛날의 이집트나 그리스 시대와 같이 무너지는 풍속을 교정하는 일이 불가능하다. 반드시 교법이 왕성하게 행해져야만이 예술의 감화가 미치지 않는 곳을 도울 수 있다. 이렇게 해야 비로소 인심을 일신하는 도리가 갖추어졌다고 말할 수 있는 것이다. 이런 일은 누구나 알고 있는 것으로, 소위 고론기담高論奇談[3] 같은 것이 아니다. 그렇지만 학자 선생 가운데에도 예술에만 주의를 기울여서 교법을 도외시하거나 또는 서양의 교법을 혐오하는 이들이 있다. 그러므로 대단히 평범하고 흔한 주장을 언급하여 고명하신 군자들을 바로잡고자 하는 것이다. 혹시라도 이것 이외에 우리 나라 인민들로 하여금 그 성질을 개조하도록 하여, 유럽과 아시아 각국 인민들의 고등한 수준과 평균을 이룰 수 있게 하는 방법이 있다면, 어리석은 소생, 가르침을 받아 보기를 청하고자 한다.

---

3   고상하고 어려운 학설과 평범하지 않은 기이한 이야기를 가리킨다.

메이로쿠잡지
제31호

1875년(메이지 8) 3월 간행(3월 15일)

—

✿

1. 부부동권 유폐론夫婦同權 流弊論 ①

가토 히로유키加藤弘之

　모리, 후쿠자와 두 선생의 부부동권론이 나온 후, 부부에 대한 진정한 이치가 이제야 세상에 밝혀졌다. 따라서 종래 남편이 아내를 멸시하는 악습이나, 멋대로 첩을 들이는 추태가 점차 사라지고, 부부의 동권이 그야말로 실제적으로 행해지게 되었다. 두 선생의 공적이 위대하다고 말하지 않을 수 없다.

　그런데 소인의 어리석은 식견에서 보자면, 지금 유럽에서 부부의 권력이 제도상으로는 거의 동일하여 자못 천리에 부합한다고 하지만, 실제의 교제상으로는 아내의 권리가 도리어 남편의 그것을 넘어서는 듯하다. 이는 모름지기 부부동권의 이치를 오인한 데에서부터 나온 폐해이다. 지금 한두 가지 예를 들어 보자면, 부부가 함께 문 바깥을 출입할 때에 아내를 앞세우고 남편이 뒤따르며, 자리에 앉을 때 아내를 상석에 앉히고 남편은 말석에 앉으며, 타인이 부부의 집을 방문할 때에는 먼저 아내에게 예를 갖추고 그런 연후에 남편에게 예를 갖춘다. 부부의 이름을 부를 때에는 아내의 이름을 먼저 부르고 남편의 이름을 뒤에 부르며, 다른 부인과 함께 앉을 때에는 특별히 말투에 주의를 기울이며, 또 그 허가를 얻지 못하면 담배를 피우지 못하는 등 그 예는 열거할 수 없으리만치 많다. 아내의 권리가 실로 놀라우리만치 커진 것이다. 서양 사람은 종래 이러한 풍습에 깊이 물들어 있어서 굳이 그 부조리함을 깨닫지 못하는 듯하지만, 우리 동방인이 보기에는 실로 괴이한 풍습이라 말하지 않을 수 없다. 이것을 어찌 부부의 동권이라고 말할 수 있다는 말인가.

내가 최근 어느 집에서 많은 여성과 동석할 일이 있었는데, 자유로이 담배에 불을 붙이니 어느 서양인 손님이 나를 향해 동석하신 많은 귀부인께서 담배를 좋아하지 않으므로 당신이 담배를 끄기를 바란다고 말하였다. 나 역시 원래 서양의 부인들이 있는 자리에서는 담배 피우기를 금지하는 풍습이 있음은 알고 있었지만, 원체 부조리한 일이었기 때문에 굳이 이를 따르지 않았는데, 이런 일들은 공평하게 따져 보면 대단히 실례가 되는 이야기라고 말하지 않을 수 없다. 부인 측에서 담배 피우는 것을 금지하는 것은 원래 부인이 담배 연기를 좋아하지 않는 데에 그 이유가 있지만, 나는 담배 피우기를 즐기므로 내가 자유로이 담배를 피울 권리도 있다. 부인이 이를 좋아하지 않는다면, 본인이 그 자리를 피하면 그만이다. 본인이 좋아하지 않는다는 이유로 남의 자유를 방해해도 좋다는 이치는 결코 있을 수 없다. 또 담배를 좋아하지 않는 것은 오직 부인들만 그런 것이 아니라, 남자 또한 이를 좋아하지 않는 자들이 있다. 그런데 남자 측에는 그것을 좋아하는지 어떤지를 묻지 않고 그대로 담배를 피우는데, 오직 부인 측에서만 금지하는 이유는 무엇이란 말인가. 실로 이해할 수 없는 일이라 할 수 있다. 또 흡연에 대한 것이 만일 인도에 어긋나거나 또는 타인의 건강을 해하는 것이라면, 나 역시 애초부터 하지 않았을 것이다. 만일 인도에 어긋나거나 남의 건강을 해하는 것이 아니라면, 어째서 남녀의 차별을 두어서 할지 말지를 정한다는 말인가.

이런 일들은 원래 사소한 것처럼 보이지만, 본디 부부동권의 이치를 오인하여 남편이 아첨하며 부인을 떠받들어서 그 환심을 사고자 하는 치정에서 생긴 악폐임에 분명하다. 과연 유럽에서 귀부인의 명성을 얻은 자 중에는 종종 듣기조차 힘든 간통의 추태를 범하는 경우가 있기도 하니, 가히 두려워할 만하다 하겠다. 지금 일본에서도 부부의 동권이 겨우 실제로 행해지려는 시기에 이르렀으니, 유식자들께서 부디 그 이치를 깨달아 미리 이를 방지하지 않는다면, 장래 부인의 권리가 강대해지는 폐해를 결국 제어하지 못할 것이다. 여러분께서는 어찌 생각하시는지 궁금하다.

✿

2. 부부동권 유폐론 ②

가토 히로유키

　어떤 이가 내게 말하길, 그대의 부부동권 유폐론을 읽으니 그 말한 바가 대단히 잘못되어 있다고 하였다. 또 그대는 서양인이 부부동권의 이치를 잘못 알아서, 부인을 지나치게 존경한 나머지 마침내 부인의 권리가 대단히 강대해졌다고 말하였는데, 생각해 보면, 그대가 말하는 서양인이 부인을 존경한다는 것은, 결코 존경하는 것이 아니라 부인을 부조扶助하는 것일 뿐이다. 대개 부인들은 체질이 연약하고 천성이 겸손하므로, 만일 남자가 부인을 부조하지 않으면 결코 안전을 얻을 수 없기 때문이다. 그런데 그대는 이러한 이치를 모르면서 함부로 서양의 풍습을 논하고 비난해서는 안 될 일이니 숙려해 주기를 바란다고 하였다.

　내가 이 말을 듣고는 대답하길, 내가 보기에는 그대가 비록 현명하기는 하나, 이미 오랜 기간 서양의 풍습에 깊게 물들어서, 결국 그 유폐마저도 전부 좋다고 하여, 무엇이 잘못되었는지 깨닫지 못하는 것이라고 하였다. 이에 대해 잠시 논해 보자면, 그대의 주장에 따르면 남편이 부인을 존경하는 것처럼 보이는 것은 사실 존경이 아니라 부조하는 것이라 하였는데, 모름지기 존경과 부조는 본래 그 구별이 분명할 수가 없다. 그런데 가령 부인 곁에서 담배 피우기를 금지하고, 부인의 이름을 먼저 부르고 남편의 이름을 뒤에 부르며, 혹은 예의를 갖춤에 부인을 앞세우고 남편을 뒤로 돌리며, 부인을 상석에 앉히고 남편이 다음 자리에 앉는 것과 같은 일들은 대체 어디를 보아서 부조라 할 수 있다는 말인가. 이런 일들이 부인을 부조하는 것이라고 한다면 나는 도대체 이해할 수가 없다. 만일 그대의 뜻이 남자가 부인을 부조하려면 어쩔 수 없이 위의 여러 건처럼 거의 존경이나 다름없는 일까지도 하지 않으면 안 되는 것이라고 한다면, 나는 여기에서 다시 한 가지 주장을 펴고자 한다.

무릇 약한 자를 부조하는 일이 어찌 오직 남자가 부인에게 하는 일에만 적용되겠는가. 정부가 인민에게 하는 것이나 부모가 자녀에게 하는 것 역시 모두 약한 자를 부조하는 일이다(정부가 인민에게 하는 것이나 부모가 자녀에게 하는 것은 그 이치가 본래 다르기는 하지만, 그러나 인민이 각자 스스로 보호할 수 없으므로 정부가 어쩔 수 없이 그 보호를 자임하는 이치로부터 보자면, 부모가 자녀를 보호하는 이치와 크게 다르지 않다). 만일 약자를 부조하는 데 어쩔 수 없이 존경과 유사한 일마저도 해야 한다고 하면, 정부는 인민에게 높은 지위를 내어 주고 스스로 낮은 지위를 취하며, 부모는 자녀를 윗자리에 앉게 하고 스스로 다음 자리에 있어야 할 것이다. 그런데 서양에서도 이러한 일은 결코 없으니(인민은 주인이고 정부는 인민을 위해서 존재하는 것이므로, 본래의 이치상으로는 인민이 위에 있고 정부는 아래에 있어야 할 듯하지만, 정부는 인민을 보호하는 대권大權을 장악하지 않으면 안 되므로 반드시 높은 지위를 점할 필요가 있다. 그러므로 공화정치의 나라라고 해도 정부는 반드시 인민의 상위에 있는 것이다), 오로지 부부 남녀 사이에만 이러한 악습이 있는 이유는 무엇이란 말인가. 이

것이 내가 결코 그대의 주장에 굽힐 수 없는 까닭이니, 어찌 남자가 부인에게 아첨하며 그 환심을 얻고자 하는 치정에서 생겨난 유폐라고 말하지 않을 수 있다는 말인가. 그대는 어찌 생각하시는지 묻고자 한다.

✿

3. 수신치국비이도론修身治國非二途論 (메이지 8년 3월 1일 연설)

니시무라 시게키

　지나의 유학자 중에는 학문과 정치가 두 갈래로 나뉘게 된 것을 한탄한 사람이 있는데, 내 생각으로는 학문과 정치가 두 갈래로 나뉜 것은 크게 한탄할 만한 일이 아니다. 크게 한탄해야 할 것은 수신修身과 정치가 두 갈래로 나뉘게 된 일이다. 『대학大學』에서는 수신, 제가, 치국, 평천하라는 순서를 말하였고,[1] 『맹자孟子』에서도 천하의 근본은 집에 있고 집의 근본은 한 사람의 몸에 있다고 하였으며,[2] 그 외에도 수신을 치국의 근본으로 삼은 경우는 일일이 열거할 수 없을 정도로 많다. 우리 나라 사람들이 공맹의 도를 존숭했을 때에는 이러한 것을 잘 지켜서 나라를 다스리

1　『대학』의 팔조목(八條目). 격물(格物), 치지(致知), 성의(誠意), 정심(正心), 수신(修身), 제가(齊家), 치국(治國), 평천하(平天下)를 가리킨다.

2　『맹자』 「이루(離婁)」 상편에 나오는 구절. "천하의 근본은 나라에 있고, 나라의 근본은 집에 있으며, 집의 근본은 한 사람의 몸에 있다天下之本在國, 國之本在家, 家之本在身"에 의거한다.

고자 하는 자는 반드시 자신의 몸을 수양해야 한다고 생각했다(사실에 비추어 보면, 간혹 그렇지 않은 경우도 있었지만). 유신 이후로 학문의 성향이 일변하여 공맹의 도는 이미 쇠퇴하였는데, 서양 철학은 아직 들어오지도 않은 모습이 마치 해는 벌써 졌는데 달이 아직 뜨지 않은 상태와 같은 듯하다. 따라서 세상의 공명과 이익을 좇는 무리 가운데 공맹의 도를 쓸모없다며 수신과 성의의 학문에 힘쓰지 않아, 사람들 위에 있으면서 그 품행은 사람들 아래에 있는 자들이 있다. 어찌 개탄하지 않을 수 있겠는가. 지금 공맹의 도를 가지고 저들을 훈계하려고 해도 이미 공맹의 도는 저들이 업신여기는 것이기 때문에 말해도 도움이 되지 않을 것이다. 그러므로 서양의 여러 현자의 설에 입각하여, 수신과 치국이 두 갈래가 아님을 말해 보고자 한다.

대개, 천지간의 만물은 그 수를 헤아리기 어려울 정도로 많지만, 이것을 개략적으로 살펴보면 동물·식물·광물의 세 종류를 벗어나지 않고, 세 종류 모두 상제의 관리와 다스림을 받으며 이 세상에 존재하는데, 상제가 이 세 종류를 관리하고 다스리는 방법은 형체形體·생활生活·지각知覺의 세 가지 이외에는 없다. 광물은 형체만 있고, 식물은 형체와 생활이 있지만 지각은 없으며, 이 3개를 모두 가진 것은 오직 동물뿐이다. 여기에 입각하여 살펴보면, 동물은 다른 두 종류에 비해 가장 상제가 공을 들인 것임에 분명하다.

동물은 두 가지로 나뉜다. 하나를 사람이라고 하며, 또 하나를 금수라고 한다. 사람이 금수와 다른 이유는, 그 형체가 같지 않기 때문만이 아니다. 동물은 모두 동물적 부분과 도리적 부분의 두 가지로 이루어진다. 동물적 부분이란 인류와 금수의 구별이 없고, 모든 동물이 갖고 있는 부분이다. 도리적 부분은 오로지 인류의 몸속에만 있으며 금수에게는 결코 없는 부분이다. 이로부터 본다면 인류는 다른 동물과 비교했을 때 상제가 특별하게 진심을 담아서 만든 것이라는 사실은 명백할 것이다. 동물적 부분이란 유학자가 말하는, 소위 물욕이라는 것으로, 이것은 정욕과 탐욕이라는 두 가지로 나뉜다. 도리적 부분은 이른바 천리라고 말하는 것인데, 그 중심이 되는 것을 양심이라고 하며, 이 양심의 힘에 의해 천리와 물욕을 구별할 수 있다.

사람이 심신을 닦고 집안을 정돈한 다음 나라를 다스리고 천하를 평정하는 것은, 모두 도리 세계의 일이지 동물 세계(또는 금수 세계)의 일이 아니다. 대체로 도리적 부분의 힘이 강하여서 언제나 동물적 부분의 힘을 누를 수 있는 자를 군자 또는 성현이라고 부른다. 동물적 부분의 힘이 강하여서 언제나 도리적 부분이 눌리는 자를 소인 또는 범인이라고 하고, 또는 금수에 가깝다고 말한다. 이것은 자기 몸을 잘 닦는 자가 또한 나라도 잘 다스릴 수 있다는 이치인데, 왜냐하면, 자기 몸을 닦는 것과 나라를 다스리는 것은 모두 도리 세계의 일이기 때문이다. 이것은 또한 물욕의 지배를 받아서 자기 몸을 닦고 다스릴 수 없는 자는 나라를 다스리는 일 역시 불가능하다는 이치로서, 왜냐하면, 나라를 다스리는 것은 금수 세계의 일이 아니기 때문이다. 미국의 박사 에이먼 씨가 말하기를, 수신은 올바른 정치의 근원이라고 하였다. 그러므로 나의 주장이 말도 안 되는 궤변이 아님을 알 수 있을 것이다. 영국의 학자 벤담 씨가 말하기를, 정치상에서 선한 것이 수신상에서 선하지 않은 경우는 없다고 하였다. 대체로 수신과 정치는 모두 도리적 부분의 힘으로써 행하는 것이기 때문이다. 그렇기 때문에 여기에서는 선한 것이나 선하지 않은 것이 모두 동일하여 서로 다른 점이 없다. 가령 몸을 수련할 때에는 동물적 부분의 뜻에 맡기면서 정치를 할 때에는 도리적 부분의 뜻에 맡겨서 행하는 것과 같은 일은, 반인반마半人半馬[3]나 인신우두人身牛頭[4]가 아니고서는 불가능하다.

요사이 지위가 높은 관리나 귀족 가운데 그 사생활이 올바르지 못한 탓에 식견 있는 자들의 비웃음을 사는 경우가 있다. 그러나 그 사람은 아마도 대업을 세워서 큰일을 이루기 위해서 사소하고 작은 절조 정도는 군이 지키려고 인내하지 않는다고 말할 것이다. 하지만 그 이루고자 하는 대업은 대단히 큰 것이 아니고, 그 깨고자 하는 절조가 대단히 작지 않은 것임을 어찌 모른단 말인가. 영국의 박사 토머스 브라운 씨[5]가 말하길, 적을 이겨서 용자勇者가 되는 것이 아니라, 자신의 정욕을 이겨 냈을 때 비로소 진정한 용자라고 부를 수 있다고 하였다. 난세의 영웅 중에는 때로 그가 이룬 공업功業만을 논하고 그 품행에 대해서는 생략하는 일이 있지만, 군자의 관점에서 보자면 또한 이처럼 논할 만한 점이 있는 것이다. 하물며 태평스러운 세상에서 풍속을 바로잡고 예의를 분명히 하려고 할 때, 본인이 고관의 신분이면서 그 품행은 필부와 유사하다면 어찌 이 문제를 논의하지 않고 넘어갈 수 있겠는가.

사람의 몸가짐은 선하건 악하건 모두 일신상의 문제이므로, 그 이해가 타인에게까지 미치지는 않는다. 그렇지만 세상의 식견 있는 자들이 여전히 이를 끊임없이 거론하는 이유는 무엇인가. 지위가 높은 관리나 귀족은 인민의 모범이 되는 자이기 때문이다. 옛 말씀에 이르길, 위에서

---

3 그리스신화에 등장하는 켄타우로스. 인간의 상반신과 말의 하반신을 동시에 지닌 괴물이다.

4 그리스신화에 나오는 미노타우로스. 인간의 몸을 하고 얼굴과 꼬리는 황소의 모습을 한 괴물이다.

5 스코틀랜드의 의학자 토머스 브라운(Thomas Browne, 1605-1682)이다.

좋아하는 바가 있으면 아래에서는 반드시 그보다 더 심해진다고 하였다.[6] 또 오나라 왕이 검객을 선호하자 나라 안에 사람을 죽이는 자가 많아졌다고도 하였다.[7] 하물며 관리나 귀족이 올바르지 않은 것을 좋아하고 즐긴다면 인민의 풍속은 더럽고 지저분하며 어지럽고 비속해짐이 차마 입에 담지 못할 정도가 될 것이다. 야만국이니 문명국이니 하는 것도 인민의 풍속상에서 그 품위를 정하는 것이니, 위에 있는 자의 품행에 따라 인민의 풍속이 바뀌고, 인민의 풍속에 따라 국가의 품위가 정해진다. 그렇다면, 인민 위에 있는 자가 어찌 자신의 몸을 수양하지 않을 수 있겠는가.

지금 위에 있는 제현諸賢들께서는 야만을 싫어하고 문명을 좋아하는 마음이 대단히 강하다. 때문에 괘오위식詿誤違式[8]과 같은 번거롭고 세세한 법령을 정하여, 다리를 노출하는 행위나 노상방뇨 같은 행위도 모두 죄를 묻게 하였다. 생각건대, 그런 행위가 더럽고 지저분하여 야만에 가깝다는 것이리라. 하지만 이것은 다리 노출이나 노상방뇨보다도 관원과 귀족의 추행이 더욱 심함을 잘 모르기 때문에 하는 소리이다. 이는 대大는 방치하고 소小를 처벌하는 것이니, 나는 그 본말경중本末輕重의 순서가 잘

---

6   『맹자(孟子)』「등문공(滕文公)」상의 "위에서 좋아하는 것이 있으면 아래에서는 반드시
     그보다 더 심해지는 것이다. 군자의 덕은 바람이요, 소인의 덕은 풀이다. 바람이 불
     면 풀은 반드시 쓰러지는 것이다[上有好者, 下必有甚焉者矣. 君子之德風也, 小人之德草也. 草尙之風
     必偃]"에 의거한다.

7   『관자(管子)』「칠신칠주(七臣七主)」편. "오왕이 검을 선호하니, 나라의 무사들이 죽음을
     가볍게 여겼다[吳王好劍, 而國士輕死]"에 의거한다.

8   일본 최초의 체계적인 경범죄 법령으로, '위식(違式)'은 의도적인 범죄를, '괘오(詿誤)'는
     우발적인 범죄를 의미한다. 1872년, 도쿄에서 처음 반포되었고, 이후로 일본의 여타
     지방에서도 점차로 시행되었다.

못되었음을 의아하게 생각한다. 관원과 귀족의 몸가짐을 결국 바르게 하지 못할 때에는, 가령 국가가 부유하고 병력이 강하며 그 웅장한 기상을 해외에까지 떨친다 한들, 역시 문명국이라고 칭할 수는 없다. 하물며 국가가 아직 부유하지 않고 병력이 아직 강하지 않은 경우라면 말해 무엇 하겠는가.

나는 오로지 고관과 귀족들이 몸을 닦고 바로 하는 것이 치국의 근본임을 깊이 깨닫고, 지금부터 마음을 바꾸고 그 행동을 고쳐서, 말로써 천하의 규범을 보이고 행동으로써 세상의 법을 이루게 되기를 바랄 뿐이다. 인민이 윗사람을 바라보며 존경하고 친애하면, 이에 따라 풍속은 개선되고 예의가 바로잡혀서, 문명의 빛이 사방 이웃 나라로 퍼진다면, 이것이 어찌 자기 혼자만의 영광에 그치는 일이겠는가. 나라의 행복 또한 이보다 더할 수는 없을 것이다.

✿
4. 종교론 의문 ③

가시와바라 다카아키

오랜 옛날의 역사를 보면, 대개 황당하여 의심할 만한 것들이 많다. 그렇지만 수천 년이 지난 후에 다시 이것을 어찌할 도리는 없다. 서양 태곳적의 전설들도 또한 왕왕 의심할 만한 것들이 있다. 소위 노아라는 자가 방주를 만들어 그 일족과 짐승의 종류들을 각각 한 쌍씩 태워 홍수를 피했다고 하는 것과 같은 일들이 바로 그렇다.

모름지기 그 배의 크기와 인원의 숫자가 얼마나 되는지 아직 알 수 없지만, 동물의 종류와 그 숫자만도 수억은 되었을 것이니, 어떻게 전부 태울 수 있었을까. 또 짐승류 중에도 잔인하고 탐욕스러운 것들이 있고, 사납고 악독한 것들도 있으며, 또 육식동물은 여물과 야채로는 기를 수 없었을 것이다. 한 마리를 도축하여 여러 마리를 기를 수도 있었겠지만, 그러면 다시 한 마리의 배우配耦를 잃게 되는 것이다. 하물며 여러 마리를 죽여서 겨우 한 마리의 배고픔을 채워야 하는 경우는 어떠하겠는가. 굶주리게 되면 반드시 서로 잡아먹는 형세에 이를 것이니, 옛날의 호랑이

는 지금의 고양이 같고, 태곳적의 곰은 지금의 개와 같기라도 했다는 말
인가. 만일 맹수와 독사가 한 배 안에서 싸움을 벌이기라도 했다면, 사람
은 재난을 피할 수 없었을 것이다. 게다가 노아의 배가 아라라트산Mount
Ararat[1]에 도착할 때까지 수개월이라는 오랜 시간이 지났다고 하는데, 어
찌 이런 논리가 있을 수 있겠는가.

　우리 나라 황통의 연면함은 천지간에 끝이 없다.[2] 그런데 옛날의 역사
를 살펴보면 천손天孫이 강림하셨다는 이야기[3]가 있는데, 이것을 오늘날
에 비추어 보자면 대단히 의심스러운 일인 듯하다. 그렇지만 옛날 사람
가운데 또한 이것을 틀렸다고 하는 자가 없었음은, 당시에 이미 확실하
게 증명할 만한 것이 있었기 때문이라고 생각할 수 있을 것이다. 요사이
이것을 외국의 역사서와 비교하여 보니, 대개 그 의심이 풀릴 수 있었다.
즉 페루의 옛날 왕의 조상 또한 태양에서 왔다고 하는 것 등이 그러하다.
그들의 복장을 잠시 살펴보니 가슴 앞쪽에 국화의 문장을 장식한 것을
보면, 이것은 필시 우리 옛날 황실의 자손 가운데 유배당한 자가 저 땅에
표착하여 마침내 거기에서 왕이 된 것임을 알 수 있다[1863년에 인쇄 간행한
(鐫行) 미국인 미첼 씨 지리서[4] 90쪽]. 또 그 나라의 말이 바뀌어서 대개 우리 나
라의 말하는 법과 유사한 것이 있다고 한다. 또 하와이의 여왕이 볼 위
에 국화 문장을 그려 넣은 것과 같은 것(네덜란드인 무 이 한오헨 씨가 저술하여

1　튀르키예 동부, 이란 북부, 아르메니아 중서부 국경에 위치한 산. 성서에 나오는 노
　아의 방주가 떠내려가다 이곳에서 멈추었고, 그 배 조각이 남아 있다고 전해진다.
2　일본 천황의 혈통이 끊임없이 계속해서 이어져 왔다는 이야기. 만세일계(万世一系)를
　가리킨다.
3　일본의 천손 강림 신화를 가리킨다.
4　새뮤얼 오거스터스 미첼(Samuel Augustus Mitchell, 1792-1868)의 *Map of the United States
　and Territories*를 참조한 것으로 보인다.

1855년에 간행한 『지상인민풍속통地上人民風俗通』[5] 464쪽 그림)들도 황국의 학자들에게 논하게 한다면 반드시 우리 나라의 옛날 사람 가운데 외국으로 유배당한 자가 바깥에서 나라를 세운 것이라고 말할 것이다. 그렇지만 왕가가 이것만으로 가르침을 세울 수 있는 것은 아니다. 페루의 왕이 이미 스페인으로 인해 멸망한 지금, 천손의 나라 가운데 세계 만국과 대등하게 다툼을 벌이고 있는 나라는 오직 우리 황국뿐이니, 페루의 선례를 귀감으로 삼지 않으면 안 된다. 설령 여기에 누군가 지금 현재 하늘에서 내려왔다 한들, 그 언행이 신성하지 않다면 누가 상제의 하나 남은 아들이라 하겠는가. 하물며 그 자손은 어떠할 것이며, 실제로 하늘에서 그 사람이 내려오는 것을 보지 못했다면 더더욱 어떠하겠는가. 이것은 천자에서 서민에 이르기까지 모두 반드시 가르침이 없어서는 안 되는 이유이다.

대저 우리 나라에는 예로부터의 가르침이 있는데, 이것을 천연天然의 가르침[6]이라고 한다. 그 법은 사람들로 하여금 저절로 본연의 성질로 돌아가게 하는 것으로, 즉 오로지 진실된 마음(誠心)일 뿐이다. 그러나 세상의 움직임이 점점 하강하고, 사람 간의 일들이 나날로 번잡해지면서, 천연의 가르침이 이제는 그릇됨을 바로잡기에 부족해지면서 유교를 퍼뜨리고 시행하였다. 그러나 아직 아래의 어리석은 인민에게까지 전부 내려가지는 못했다. 그래서 다시 석가의 가르침을 더하였다. 그런데 그사이에 돌과 나무를 섬기고 짐승과 벌레를 받드는 옳지 못한 가르침이 혼란하게 뒤섞여 나오곤 하였다. 지금 이런 상황을 보면서 처음부터 간결

---

5   오귀스트 와른(Auguste Wahlen, 1785-1850)의 저서 *Moeurs, Usages Et Costumes De Tous Les Peuples Du Monde*를 말하는 것으로 보인다.

6   불교 등 외래종교의 영향을 받기 이전의 고유한 신앙. 신도(神道)를 가리킨다.

하게 가르침을 펴지 않는 편이 낫다고 하는 이유는, 모름지기 계율이 지나치게 복잡하고 많아서 인심을 두세 갈래로 찢어 버리기 때문이다. 종교의 폐해가 극에 달하면 이렇게 된다. 이런 때에 새로운 가르침을 배포하고 옛날의 폐해를 바로잡지 않는다면, 정치에 해가 될 것임은 말할 필요조차 없다. 그렇지만 이것을 바로잡는 법이 또한 마땅하지 못하다면, 그 해로움 또한 적지 않을 것이다. 누군가는 천하에서 가장 좋은 가르침을 골라야 한다고 말하고, 누군가는 사람들이 좋아하는 바에 맡겨야 한다고 말한다. 또 누군가는 모든 가르침을 절충하여 나라 풍속에 맞는 것을 취해야 한다고 말한다. 이것들은 모두 하나만 알고 아직 둘은 모르는 소리이다. 무릇 위대한 말은 여염 사람들의 귀에 들어가지 않고(閻耳),[7] 높은 도리(上乘)는 어리석은 사람들을 이끌지 못한다고 하였다. 군자가 믿는 바는 소인들이 의심하는 바이며, 노파가 안주하는 곳은 소년이 비웃는 곳이기 쉽다. 새로움을 욕심내는 자는 진부함을 싫어하고, 옛것을 기꺼워하는 자는 신기한 것을 괴이하게 여긴다. 사람의 마음이 모두 다른 것이 마치 얼굴이 다른 것과도 같다. 그러므로 만일 사람을 얻지 못한다면, 계율이 아무리 바르다고 해도 행해지지 않을 것이며, 논설이 아무리 일리가 있다고 해도 믿어지지 않을 것이다. 아아, 믿음의 어려움은 이것을 믿게 하는 데에 있다고 하였으니, 가르침의 도리가 어찌 언어와 문자만의 문제라고 할 수 있겠는가.

---

7   『장자(莊子)』「천지(天地)」편에 나오는 "위대한 소리는 보통 사람들의 귀에 들어가지 않는다[大聲不入於里耳]"에 의거한다.

5. 남녀동수론男女同數論

후쿠자와 유키치福澤諭吉

요사이 남녀동권에 대한 논의가 대단히 떠들썩하여, 어디가 옳고 그른지 알지 못한다. 모든 사물에 대한 논의는 먼저 그 사물의 성질을 음미하지 않으면 안 된다. 그러므로 이 동권론도 먼저 남녀란 무엇인지를 살피고, 권權이란 무엇인지를 상세히 밝힌 연후에, 그 시비득실의 논의로 나아가야 한다.

만일 그렇게 하지 않고 자기의 견해에 따라서 남녀의 성질을 억측하고 권이라는 글자를 추정하여 각자의 생각에 따라 주장을 펼치는 일이 있다면, 그 제한이 없어지고 소위 쓸모없는 논쟁이 되어 버리고 말 것이다. 가령 남녀동석이라고 할 때에 부인을 상석에 앉히는 것과 같은 일은, 존경이라고 하면 존경이고, 부조扶助라고 하면 부조인 것이다. 부조라고 생각하면 화가 날 일이 없지만, 있는 힘껏 부인을 숭배하고 받들어 모신다고 인정하면, 대단히 화를 내는 것 또한 당연하다.

대개 세상의 논의라는 것은 그 정도의 것들이므로 내 생각으로는 이 일에 대해서는 소란스럽게 시비를 가리거나 하지 않고 모두 주변의 한 사례를 들어서 누구라도 양해하기 쉬운 궁리에 전념하면 될 일이라고 생각한다. 즉 그 사례란, 대단한 종교적 진리나 이론이 아니라, 그냥 손익 계산으로 끝날 이야기로, 누구라도 알기 쉬운 남녀동수론이다. 먼저 세계의 남자와 여자의 수는 대개 비슷하므로, 남자 한 사람과 여자 한 사람이 짝을 이루어 부부가 된다는 계산이 나온다. 만일 그렇지 않으면, 여기에서 남아도는 여자를 끌어들이면 저쪽에 부족함이 없어질 것이다. 숫자가 적은 여자 한 명에 사위 8명이 부당하다면, 남자 한 사람에 첩 8명도 또한 부당한 것이다. 지금의 상황에서는 동권이니 뭐니 어려운 이야기는 집어치우고, 남자 한 사람에 여자 여러 명의 교제는 이해타산의 계산에 맞지 않으므로 적당하지 않다는 것만 말하고, 이것을 동권의 첫 단계로 해 두고서, 나머지 이야기는 학문이 더 발전할 때까지 미루어 두기로 해야 한다.

또는 이 이야기도 시기상조라는 주장이 있다면, 첩을 들이는 일도 게이샤藝娼를 사는 일도 침묵하며 허가하기로 하자. 다만 이것은 비밀로 하고 남에게 감추어야 한다. 남에게 감추는 것은 부끄러움의 시작이다. 남에게 부끄러운 일은 스스로 금지하는 것의 시작이다. 이 동권의 첫 단계가 세상에 행해져서 수년이 흐르면, 지금의 쓸모없는 논쟁도 언젠가 결론이 나게 될 것이다.

메이로쿠잡지
제32호

1875년(메이지 8) 3월 간행(3월 25일)

—

✿

1. 국민기풍national character론國民氣風論

니시 아마네

내가 전에 유럽의 역사서를 읽었는데, 그 가운데 아시아식Asiatic 사치luxury, 아시아식 전제despotic 등의 말이 있었다. 여기에서 아시아라고 지칭하는 곳은 인더스indus강 서쪽으로, 히말라야himalayas 동쪽에 미치지 않는다. 그러나 다르다넬스dardanelles해협 동쪽은 대개 이런 식으로 행해지는 것이 일반적이다. 그중에서 히말라야 동쪽은 인종도 다르고, 또 한 단계의 차이가 있는 듯하다. 그리고 그중에 또 크고 작은 몇 개의 나라들로 나누면 그 국민의 기풍 역시 다를 수밖에 없다. 그러나 이것을 개략적으로 말하자면, 이른바 전제의 풍습이 행해지고 그 밑에서 이루어진 국민의 기풍은 군주를 귀하게 여기고 신하를 천시하는 고대 중국의 황제 정치[1]를 벗어나지 못한다. 특히 우리 일본에서는 진무창업神武創業[2] 이래 천

---

1   중국 최초의 통일왕조였던 진나라의 정치를 가리킨다. 진시황은 강력한 황제권을 구축하고 휘두른 것으로 잘 알려져 있다.

황의 혈통이 연면히 이어져 2535년이 되었으매,[3] 군주를 공경하여 받들고 스스로를 노예시하는 것은 중국과 비교해도 가장 심하다. 하물며 중세 이래 천하는 무사가 지배하며 봉건제로 바꾼 지 거의 700년이 되었다. 이후 천하는 모조리 병졸 정치가 되어, 가신이 가신을 두고 노예가 노예를 두었으며, 무사는 거리낌 없이 멋대로 행동하여 농공상의 삼민三民은 기리스테切捨를 당했고,[4] 천하의 정령은 곧 무사 집단이 낸 법령과 같았다. 인민의 기백은 비굴해지지 않을 수 없었다. 유신폐번維新廢藩[5] 이후 국체가 크게 변혁하여 현재의 제도에 익숙해졌다고는 하지만, 아직 오래되지 않았다. 정부의 정치가 너그럽고 세상의 여론이 자주自主를 존중한다고 하지만, 본연의 기백은 여전히 회복되지 않고 있다. 그러나 이것은 역사상의 연혁에서 생각하자면, 갑자기 바랄 수는 없을 것이다. 왜냐하면, 늙은이는 결국 잘못을 신속하게 고칠 희망이 없고 젊은이는 겉치레만 바꾸기 때문이다.[6] 하물며 이 기풍이란 것은 그 원인이 정치에만 있다고 할 수 없다. 두 가지 원인이 더 있어서 이런 흐름을 부채질한 것이니, 즉 하나는 공자의 『춘추』가 일변해서 미토학(黃門公の學派)[7]이 된 것이고, 다

---

2   진무[神武]천황은 일본 전설상의 초대 천황으로, 이 진무천황의 즉위를 기원으로 일본
      이 건국했음을 의미하는 말이다.
3   진무천황의 즉위를 기원으로 하는 일본의 황기(皇紀)상, 이 글이 쓰인 1875년[메이지 8]
      은 황기 2535년에 해당한다.
4   기리스테고멘[切捨て御免]. 에도 시대에 무례한 짓을 한 평민을 베어 죽여도 처벌받지
      않았던 무사의 특권을 가리킨다.
5   폐번치현(廢藩置縣). 1871년 8월 29일, 261개의 번을 폐지하고 전국을 부현으로 일원화
      한 근대 일본의 중앙집권 정책을 말한다.
6   『주역(周易)』「혁괘(革卦)」의 "군자는 잘못이 있으면 신속하게 고치고, 소인은 얼굴 표
      정만 바꾼다[君子豹變, 小人革面]"에 의거한다.
7   고몬 공[黃門公]은 일본 에도 시대 미토번[水戶藩]의 번주 도쿠가와 미쓰쿠니[德川光圀,

른 하나는 나니와浪華[8]의 아사리阿闍梨[9]인 게이추契仲[10]의 와카和歌가 일변해서 모토오리 노리나가本居宣長[11]의 『가라오사메노우레타미고토馭戎慨言』[12]가 된 것이다. 따라서 우리 국민의 기백이 비굴하여 펼쳐지지 못하는 이유는, 하나는 역사상 정치의 연혁에서 유래한 것이고 다른 하나는 미거하나마 철학적philosophical인 사색contemplation에서 유래한 것으로, 이것이 민심에 서서히 젖어 들어 마치 아교와 옻칠을 한 것마냥 굳어 버리게 되었기 때문이다. 어찌 이것을 금방 고칠 수 있겠는가? 현재 이 비굴을 떨치지 못하고 압정에 안주하며 스스로를 노예시하는 기풍을 정치상political 및 도덕상moral의 기풍이라고 부른다.

그런데 또 지리상geographical의 기풍이라고 부르는 것도 있다. 그 근원이 지리에 있는지 여부는 일부러 자세히 조사해서 그 정황을 말로 할 수

1628-1701]를 가리킨다. 미토번에서는 도쿠가와 미쓰쿠니의 주도로 『다이니혼시大日本史』 편찬사업이 일어났고, 이로부터 미토학小戸學]이라는 학풍이 형성되었다. 이 미토학은 에도 시대 후기 존양왕이 사상으로 발전하였고, 이는 메이지유신의 사상적 원동력을 제공하였다.

8   오사카大阪] 지방의 옛 명칭이다.

9   제자의 행위를 교정해 주고 그의 사범이 되어 지도하는 고승에 대한 경칭이다.

10   게이추契仲, 1640-1701]. 에도 시대 전기의 국학자이자 가인(歌人). 셋쓰摂津, 현재의 오사카 서북부와 효고현 동남부] 출신. 『만요슈万葉集]』의 주석서 『만요다이쇼키万葉代匠記]』를 저술했다.

11   모토오리 노리나가本居宣長, 1732-1801]. 일본 에도 시대의 국학자, 문헌학자, 의사. 18세기 최대의 일본 고전 연구자로 『겐지모노가타리』를 비롯한 일본 고전을 강의하고, 『고사기』를 연구하여 35년에 걸쳐 주석서 『고사기전』 44권을 집필하였다. 황국으로서의 일본의 우월성을 주장하여 후기 국학 사상 및 이후 일본의 국수주의에 큰 영향을 끼쳤다.

12   모토오리 노리나가가 저술한 역사서. 에도 시대 이전의 일본 외교사에 대해 일본과 중국, 조선과의 교섭을 일본을 중심으로 하는 입장에서 스진천황崇神天皇]의 시기부터 에도막부 성립까지를 통사적으로 기술하였다.

있는 것이 아니라고는 하지만, 그 본말을 성급하게 밝힐 수는 없으므로 일단 이와 같이 말해 두는 것으로, 지금 우리 나라 국민의 성질을 대체로 논하자면, 충량忠諒[13]하고 이직易直[14]하다고 할 만하다. 충량하기 때문에 이 것을 역사상에 비추어 보자면(겐지源氏가 골육상잔을 일으킨 사례[15]가 있기는 했지만), 참혹한 사례는 중국 등과 비교하면 매우 적다고 하겠다. 이직하기 때문에 이것을 역사상에 비추어 보자면(아시카가 요시아키라足利義詮와 같은 무리[16]가 있기는 했지만), 중국 등과 비교하면 역시 적다고 하겠다. 따라서 이 두 가지 성질은 사람들 개개인individual에게서 찾으면 모두가 그렇다고 말 할 수는 없겠지만, 대체로 우리 나라의 기풍, 인민의 성질을 논한다면 이런 아름다운 성질이 있다고 하겠다. 모토오리 노리나가가 "일본의 야마토고코로日本心가 무엇인지 묻는다면, 그것은 떠오르는 아침 햇살을 받으며 향기를 내뿜는 산벚꽃이다"라고 읊은 것은, 즉 이직의 성질을 가지고 우리 국민의 기풍에 소인을 찍은 것으로, 역시 전문가다운 표현이라고 해야 할 것이다.

그런데 충량, 이직이라는 덕은 미덕이지만 그 폐해가 큰 경우도 있다. 자세히 말하면, 충량의 반대어는 참혹으로, 충량과 참혹을 나란히 늘어

---

13   충성스럽고 진실함을 의미한다.

14   온후하고 순수함을 의미한다.

15   가마쿠라막부를 열었던 미나모토씨源氏가 친족과 형제 사이에 서로 전쟁을 벌였던 사실을 가리킨다.

16   아시카가 요시아키라(1330-1367)는 아시카가막부의 제2대 쇼군으로, 남조의 고무라카미後村上천황을 추방하고 북조의 고코우곤後光嚴천황을 옹립하였다. 메이지유신 이전까지는 북조를 정통으로 보았으나, 유신 이후 만세일계의 천황을 강조하기 시작하면서부터 남조를 정통으로 보려는 시각이 대두되었는데, 니시는 남조정통설에 따라 아시카가 요시아키라의 사례를 비난하고 있는 듯하다.

놓은 글자 아래에 지智와 우愚라는 두 글자를 두면, 우라는 글자는 흔히 충량과 붙어 다니고 지라는 글자는 종종 참혹을 수반한다. 그러므로 충량은 좋은 성질이기는 하나, 이른바 배우기를 싫어하면 그 폐단으로 어리석음을 면하지 못한다.[17] 또 이직이라는 덕의 반대는 완곡頑曲(이러한 숙어는 없지만)이다. 이 두 가지를 나란히 늘어놓고 그 아래에 권리라는 글자를 한가운데에 쓴 다음 그 아래에 잃기 쉽다, 잃기 어렵다라고 나란히 덧붙이면, 이직 쪽에 이易 자를 두고 완곡 쪽에 난難 자를 두는 것이 상례라서 이직의 성질은 권리를 잃기 쉽다, 같은 편으로 만들기 쉽다는 등 폐해가 있다고 하겠다.

그런데 이 지리상의 성질과 앞의 정치 및 도덕상의 기풍과는 함께 맞물려 구성된 것이라서, 두 가지가 합쳐져 현재 일본 국민의 기풍character이 된 것이다.

그런데 위로는 전제정부가 있고 밑에는 이러한 인민이 있다. 전제군주를 공경해 받들고 스스로를 노예시하며, 이직한 성질로 행동하고 충량한 마음으로 매사에 임하면, 전제정부의 입장에서는 대단히 편리한 최고의 인민 기풍이라고 할 수 있다. 따라서 무사라면, 3대에 걸쳐 은혜를 입은 주군의 원수를 갚기 위해, 초개와 같이 목숨을 버릴 각오로 전장에 임한다. 또한 농공상의 인민은 우는 아이와 마름에게는 당할 수 없다고 말하며, 주군과 부모는 무리한 요구를 하게 마련이라는 식으로 생각한다. 필경 유신 변혁의 대업이 쉽게 가능했던 것은 우리 성상聖上[18]의 성덕聖德

---

17   『논어(論語)』「양화(陽貨)」의 "인을 좋아하면서 배우기를 싫어하면 어리석음의 폐단이 생긴다[好仁不好學其蔽也愚]"에 의거한다.

18   메이지천황을 가리킨다.

이 그렇게 만든 것이라고 하지만, 이러한 기풍이 도운 부분 또한 많으니, 이른바 뿔이 땅에 닿을 정도로 머리를 조아린 것이다.[19]

따라서 이러한 나라의 기풍과 인민의 성질은 전제정부 정치에서는 더 이상 바랄 수 없을 정도로 좋은 극최상의 기풍이지만, 외국과의 교제가 시작되고 국내에서는 속박의 고삐를 늦추며, 지력智力이 위력에 앞서는 세상이 되면, 이런 기풍이 바로 후쿠자와 선생이 말씀하신 무기력한 인민을 낳는 것이다. 하물며 민선의원과 같은 것을 일으키려는 때가 되면 이런 기풍이 바로 가장 큰 방해물이 될 것이다.

그런데 이 기풍을 사람의 몸에 비유하자면, 타고난 몸이 건강하지 않은 것이다. 마치 깊은 궁중에서 장수환고長袖紈袴[20]만 입고 자란 아이와도 같으니, 그대로 궁중에 산다면 괜찮겠지만, 이런 자가 이제 대대로 받던 녹을 반납하면(家祿奉還),[21] 괭이와 가래를 잡는 세상에서 작고 쇠약한(幺麽衰弱) 몸으로는 사업을 성취하기 어려울 것이다. 따라서 이들에게는 소고기를 많이 먹게 하고, 팔다리 모두 근육이 불거질 정도로 강장하게 만들어, 타고난 건강 체질로 회복시키지 않으면 안 된다.

그런데 이 기풍은 앞에서 논한 것처럼, 대체로 말하면 장자莊子가 말한 소위 혼돈이 아직 구멍을 뚫지 않은 상태로, 혼돈이 구멍을 뚫고(설령 7일 후 죽는다고 해도)[22] 이른바 타고난 건강 체질의 모습을 얻게 하려면 법학을

---

19   궐각계수(厥角稽首). 이마가 땅에 닿도록 머리를 숙여 예를 표함. 『맹자(孟子)』「진심(盡心)」상의 "백성들 또한 마치 짐승이 뿔을 땅에 대듯이 머리를 조아렸다[民亦若崩厥角稽首]"라는 구절에서 나온 표현이다.

20   긴 소매 상의에 흰 비단 바지. 귀족을 가리키는 말이다.

21   1873년(메이지 6)에 화족(華族)과 사족(士族)에게 세습으로 지급하던 가록(家祿)을 중단하고 대신 질록공채(秩祿公債)와 현금을 지급하는 조치가 취해졌다.

22   『장자(莊子)』「내편(內篇)」'응제왕(應帝王)'에 나오는 혼돈에 관한 우화. "혼돈은 중앙에

열어야 한다. 이 방법에 대해서는 내가 가진 복안이 있지만 서투른 장광설이 될 듯하니, 이에 대한 논의는 훗날을 기약하고자 한다.

살고 있었는데, 남쪽에 살던 숙과 북쪽의 홀은 서로 만나려면 먼 길을 가야만 했다. 그래서 숙과 홀은 중앙에서 만날 수 있도록 혼돈에게 부탁했고, 그는 둘이 편하게 만날 수 있도록 많은 도움을 주었다. 이를 고맙게 여긴 숙과 홀은 '어떻게 은혜를 갚을까' 고민 끝에 혼돈의 얼굴에 구멍을 뚫어 주기로 했다. 다른 사람들은 일곱 개의 구멍이 있어서 보고 듣고 먹을 수 있지만, 혼돈은 아무것도 없었기 때문이다. 숙과 홀은 혼돈의 얼굴에 하루에 한 개씩 구멍을 뚫어 주었다. 그런데 일곱 번째 구멍을 뚫자 혼돈은 죽고 말았다(南海之帝爲儵, 北海之帝爲忽, 中央之帝爲渾沌. 儵與忽時相與遇於渾沌之地, 渾沌待之甚善. 儵與忽謀報渾沌之德, 曰, 人皆有七竅, 以視聽食息, 此獨無有, 嘗試鑿之, 日鑿一竅, 七日而渾沌死." 원래 이 우화는 인간이 억지로 무엇인가를 만들고 분별하는 행위가 진정한 실존이나 자연스러운 상태를 해친다는 점을 지적한 것으로 알려져 있다. 그런데 니시는 여기에서 혼돈의 우화를 들면서도 "설령 7일 후에 죽는다고 해도" 구멍을 뚫어야 한다는 입장을 취한 점이 흥미롭다.

✿

2. 처첩에 관한 설

사카타니 시로시阪谷素

나의 2월 1일 연설은, 마땅한 사람을 구하지 못하여 급하게 받은 부탁을 수락하여 하는 통에 원고의 초안도 없이 그냥 내가 가진 의문을 말했던 것으로서, 일시적으로 미흡하나마 그런 대로 맡은 일을 한 데 불과하였으니, 그 말의 사리가 분명하지 않아서 실례를 범하였던 듯하다. 그러므로 다시 이 연설에 관한 나의 좁은 소견을 바로잡아 보고자 한다.

무릇 부부는 인류의 큰 근본이자 예의의 큰 원천으로, 인민의 품행을 세우고 나라의 모습을 나오게 하는 기본임은, 화한和漢과 서양을 막론하고 모든 현자의 논의에 부합하는 바인 듯하다. 그런데 이것을 문란하게 하는 것이 정교에 의한 것이라고는 하지만, 또한 사람들이 첩을 두는 풍습으로 인한 해가 크다. 지금 세상에서는 첩의 폐해가 대단히 커서, 내가 만연한 인정을 뒤로하고 입바른 소리만 하는 것이 아닌데도, 이에 관해 이야기하면 그 사람은 화를 내지 않고 웃으면서, 세상물정에 어둡고 개화하지 못하였다고 한다. 심한 경우는 백주대낮에 그 첩과 어깨를 두르고 손을 잡고는 옆으로 나란히 큰길을 걸으면서 뻐기듯이 자랑하며 이것이 바로 서양풍이라고 말하기도 한다. 아아, 서양 어디에 첩이 있단 말인가. 이와 같은 추태를 부리면서 야만적인 행실을 서양에서 배운 것이라고 하니, 서양도 또한 억울할 것이다. 그렇지만 다행히도 개혁가의 주장이 양학의 명가들로부터 나온 것이 있으니, 모리 선생의 처첩설[1]이 대단히 올바르고 명백하며, 후쿠자와 선생의 높고 화려하게 지은 집도 사실은 짐승들이 사는 우리(畜生小屋)라는 통쾌한 이야기[2] 등을 보면, 큰 가르침을 세상에 베풀어 일목을 일신하고 가짜 개화꾼의 입을 닫게 만든다. 그런데 오래된 악습은 원래 바뀌기 어렵고, 또 수구가守舊家의 주장이 나와서 지나의 고루한 주장을 억지로 갖다 붙이면서, 우리 천자의 언사를 빌려 위엄으로써 사람들을 억압하고자 한다. 이제 화간和姦의 폐해를 탁한 격류 안에 모두 쏟아 버려서 묵허의 바다로 흘러가게 하니, 인간 된 도리가 없어진 요사이에 이러한 주장을 과장하며 떠드는 것이 그야말로 대단히 탄식을 금하기 어렵다.

원래 수구가의 이런 주장이 정욕Passion에서 나와 야만에 빠진 것임은 말할 필요조차 없지만, 그중에 사람들의 욕정의 평균을 말한 것은 일리가 없지는 않다. 사람에게는 타고난 강함과 약함이 있는 것이 마치 지혜와 어리석음이 있는 것과 같다. 약한 자는 일부일처에도 괴로워한다. 강한 자는 여러 명의 남녀로도 부족하다. 대개 나이가 80, 90에 이르는 사람이 대개 음욕이 왕성하여 소위 호걸이 색을 밝힌다고 하는 것도, 또한

---

1   모리의 「처첩론」. 『메이로쿠잡지』 제8호 2, 제11호 2, 제15호 1, 제20호 2, 제27호 1에 연재하였다.
2   후쿠자와 유키치의 『학문의 권장』 제8편에 관련된 이야기가 나온다.

그 정신이 강건할 때에는 신발의 크고 작음에 따라 그 가치가 다른 것과도 같다. 사물이 균일하지 않은 것도 역시 자연적으로 그러하다. 그런데 반드시 일부일처로 하게 된다면 그 설이 행해지기 어려운 것 또한 당연한 일이다. 아직 결혼하지 않은 자가 결혼하지 못할 것을 두려워하여 약간 조심스럽게 구는 것은 원래 아름다운 습속이지만, 화한에서도 또한 조심스럽게 구는 자를 칭찬하고 신중하지 못한 자를 추하다고 하는 것은 같은 의미이다. 같은 의미를 갖는다면 그 풍습에 따라 첩을 두고 두지 않는 것은 그 사람의 자주자유에 맡기고, 음일淫逸하고 방탕한 악습에 법률을 엄격하게 하며, 이로써 관직에 있는 자라면 용서하지 않아 점점 교화를 왕성하게 하면, 일부일처의 올바름으로 귀결될 것이라 여겨진다. 아메리카의 모르몬교Mormons와 같이 크게 야만스러운 자유연애의 무리는 굳이 거론할 필요도 없다.

부부동권夫婦同權이라고 할 때에는 남편에게 첩이 있는 처의 경우 따로 남편을 둘 수 있을 듯하다. 또 아내 역시 마찬가지로 사람이다. 성질에 강약이 있으니, 평생 남편이 없어도 살 수 있는 사람도 있고, 여러 남자와 정을 통하면서도 여전히 부족하다고 여기는 사람도 있을 것이다. 남녀 모두 음란하고 제멋대로 거리낌이 없다면, 금수와 다를 바가 없어 인간의 도리는 완전히 사라지게 될 것이다. 그러므로 동권同權이라고 칭하는 것은 그 권리를 가지고 서로를 억제하면서 인간의 도리를 세우게 하는 것을 말한다. 그렇지만 남자가 여자의 위에 서고, 남편이 부인의 위에 서니, 부인은 약하고 남자는 강하여서, 남편은 바깥을 다스리고 부인은 안을 다스린다. 어쩌다 이와 다른 영국 여왕과 같은 경우가 있기는 하지만, 대개 오대주 안에서는 남자를 위에 두고 여자를 아래에 두는 풍습이 없는 곳이 없다. 그럴 때에는 동권의 진리라는 것이 다만 침대 위에서 서로 억제하여 음란하게 하지 않도록 할 뿐인 듯하다. 요사이 타타르족이 일부다처제를 자랑스러워하고, 러시아 벽지에서는 결혼할 때 채찍을 남편에게 보내서 죽음으로 남편의 권한을 받든다고 하며, 이탈리아에서는 이혼 경력을 가볍게 여긴다는 등의 신문기사들을 보았는데, 원래 대단히 야만적인barbarie 것들이어서 거론할 필요도 없지만, 또한 참고하지 않을 수는 없다.

우리 나라는 지나와 마찬가지로 남자의 권한을 귀하게 여긴다. 그렇지만 강하고 거친 여자가 남편을 노예시하는 일이 옛날부터 종종 있었다. 도쿄의 뒤편 거리처럼 아내가 남편을 통제하는 일이 일반적인 풍습을 이루기도 한다. 생각하건대, 그 남편이 야만의 풍습으로 아내의 의복이나 머리 장식 등 모든 것을 전당 잡히기에 이르자, 아내가 분노하여 스피리트Spirit를 내어 용기를 가지고 꾸짖으며 남편을 부리는 형세에 이르면서 평균을 이루게 되었다. 여성의 권한이 왕성해진 것이다. 남편의 권한이 왕성하다고 해도 아내를 학대하는 일은 본래 나쁜 것이다. 아내의 권한이 왕성하다고 해도 남편을 학대하는 일은 비천하며, 또는 잠깐의 이익이 있을지 몰라도 그 해로움이 더욱 큰 것이다. 양자의 권한이 평균하여 서로 친하고 서로 지켜 주는 것이야말로 구미개화의 설로서 귀중하게 받들어야 할 바이다. 그런데 구미의 습속에서 유약한 자를 강건한 남성이 마치 아이를 돌보듯이 보호한다는 의미는 있지만, 그 폐해 또한 있어서, 남편이 모든 아내를 노예 보듯 하게 된 것은 추하다고 말하지 않을 수 없다. 이 또한 지나와 일본에서 남편의 권한으로 아내를 학대하는 추태와 같다. 이것을 도리로 판단하자면, 남자는 강건하여 원래 여자를 보호할 의무가 있지만, 여자도 또한 유순하여 남자가 시키는 일에 따라야 한다는 뜻이 있다. 그럴 때에는 동권이라는 말은 침대 위에서나 성립할 수 있는 것이며, 평소의 생활에서는 성립하지 못한다. 이것을 평소의 생활에서 성립시킨다면 지금 우리 나라의 습속에서는 남자가 여자를 학대한다고 하고, 여자는 남자를 학대한다고 하기에 이를 것이다. 미국에서는 여성만으로 이루어진 모임을 결성하여 남자가 술 마시는 것을 금지하는 법을 세웠다고 한다.[3] 그 뜻은 가상하나 그 일은 아름답지 못하다. 어찌 유순하여 보호를 받아야 할 자를 위하는 일이라 하겠는가. 이것은 아마도 도쿄 뒤편 거리의 안주인과도 흡사하다.

요컨대 권權이라는 글자는 폐해가 있다. 이미 권이라고 칭하면 그 기세가 저항의 힘을 낳는다. 이것은 반드시 구미 여러 현자의 뜻이 아니다. 어쩌면 번역어도 적당하지 않다. 마땅히 남녀수분男女守分이라든가 부부동체夫婦同體라든가 이렇게 말해야 한다. 이렇게 권權으로 보자면, 남자가 약간 여자의 위에 있는 것은 형제에게 순서가 있는 것이나 마찬가지이다. 만일 그것이 어쩔 수 없이 여제나 여왕을 세우게 된다면 그 남편의 권權이 여자의 아래에 있는 영국과 같은 것으로, 이는 본디 원래 정해진 격식으로 논할 만한 일이 아니며, 또한 올바른 형태라고도 할 수 없는 것이다.

또한 나의 생각으로는 첩은 금지해야 하지만, 그것을 갑작스레 바꿀 수는 없다. 원래 바꿔야 하는 도리는 저절로 우리 나라의 풍습이 되어 사람들의 마음속에 있는 것이다. 혹시라도 여기에 주목하여 법률과 교화에 뜻을 두게 되면 바꾸는 데에 어려움이 없을 것이다. 만일 겉으로만 이것을 비난한다면 저들도 또한 나름의 일리를 가지고 저항할 것이다. 하

---

3   1874년 미국에서 주로 금주를 법제화하는 것을 목적으로 설립된 단체인 'World's Woman's Christian Temperance Union'을 가리킨다.

물며 함부로 외국의 풍습을 행하고자 하면 어떠하겠는가. 무엇으로 바꿀 수 있겠는가. 풍습은 사람의 마음속에 있는 것이라고 한다. 상고시대에는 첩을 당연시했다. 중세에 왕실이 쇠퇴하면서 교토의 궁중은 대개 화족들의 매음굴(きりみせ, 切店)과도 같았다. 이것을 문장으로 적어서 『칙선가집勅選歌集』[4]에 기록하고 공공연히 부끄러워하지 않았다. 그렇지만 고상하고 공정한 언론에서는 이를 옳다고 하는 자가 없었다. 가깝게는 도쿠가와씨의 시대에 천자나 쇼군將軍, 제후들이 첩을 두는 데 그 숫자에 한도가 없었으니, 본래 야만이라 하겠다. 그렇지만 제후 이하로는 지위가 높은 자나 부자 상인이라도 첩을 두면 사람들이 모두 옳은 일로 여기지 않았고, 뒤에서 이를 비난하며 또 그 사람의 본심에서 맞다고 하는 자가 없었다. 가끔 남에게 숨기고 몰래 다니는 일도 있었다. 모두 스스로 부끄럽게 여겼던 것이다. 요사이 옛날 번의 신하들이나 관리들이 방탕한 모습을 보이고, 서생들이 의탁할 곳이 없으면서 메쓰케目付나 몬방門番의 구속[5]을 받지 않아, 대개 자주자유함을 얻고 당당하게 화족이나 관원의 신분으로 창기와 애정을 나누고 첩으로 삼아 처라고 부르며 제멋대로 구는 것이 극에 달하여 고향에서 고통을 감수하는 옛 아내를 버리곤 한다. 정말 염치가 땅에 떨어진 것이라 하겠다. 게다가 공공연히 서양개화의 풍습이니, 자주자유니 하며 떠들곤 한다. 그렇지만 화족이나 관원 같은 높은 지위에 있는 자들만 비난받을 뿐이다. 그 사람들도 본심으로는 자기 자식이 이와 같이 굴기를 바라지 않을 것이다. 여러 선생의 논의를 가져오지 않더라도, 외국인 자신도 남의 일에 대해서는 분분하게 조롱한다.

---

4   천황의 명령으로 편찬된 와카(和歌) 모음집이다.
5   무사의 감찰을 행하던 직분이다.

많은 사람이 대부분 똑같이 이것을 옳다고 하는 자가 없고, 모리 선생의 처첩설을 기꺼워하며, 후쿠자와 선생이 말한 축생소옥畜生小屋의 논의를 통쾌하게 여긴다.

대저 지금은 풍습이 파괴되는 때인 듯하다. 그런데 인심이 옳다고 하지 않을 뿐만 아니라, 또 비난하고 조롱하며 잘못이라는 주장을 들으면, 모두 앞다투어 입에서 입으로 전하며 악습을 고치기를 바란다. 소위 바꿔야 할 시기이며, 풍습과 인심에서도 뇌리에 고착된 것이 아닌 것이다. 풍습과 인심의 아름다움이 이와 같으니, 어찌 이것을 금지하고 바꿔서는 안 된다고 하는 이치가 있다는 말인가. 그런데 내가 갑자기 바꿔서는 안 된다고 하는 것은 어째서인가. 지금 무릇 도적이 스스로 도둑질을 옳다고 하는 자는 없지만, 그러나 천하에 모든 곳에 도적이 많은 것도 사실이니, 여색의 욕심은 재물에 대한 욕심과 마찬가지여서, 이것을 바꾸려는 것은 단지 정치와 종교로써 인도하고 자연스레 미풍과 미속을 이루게 하는 데에 있을 뿐이다. 원래 속도를 구할 것이 아니라 도리어 이것을 조장하는 지금의 야만적인 습속을 신속하게 개선하지 않으면 안 된다.

인민의 마음을 하나로 하고, 악습을 푸는 것은 교법의 역할이다. 그렇지만 우리 나라에서는 교법의 폐해가 지금 매우 심하다. 처첩에 대해서 특히 더욱 그러하므로 조금도 기댈 만하지 못하다. 유럽에는 선한 교법이 많다. 그렇지만 우리 나라 사람들이 갑작스레 이것을 믿을 수는 없다. 믿는다고 해도 또한 풍습을 바꾸는 것이 급하게 이뤄지지 않으니, 더욱 새로운 폐해를 낳을 것이다. 또 저들 나라에서 간음과 도적이 모두 사라지지 않았으므로 오직 우리 나라에서 여기에만 의존할 수도 없다.

그렇다고 하면 어찌해야 하는가. 무릇 교법은 인심을 바로잡는 것이다. 지금 우리 나라에서 첩에 관한 일은 인심이 이미 앞에서 논한 바와 같으므로, 바로잡아야 하는 것은 그 품행과 행동거지이다. 행동거지의 옳고 그름에 대한 것은 정법政法이 해야 할 임무이다. 정법을 행하게 하려면 정법을 행하는 자의 행위가 중요하다. 그렇다면 즉 지금의 폐습은 위에 있는 자가 책임을 지지 않으면 안 된다. 위의 행실은 바람이다. 아래의 인민들은 풀이다. 풀에 바람이 닥치면 반드시 흔들린다.[6] 독재정체에서 가장 심하다고 한다면, 대신과 화족 이하에게 엄격하게 법을 세우고 멋대로 첩을 두지 못하게 하며, 둔다고 해도 반드시 한 명을 넘지 않도록 해야 한다. 여종과 정을 통하는 자는 그 처로 하여금 자유롭게 고소하게 하여, 처의 권한을 무겁게 하도록 지금의 법률에 규정하고, 그런 연후에 첩에게는 반드시 무거운 세금을 부과해야 한다. 대개 화족과 관원의 몸으로 추태를 보이고 더러운 행위를 일삼는 자는 평민보다 무겁게 처벌하도록 법률로 정해야 한다. 그런 연후에 고금을 감안하여 지나와 구미의 장점을 취하고, 일정한 혼인의 방식을 공론화하여 의논하고 정해야 한다. 이것은 어리석은 나의 제안이기는 하지만, 어쩌면 실현 가능하지 않을까.

만일 무릇 천자를 끌어들여 첩의 중요함을 논한다면, 이것은 본심에서 나온 것이 아닐 것이다. 다만 가령 자신의 잘못을 치장하기 위한 것일 뿐이라고 해도, 이 또한 사리와 체면을 전혀 모르는 것이다. 우리 나라 황통의 중대함은 천하에서도 대단히 특별한 것이다. 첩의 숫자를 엄격히 정하여 옥체를 손상시켜서는 안 되지만, 또한 첩을 두어 황족을 번

---

6   『논어(論語)』「안연(顔淵)」의 "군자의 덕은 바람과 같고, 소인의 덕은 풀과 같으니, 풀 위에 바람이 불면 반드시 바람에 따라 눕게 된다君子之德風, 小人之德草, 草上之風, 必偃"에 의거한다.

성시키지 않으면 안 되므로, 격식을 갖추어서 논하지 않으면 안 된다. 지나에서는 고대에 삼부인구빈三夫人九嬪,[7] 십일어처十一御妻[8]의 설이 있었다. 이것은 (모르론) 종교만큼 그 수가 많기 때문에 논하기에 족하지 않지만, 유럽에서도 제왕의 혼례는 통상 남녀가 서로 사랑하고 친한 이후에 하는 것이 아니었다. 이것은 제왕이 보통 사람들과 본래 다른 바이다. 또 유럽과 미국에는 여성 호주가 있다고 하지만, 만약 남편이 있으면 남편이 호주가 된다. 남자의 권한이 여자보다 위에 있는 것이 또한 상례이다. 오직 제왕에 한해서 여성이 호주가 되면 남편이 있어도 호주로 삼지 않는다. 이것은 제왕이 보통 사람과 가장 다른 바이다.

그렇다고 한다면 언젠가 나라 안 사람들이 한 명도 첩을 두지 않는 아름다운 모습이 되어도, 천자의 사례를 가지고 논할 수는 없을 것이다. 하물며 지금은 어떠하겠는가. 이런 사례를 드는 것은 큰 불경이며, 다만 어리석은 이가 사리와 체면을 알지 못한다 하여 양해해 줄 수 있는 일일 뿐이다. 내가 요사이 일이 많아서 꼼꼼하게 생각해 볼 틈이 없었다. 선생들께서 이런 뜻을 알아 주시어 말의 조잡함에 대해서는 잊어 주시면 다행이라 여길 것이다.

○ 부부동권夫婦同權에 대한 논의, 가토 군 등의 주장[9]은 내가 주장한 바와 다르지 않다고 하겠다. 그런데 내가 앞에서 처첩론을 적어서 부부의 사이는 동등하며 존귀와 비천의 차이가 없음을 말하였지만, 동

---

7   『예기(禮記)』「혼의(昏義)」에 의거한 것으로, 황제의 처첩들을 구분하는 명칭이 있었다.
8   어처(御妻)는 천자의 가장 하위궁녀들을 가리키는 말로, 원래 정원은 81명이었다. 십일어처는 팔십일어처(八十一御妻)의 오기로 보인다.
9   『메이로쿠잡지』제31호 1.「부부동권 유폐론 ①」을 가리킨다.

권에 대해서는 전혀 논한 바 없다. 즉 세상 사람들이 내가 언급한 동
등이라는 말을 자칫 동권으로 알까 봐 우려되어 여기에 따로 기록하
여 약간의 변명을 남기고자 한다.

모리 아리노리

메이로쿠잡지
제33호

1875년(메이지 8) 3월 간행(4월 6일)

—

✿

1. 선량한 어머니를 만드는 일에 대한 설

나카무라 마사나오

내가 이전에 인민의 성질을 개조하는 것에 대해 연설하며 모럴·릴리저스 에듀케이션moral·religious education[도덕(修身)과 종교(敬神)에 관한 교육]과 아트·사이언스art·science(기예技藝 및 학술學術에 관한 교육)로 크게 두 가지로 나뉜 교육에 의거하지 않는다면, 인민의 마음을 일신하여 고등한 정도로 나아가게 할 수 없을 것이라 주장했다. 이처럼 크게 두 가지로 나뉜 교육이 모두 중요한데, 그중 한 가지는 본원적이며 다른 하나는 지엽이다. 기예의 교육은 아이들이 5, 6세에 지식이 점차 열릴 때부터 시작해도 늦는다고는 할 수 없다. 도덕과 종교의 교양은 태교가 대단히 중요하다. 태어났을 때부터 그 이목에 스며들게 하고, 아름다운 말과 선한 행동이, 그리고 가장 좋은 의례와 범절이 신체를 둘러싸야 한다. 그렇게 하면 어린아이의 지식이 점차 열리기 이전에 어느덧 모럴과 릴리저스(도덕 및 종교의 도리)가 먼저 자리 잡게 된다. 신체의 강약을 통해 이를 비유하자면, 모태에 있는 동안에 어머니가 건강하면(그 아이가 태어난 후 마땅한 양육을 받는다면) 반드시 건강한 사람이 된다. 만일 선천적인 자양분이 부족하다면 태어난 후 아무리 양생養生을 하고 또 좋은 의사의 치료를 받아도 그 부족한 선천적 자양분을 발휘시킬 뿐, 딱히 그 이상을 발휘하기는 어렵다. 신체상의 경험에서 이러한 이치의 확연함은 의심할 여지가 없으며, 정신과 마음가짐(心術)의 경험에서는 더욱 놀랄 만큼의 감화와 효과가 나타난다. 모름지기 아이의 정신과 마음가짐이 좋고 나쁨은 대개 어머니를 닮는다. 심지어 아이의 후천적인 기호와 습관까지도 어머니를 닮는 경우가 많다. 그렇다면 인민의 마음씨와 풍속을 선하게 바꿔서 개명의 영역으로 나아가도록 하기 위해서는 선량한 어머니를 얻어야만 한다. 가장 선량한 어머니를 얻으면 가장 좋은 아이를 얻을 수 있어, 훗날 우리의 먼 후손 대에 이르면 일본은 가장 좋은 나라가 될 수 있으니, 도덕과 종교의 가르침은 물론, 기예와 학술의 가르침도 받는 인민이 될 수 있고, 지식이 뛰어나고 마음가짐이 선량하며 품행이 고상한 인민이 될 수 있을 것이다. 우리는 선천적으로 교육의 자양분이 부족하고, 중년에는 보잘것없고 사업조차 이루기 어려워 가난한 집을 탓하며, 서양의 개명을 부러워하기만 한다. 우리의 후손들이라도 선량한 어머니의 교양을 받게 하고픈 깊은 바람이 크지 않을 수 없는 것이다.

그런데 선량한 어머니를 만들기 위해서는 여자 교육만 한 것이 없다. 여자로 하여금 모럴 앤드 릴리저스 에듀케이션moral and religious education(도덕과 종교의 교육)을 받게 한 후 남자에게 시집보내 아이를 낳게 하면, 그 아이는 잉태되기도 전부터 건강한 도리와 왕성한 정신이 충만하고, 선한 덕의 공기를 흡입하며, 하늘의 도리에서 나오는 햇빛을 쐬게 될 것이므로, 지식을 받아들이는 안목을 갖추고, 무형의 묘체妙體를 깨닫는 심사를 가지며, 언제나 굳건하고 과감하며 근면하고 인내하는 모든 덕이 되는 기본이 이미 요람에서 놀며 수유하는(乳養) 동안에 만들어진다고 해도 과언이 아닐 것이다. 남녀동권男女同權의 폐단을 염려하는 것은 교육을 받지 않은 여성이 남편을 업신여김을 두려워하는 데 지나지 않는다. 하늘의 도리를 경외하고 올바른 신을 받들며, 기예를 즐기고 학술을 좋아하며, 남편의 조력자가 되고 서로 사랑하고 공경하게 될 것이니, 이러한 근심은 없을 것이다.

동권인가 동권이 아닌가는 제쳐 두고, 남녀의 교양은 동등해야 한다. 서로 다른 종류일 수 없다. 만일 인류 전체로 하여금 극도로 고귀하고 정결한 지위를 유지하게 하려면, 마땅히 남자와 부인이 함께 모두 똑같이 수양을 받게 함으로써 동등하게 진보하게 해야 한다. 순정한 부인은 순정한 남자와 함께해야 한다. 모름지기 좋은 덕에서 나온 율법은 남자와 부인의 차별 없이 함께 준용하는 것이 당연하다. 좋은 덕이 많은데, 그중 가장 중요한 것은 사랑의 덕이다. 시인 브라우닝Browning[1]의 명언을 인용하자면, "진정한 사랑은 지식을 보잘것없게 한다"고 하였다. 천하의 사람을 보라, 천부의 재능과 지식이 가장 많은 사람은 진실한 애정이 가장 깊은 사람이다. 사랑이 깊은 사람은 지식이 깊은 사람이라고도 할 수 있고, 깊은 사랑의 정이 있는 부인은 그 남편으로 하여금 복지와 안락을 향유하게 하며, 나라를 위해서 유용한 사업들이 이루어지게 한다. 이 일은 서양뿐만 아니라 한토漢土에서도 옛날의 현인들이 깨달아서 『주역周易』은 「건곤乾坤」부터 시작하고, 『시편詩篇』에도 「관저關雎」[2]가 가장 먼저 나온다.

1   로버트 브라우닝(Robert Browning, 1812-1889). 영국 빅토리아 시대의 시인이다.
2   물수리. 『시경(詩經)』 제1수, "구욱구욱 물수리는 강가 숲속에서 우는데[關關雎鳩, 在河之洲], 대장부의 좋은 배필 아리따운 아가씨는 어디 있나?[窈窕淑女, 君子好逑]"를 가리킨다.

남녀의 올바름은 천지天地의 대의大義라고도 할 수 있다. 문왕文王[3]은 그의 어머니 태임(大任)이 태내의 교육을 행하였으며,[4] 그의 왕비는 현명하게 행동하여(賢行) 내조內助의 도움을 주었다. 그런데 지나支那의 학자가 이 일을 깊이 헤아려서 널리 알리지 않고 오직 남자의 권리만을 중시하게 되었다. 이것이 대단히 의아한 일임을 우리는 최근에야 알았다.

요새 사람 가운데 부인에게 책을 읽히면 거만해진다는 등의 이야기를 하는 자가 있다. 무릇 거만하고 그렇지 않은 것은 교육과 관계되는 일이다. 단지 물질이나 기예에 관한 것을 배우는 교육에만 주목한다면 몰라도, 도덕과 종교의 교육을 받게 하는데 거만해질 리가 없다. 이에 관해서는 서양에서도 부인의 덕을 중시하고 재능과 기예를 다음으로 하는 재미있는 일화가 있으니, 잠시 여기에서 소개하고자 한다. 영국의 시인 번스Burns[5]가 일찍이 좋은 아내를 논하면서 그 성질을 열 가지로 나누었다. 좋은 성정, 즉 친애가 40%, 좋은 의견이 20%, 교지巧智가 10%, 미려美麗함(안색顔色, 얼굴 모습의 아름다움, 용모의 단아함 등)이 10%로, 이상 80%이다. 나머지는 20%인데, 그 아내의 직업 및 교유관계와 보통 이상의 교육과 재능 및 기예 등이었다. 이것은 사람마다 각자 뜻에 따라서 나눌 수 있으나, 단 여기에서 주의해야 할 점이 있는데, 모든 부분은 영수零數[6]를 가지고 나누어야 하고, 이 중 어느 하나라도 전수全數를 취할 만한 것은 없다

---

3   중국 고대 주(周)나라의 창시자이며, 이상적인 군주상으로 그려진다.

4   『시경(詩經)』「대아(大雅)」의 "태임께서 잉태하시어 문왕을 낳으셨다大任有身, 生此文王」"
     에 의거하면 문왕의 어머니는 문왕을 임신했을 때 나쁜 것을 보지 않았고, 음란한 소
     리를 듣지 않았으며, 철저한 태교를 행했다고 전해진다.

5   로버트 번스(Robert Burns, 1759-1796). 스코틀랜드의 시인이다.

6   10·100·1000 따위의 정수에 차지 못하는 수, 또는 차고 남은 수를 가리킨다.

고 하였다. 그야말로 이 말처럼 부인은 첫째로 좋은 성정이 중요하다. 그리고 모든 좋은 성정은 단 한 가지, 사랑에서 생겨난다. 이른바 깊은 사랑을 가진 자는 반드시 온화한 기운을 가지는 법이다. 온화한 기운을 가진 자는 반드시 즐거운 기색이 있으며, 즐거운 기색이 있는 자는 반드시 정숙하다고 말할 수 있으니, 모든 좋은 것이 자연스럽게 생겨나고, 이로부터 재능과 지식도 생겨나며, 큰일도 이루어질 수 있다. 이 좋은 성정을 가진 어머니를 얻어 좋은 아이를 만드는 일은 내가 예전에 말했던 현재 인민의 성질을 개조하는 것보다 쉬운 일일 수 있다. 그러므로 어떻게 하면 태교를 잘하는 어머니를 얻을 것인지에 대해 내가 대강의 단서를 이 짧은 글에서 밝혀 둔 이유이다. 독자들께서는 깊이 생각하여 보시기를 바란다.

✿

2. 적설賊說 (3월 16일 연설)

니시무라 시게키

『광운廣韻』,[1] 『집운集韻』,[2] 『운회韻會』[3]에서는 모두 적賊이라는 글자를 풀어 도둑질이라고 하였다. 『옥편』에는 남을 겁박하는 것이라고 하였다. 『서경書經』의 전傳에서는 남을 죽이는 것을 적이라고 하였다. 『좌전左傳』의 주에서는 적을 남의 몸에 상처를 내어 해를 끼치는 것이라고 하였다. 적이라는 글자의 뜻은 대체로 이와 같다. 그런데 후세의 지나인支那人은 천자에게 맞서는 자를 가리켜 적이라고 하였다. 또는 천자에게 맞서는 경우는 아니더라도, 정당한 명분을 가졌다고 생각하는 자가 자기에게 맞서

1 북송(北宋)의 진팽년(陳彭年)이 칙명에 따라 편찬, 1008년에 간행한 음운서(音韻書)로, 정식 명칭은 『대송중수광운(大宋重修廣韻)』이다. 26,194글자를 206운(韻)으로 분류하여 수록하였다.
2 『광운(廣韻)』을 증보 개정한 것으로 송나라의 정도(丁度) 등이 1039년에 편찬하였다. 전 10권이다.
3 원(元)나라의 웅충(熊忠)이 1297년 편찬한 운서(韻書). 정식 명칭은 『고금운회거요(古今韻會擧要)』이다. 전 13권이다.

는 자를 가리켜 또한 적이라고 하였다. 「후출사표後出師表」에 한漢과 적이 양립할 수 없다고 한 것[4]이 바로 그런 예이다.

『일본서기日本書紀』[5]에는 노虜, 적 등의 글자를 원수ｱﾀ, 仇라고 풀어놓았다. 원수는 맞선다는 뜻으로, 자기에게 대적하는 모든 자를 가리키는 말이다. 노나 적과 같은 글자는 지나인이 자기를 높이고 남을 미워할 때 쓰는 오만한 말이다. 생각해 보면, 지나의 문자 중에는 일본의 원수ｱﾀ에 딱 들어맞는 말이 없다. 그래서 임시로 노, 적 등의 한자를 빌려서 쓰지만, 사실은 원수라는 말의 정의와는 다른 것이다. 『와묘쇼和名鈔』[6]에는 강도, 해적 등의 글자가 있지만 여기에 모두 풀이가 없는 것을 보면 이를 알 수 있다. 『헤이케모노가타리平家物語』,[7] 『다이헤이키太平記』[8] 등에는 천자

---

4   제갈량이 지은 문장으로, 가장 첫 문장에 "선제려한적불양립(先帝慮漢賊不兩立)"이라고 나온다. 한 왕실을 이은 촉과 도적(위나라)이 같은 시대에 공존할 수 없음을 지적한 말이다.

5   『일본서기』는 일본에 존재하는 가장 오래된 정사(正史)로, 일본의 육국사(六國史)의 첫 번째에 해당한다. 『고사기』까지 포함하면 현존하는 두 번째로 오래된 일본 역사서이다. 덴무천황[天武天皇]의 명으로 도네리 신노[舍人親王]가 중심이 되어 편찬, 680년경에 시작하여 720년에 완성했다. 일본의 신화 시대부터 지토천황[持統天皇]의 시대까지를 취급한다. 왕실을 중심으로 하여 순한문의 편년체로 구성되어 있으며, 전 30권과 계도(系圖) 1권으로 이루어져 있지만 계도는 현재 전해지지 않는다.

6   헤이안[平安] 시대 중기인 쇼헤이[承平] 연간, 긴시내친왕[勤子內親王]의 명령으로 미나모토노 시타고[源順]가 편찬한 한화사전(漢和辭典)인 『와묘루이주쇼[和名類聚抄]』의 약칭이다.

7   13세기 초, 가마쿠라 시대 전기에 만들어진 작자 미상의 군담소설(軍談小說). 무사 계급으로서 최초로 권력을 장악한 헤이케[平家] 일족의 대두에서 몰락까지를 그린 작품이다.

8   일본 중세 고다이고천황[後醍醐天皇]의 즉위(1318)부터 가마쿠라막부[鎌倉幕府]의 멸망, 남북조 분열, 무로마치막부[室町幕府]의 2대 쇼군 아시카가 요시아키라[足利義詮]의 병사와 쇼군 요시미쓰[義滿]의 보좌로 호소카와 요리유키[細川賴之]가 집사(執事)직을 담당할 때

에게 맞서는 자를 조적朝敵이라고 하였다. 글자에서 드러나는 의미가 미숙하기는 해도, 그런대로 명名과 실實이 들어맞는 말이라고 할 만하다. 후세에 이르러서는 천자에게 맞서는 모든 자를 가리켜 적이라고 하였다. 『일본사日本史』,[9] 『외사外史』[10] 등에서는 원래 사료(原書)에서 적이라고 칭하지 않던 것도 고쳐서 적이라고 쓰기에 이르렀다. 지나인의 좋지 않은 습관을 받아들였음을 스스로 생각하지 못한 것이다.

적이란 남의 물건을 훔치거나, 남을 살해하거나, 혹은 남을 겁박하는 자라는 말로, 천자에게 맞서는 자를 가리키는 말이 아니었다. 그런데 천자에게 맞서는 자를 가리켜 모두 적이라고 말하는 것은 인군독재人君獨裁의 나라에 있는 풍습으로, 군주를 지나치게 높이려는 데에서 나오는 저속한 말이다. 지나인의 뻐김과 교만함, 스스로를 추켜올리는 모습은 일본인이라면 실소를 금치 못하는 바인데, 이 적이라는 글자에 관해서는 지나인의 편견을 답습하여 고치려는 생각을 하지 않으니 기이한 일이다.

많은 일본인이 조적[11]을 가리켜 적이라 부름으로써 명분과 의리를 바로 하였다고 여긴다. 그러나 나는 이것이 도리어 명분과 의리를 잃은 것이라고 생각한다. 무릇 고양이를 가리켜 고양이라고 하고, 개를 가리켜 개라고 하는 것은 명분과 의리를 바로 하였다고 말할 수 있다. 만일 고양이를 가리켜 개라고 하고 개를 가리켜 고양이라고 한다면 그 명분과 의

(1368)까지 50년간의 상황을 서술한 책이다.

9 『대일본사(大日本史)』. 미토[水戸]의 번주인 도쿠가와 미쓰쿠니[德川光圀]에 의해 편찬이 개시되어 1906년(메이지 39)에 완성된 역사서. 전 397권이다.

10 라이 산요[賴山陽, 1781-1832]가 저술한 『일본외사(日本外史)』 22권. 1827년(분세이 10)에 완성되어 마쓰다이라 사다노부[松平定信, 1759-1829]에게 바쳐졌다.

11 1868년(게이오 4) 1월 3일에 도바·후시미 전투[鳥羽·伏見の戦い]를 맞아 발포된 칙어에서 막부군을 '조적(朝敵)', '적병(賊兵)'이라고 칭하였다.

리가 올바르다고 할 수는 없다. 이것이 적이 아닌 자를 가리켜 적이라 하는 것과 무엇이 다르다는 말인가.

천자에게 맞선 자가 모두 적이 아니라고 말할 수는 없다. 천자에게 맞선 자 가운데에도 적이라고 부를 만한 자가 있고, 적이라고 부를 수 없는 자가 있다. 천자와 권위를 다투려고 하거나, 군주의 폭정을 막고자 하거나, 또는 군주의 어려움을 도우려고 하거나, 혹은 의견의 차이로 정부에 항거하려고 하는 것과 같은 부류를 모두 적이라고 칭할 수는 없다. 다만 남의 재물을 빼앗고, 죄 없는 자를 살해하며, 인민의 근심이 되는 자는 모두 적이라고 칭할 만하다. 그러므로 천자에게 맞서는 자 가운데에도 적이라고 부를 만한 자가 있고, 천자를 돕는 자 가운데에도 적이라고 칭할 만한 자가 있는 것이다.

옛날 아메리카인이 영국에 반란을 일으킨 일[12]이나, 요사이 합중국 남부가 북부에 저항한 일[13] 등을 보면 군주에게 대적하거나 혹은 정부에 항거한 사례이다. 일본인으로 하여금 이 일을 기록하게 한다면 반드시 반역자라고 하여 적이라는 글자를 사용할 것이다. 그런데 영국의 역사에 아메리카에서 반란을 일으킨 자들을 아메리칸American이라 불렀고, 미국의 역사서에도 남부의 반란 지역을 컨페더러트Confederate(컨페더러트는 맹약이라는 뜻이다. 남쪽의 주들이 연합하여 정부에 반란을 일으키고 스스로를 컨페더러트 스테이츠라고 칭하였으므로, 직접 그 호칭을 사용하였다)라고 하였다. 그 마음이 공평하고, 기록 또한 사실이라 말할 수 있을 것이다.

조정에 대항하여 조적이 된 자를 적이라고 부르는 것은 외국을 오랑

---

12   1775-1783년의 독립전쟁. 독립선언은 1776년이었다.

13   1861-1865년의 미국 남북전쟁을 가리킨다.

캐라고 부르는 것과 매한가지로, 이것은 모두 지식이 매우 좁고 막혔기 때문이다. 십 년 전까지는 외국을 영국 오랑캐니, 미국 오랑캐니 불렀지만, 지금은 하늘과 땅만큼이나 달라져서 구미의 문명국이라거나 또는 서양개화의 나라들이라고 부른다. 그런데 요사이의 책 중에서도 여전히 조정의 적을 적이라고 칭하는 경우가 있는 것은 어째서일까. 생각해 보건대, 외국을 오랑캐라고 칭할 때에는 교제상에서의 말썽과 어지러움이 생겨서 나라의 화근과 해악을 낳을지도 모를 시기였다. 그 이후에 외국을 대할 때 오랑캐라고 부르지 않게 된 것은 사람들의 지식이 열렸기 때문이기도 하지만, 또한 다른 나라들과의 교제로 인한 것이기도 하였다. 조적이라고 하지만, 옛날 사람은 이미 백골이 되었고, 지금 사람은 모두 항복하여 지은 죄에 대해 용서를 빌었으므로 적이니 도盜이니 해도 단지 운명일 뿐이다. 그렇지만 마음을 비우고 침착하게 그 사정을 살피고 구래의 좁은 견해를 벗어나서 만국의 공정한 도리에 의거하여 생각해 본다면, 적이라는 글자를 조적에게 붙이는 것은 실로 적당하지 않은 일이다. 만일 역사를 기록하는 이가 이러한 뜻을 가지고 조적에게 적이라는 글자를 붙이는 일이 없어진다면, 이로써 사람들의 지식이 한 걸음 진보하였다고 말할 수 있을 것이다.

✿

3. 일요일의 설

가시와바라 다카아키

유신 이후로 한 가지 이상한 날이 출현하였다. 그 명칭이 아직 정해지지 않아서 담탁曇濁이라고도 하고, 손덕損德이라고도 하며, 또 탄니呑泥라고도 한다. 모두 서양음을 바꾼 것으로, 일요일이라는 뜻이다. 무릇 일요란 칠요七曜 중 하나로, 매주의 시작이다. 그러므로 매년 반드시 50일이 있다. 이날은 벼슬아치에서 개화론자, 청년 서생에 이르기까지 거리로 나가서 꽃을 구경하는 날로 삼았다. 그러므로 기루妓樓나 주점 등에서 말하는 예전의 소위 문일門日이나 축제일에 비할 만하다.

내가 알기로, 예수교를 믿는 사람은 예로부터 이날을 그 교조가 소생한 날이라고 하였다. 그렇지만 원래 종교에서 태양을 신으로 삼고 제사 지내는 날로 삼은 데에서 그 명칭이 생겼다고 한다. 유대교에서도 또한 이날을 예배일로 삼았다. 옛날 그리스에 어떤 황제가 이날에는 신에게 제사를 드려야 한다고 공포한 이후 결국 세상 일반의 제사일이 되기에 이르렀다. 최근에 들어서는 이것이 잘못이라는 주장이 점차 왕성해지고

3. 일요일의 설　121

있다고 한다. 이로부터 보자면, 종교를 믿는 사람은 이날이 되면 안식하면서 스스로 조심하며 하늘을 경배하는 것과 같은 일이 본래 당연하다고 할 수 있다. 그렇지만 아직 이날에 제멋대로 지내면서 홍청망청 놀아야 한다는 말은 들은 일이 없다. 그런데 우리 나라에서는 그 말의 뜻을 오해하여서 심한 경우에는 들떠서 제멋대로 지낸다는 의미가 된 경우가 또한 적지 않다.

내가 하루는 집에서 일을 보는 아이와 문하 서생들이 할 일을 하지 않고 공부를 안 하는 것을 보고는 그 이유를 물었다. 모두 오늘이 일요일이라고 답하였다. 이것을 보고 과연 그러함을 알았다. 내가 생각하기로는 우리 나라 사람들의 학술과 품행은 모두 서양 사람에 비해 몇 리 바깥에서 있는 만큼이나 뒤처져 있다. 지금 사람들로 하여금 밤낮으로 최선을 다하게 하여도, 아직 수십 년이 지나지 않으면 그 경지에 도달할 수 없다. 그런데 하물며 매주 반드시 하루의 시간을 소모한다면 어찌 되겠는가. 벼슬아치는 공을 이루어 이름을 알린 사람이다. 개화론자도 역시 스스로 생각하는 바가 있을 것이다. 청년 서생과 같은 이들은 일을 이루기 위해 장래를 기약해야 하는 자들이다. 어찌 제멋대로 지내며 스스로를 버리는 저와 같은 모양새를 생각 없이 따라 한다는 말인가. 일요일의 수가 1년이면 50일, 10년 동안 쌓으면 500일, 20년이면 1,000일, 30년이면 1,500일이 되니, 즉 4년하고도 하루가 많은 시간이다. 만일 이러한 시간에 노력을 쏟는다면 보통 사람이라도 반드시 하나의 사업을 이루기에 충분할 것이다. 내가 이에 느낀 바가 있어 일요일의 설을 짓는다.

✿

4. 화폐병근치료록貨幣病根治療錄[1] (화폐론 네 번째)

간다 다카히라神田孝平

　본위화폐가 점차 소모되고 지폐가 점점 하락하는 것은 크게 두려워할
만한 사태이다. 이런 나라의 어려움을 구해 내려면 어떻게 해야 하겠는
가. 다만 본위화폐의 외국 유출을 막고 지폐의 수를 줄이는 것 이외에 별
다른 묘책이 없다 할 것이다.

　모름지기 본위화폐의 외국 유출을 막고자 한다면, 고용 외국인이나
해외유학생, 공사와 영사, 선박과 기계의 매입, 철도와 전신의 건축, 광
산과 공장의 개업, 외교관의 해외 파견이나 박람회 등을 가능한 한 폐지
하지 않으면 안 된다. 도저히 폐지할 수 없다고 하더라도, 가능한 한 줄
이지 않으면 안 된다. 대개 이러한 방법은 지금 당장 없애지는 않더라도
본위화폐가 소진되면 없애지 않을 수 없는 것이니, 마땅히 그 시기를 살
피면서 일을 결정한다면, 해마다 거대한 액수의 본위화폐가 외국으로 유

1　'화폐로 인한 병의 근원을 치료하는 방법에 대한 기록'이라는 의미이다.

출되는 것을 막을 수 있다.

무역으로 인해 외국으로 유출되는 것을 막기 위해서는 그 이유를 구별하여 방법을 논해 보아야 할 것이다. 일시적으로 물가가 어지러워져서 외국으로 나가는 것도 있고, 급진개화로 인해서 외국으로 나가는 것도 있으며, 지폐 남발 때문에 외국으로 나가는 것도 있다. 지폐 때문에 외국으로 나가는 것을 막으려면 지폐를 줄이는 것 이외에 다른 방법은 없다. 급진개화로 인해 외국으로 나가는 것을 막으려면 급진을 바꾸어서 점진으로 하는 것 이외에 다른 방법은 없다. 일시적으로 물가가 어지러워져서 외국으로 나가는 것과 같은 경우는 얼마 후에 되돌아올 시기가 있을 것이므로, 보통의 이치로 논하자면 꼭 이것을 막아야 할 필요는 없지만, 위급한 시기에는 당분간 수출세를 폐지하여 이것을 막는 것만 한 조치가 없다. 모름지기 수출세를 폐지하면 수출품이 늘어나고 수출품이 늘어나면 외국으로 나가는 금을 줄일 수 있다. 이것 또한 국산 물품을 소중히 육성하는 길이다.

지폐를 감소시키는 방법에 대해서는, 오직 정부의 절약과 검소를 위주로 해야 한다. 쓸모없는 경비와 관원, 급하지 않은 건축(構造) 등은 말할 것도 없고, 육해군 비용 등 중요한 것들도 눈앞에 지장이 없다면 당분간 폐지하며, 오로지 절약과 검소로 지폐를 남겨서 불태워 없애야 한다. 이것이 소위 '자기에게서 나온 것은 자기에게로 돌아간다'[2]라는 이치이다. 이것은 착실하고 정당한 방법이라 하겠다. 이 외에 달리 방법이 있다면, 아마도 옳지 못한 방법일 것이다. 지폐가 하락하기를 기다려 낮은 가격으로 사들여 소모하는 것과 같은 방법은 국민의 재산을 속여서 빼돌리는

---

2   『맹자(孟子)』 「양혜왕(梁惠王)」에 나오는 '출이반이(出爾反爾)'에 전거를 둔다.

것이나 마찬가지이니, 가장 옳지 못한 방법이라 하겠다.

그런데 이와 같은 절차를 거쳐서 매해 수백만 엔씩 지폐를 소각하면 세상의 화폐가 계속 줄어들 것이다. 화폐가 수년간 계속 줄어들면 물가 또한 점차 낮아질 것이다. 물가가 점차 낮아지면 물품의 수출이 점차 늘어날 것이다. 물품의 수출이 점차 늘어나서 그 가격이 수입품의 대금(代價)보다 많아지면 본위화폐가 점차 이입될 것이다.

지폐가 점점 소모되고 본위화폐가 점차 이입되는 기세가 바뀌지 않은 채로 어느 정도 세월이 지나면, 결국에는 본위화폐와 지폐 간의 차이가 거의 평균을 이룰 것이다. 일단 평균을 이루면, 그때부터 지폐를 소각하는 일을 멈추고 교환금을 적립하는 수단으로 삼아야 한다. 교환금은 많이 필요하지 않다. 본위화폐와 지폐가 이미 평균을 이룬 이상, 발행 지폐 총수의 3분의 1을 넘지 않도록 해야 한다.

교환을 행하는 동시에 본위화폐와 지폐의 차이를 두는 것을 허가해야 한다. 허가가 없다면 아직 지폐의 폐해가 제거된 것이라고 말할 수 없다.

여기에서 특별히 주의해야 할 것은 외국과의 전쟁이다. 외국과 전쟁할 일이 있으면 지폐의 가치가 급격하게 하락하는 것이 보통이다. 법령으로 막을 수 있는 일도 아니다. 그러므로 전쟁을 하고자 할 때에는 군사 비용 이외에 지폐 교환금 또한 준비해 두어야 한다. 이것을 준비해 두지 않고 전쟁을 일으킨다면 지폐의 하락으로 인해 의외의 변란이 발생할 경우가 있다. 무릇 지폐는 국위를 진작시키는 데에 큰 해가 될 수 있기 때문이다.

외채는 변제를 위해서 많은 본위화폐를 외국으로 유출하는 것이므로, 성급하게 착수해서는 안 된다. 정해진 기간이 있는 경우도 있으므로, 지폐 처분이 정해지기를 기다려야 할 것이다.

요컨대 크게 주의할 것을 사전에 정하고 폐해를 걱정하는 마음이 깊다면, 그때그때에 맞는 적절한 방법 또한 시기에 따라서 많이 있을 수 있다.

누군가 묻기를, 이상의 논의는 재정을 다스리는 방도로 보자면 과연 그럴듯하지만, 지금 바로 고용 외국인에게 양해를 구하거나 건축 사업을 정지하거나 하면, 개화의 진보에 지장이 있지 않겠느냐고 하였다. 이런 물음에는 재정이 다스려지지 않으면 진정한 개화를 이룰 수 없고, 진정한 개화를 이루고자 한다면 먼저 재정을 다스리지 않으면 안 되는데, 하물며 꼭 비용을 필요로 하지는 않는 개화도 있지 않은가. 그렇다면 화폐를 바로잡기 전에는 부디 오직 무형무비無形無備의 개화에 힘써야 한다고 답할 수 있을 것이다.

또 개화의 진보는 잠시 쉬더라도 지장이 없다고 해도, 외국과의 교제 등에 대해서 더 큰 지장이 생기면 어찌하겠냐고 묻는다면, 화폐의 지장과 경중대소를 비교하여 가장 중대한 쪽으로 결정해야 한다고 답할 것이다.

그렇지만 여기에도 또한 각별히 주의해야 할 일이 있다. 대개 나라에 화폐가 있다는 것은 몸에 혈액이 있는 것과도 같다. 거기에 지장이 있으면 실로 나라를 멸망시키기에 충분하다. 중대하다고 해야 할 것이다. 그런데 근래 여론의 향배를 보면, 종종 멈추어도 지장이 없을 대업을 일으키거나, 허다한 재화를 소모하면서도 돌보지 않으며, 지폐는 만들기만 하고 본위화폐는 나가기만 하는 등, 재화를 경시하여 거의 마음을 쓰지 않는 듯하다. 어찌 큰 잘못이라 하지 않겠는가. 내 생각으로는 이런 잘못된 견해를 제거하지 않는다면 아무리 비교해도 별 도움이 되지 않고 도리어 그 잘못만 크게 만들게 될 것이다.

요컨대, 지금 화폐를 다스리는 것은 마치 병을 고치는 것과도 같다. 마땅히 좋아하는 모든 것을 멀리하고, 명예와 이익을 내던지며, 직업을 없애고 교제를 끊으면서 오직 요양에 전념하여야 비로소 완치를 바랄 수 있다. 그런데 병이 더욱 커지는 일이 있어 요양에 전념할 틈이 없다면 어찌해야 할까. 나는 단지 일분一分의 요양을 게을리하면 일분의 병세를 키우고, 이분二分의 요양을 게을리하면 이분의 병세를 키우며, 게으름이 쌓여 결국에는 회복하지 못하게 될까 봐 은밀히 두려워할 뿐이다. 아아, 화폐의 병세가 이미 회복하기 어려우니, 요양의 방식에 어찌 마음을 쓰지 않을 수 있겠는가.

메이로쿠잡지
제34호

1875년(메이지 8) 4월 간행

—

✿
1. 상상 쇄국설想像鎖國說 (1875년 3월 16일 연설)

스기 고지杉享二

세상에는 항상 의심스럽고 이해하기 어려운 일이 많이 있습니다. 그 중에서도 화폐에 관해서, 이제 역사를 통해 상상해 본 것을 말씀드리려고 합니다.

옛날 그리스에서 금속 화폐를 주조하여 금은을 사용하지 않게 되었다는 이야기가 있습니다. 이것은 스파르타Σπάρτα의 리쿠르고스Λυκοῦργος[1]라는 현명한 입법자立法者가 어떻게든 국가를 보존하고 싶은 애국심에서 궁리한 것으로, 우선 부녀자가 강해지지 않으면 강한 자손을 낳지 못하고 국가의 영속도 불가능하다는 점에서 착안한 것이었습니다. 그래서 사방의 땅을 사람들에게 나눠 주고, 금은이 통용되면 방종이 생겨나서 유약

---

[1] 고대 그리스 시대 스파르타의 입법자. 스파르타의 특이한 제도 대부분을 제정하였다고 전해지지만 생몰연대를 알 수 없는 전설적인 인물이다. 법률로서 민회(民會)·장로회·민선관(民選官) 등을 설치하고, 공동 식사·금은화(金銀貨)의 사용 금지·소년 교육·가족 제도 등을 정하였다고 전해진다.

해지기 쉬우므로 질박함을 위주로 하여 국민의 자유를 통제하면서 금속 화폐를 만들어서 금은을 없애는 수단으로 삼았기 때문에, 금은이 어느새 사방으로 모두 흩어져 사라져 버리면서 스파르타 항구에는 주변국의 상선도 자연스럽게 들어오지 않게 되었고, 상인도 당연히 완전히 질려 버려 왕래하지 않게 되었습니다. 주변국에서는 이 화폐를 스파르타의 악철惡鐵이라고 부르며 조롱하고 비웃었습니다. 필경 리쿠르고스는 원대한 목적을 도모했던바, 아무리 힘들고 곤란하더라도 더더욱 흔들리지 않고 오직 국가가 영원하기만을 바랐으므로, 사람들은 점점 자유롭지 못하게 되면서 음식에서부터 의복, 주거에 이르기까지 자급자족하지 않으면 살아갈 수 없게 되었고, 이전에 유약해지던 풍조도 사람이 점점 분발하는 마음을 북돋고 기운을 내면서 마침내 용맹한 모습으로 바뀌었으며, 스파르타에서는 금속 화폐 때문에 도적이 없어지게 되었다고 합니다.

또 공회公會라는 것을 만들어 남녀를 막론하고 많은 사람이 모여서 서로 강약을 겨루고 기질을 시험했기 때문에 여자도 어느새 남자처럼 용감해져서 무예를 익혀 남자와 역량을 견주게 되었습니다. 아이들이 이처럼 강한 여성의 손에서 자랐으므로, 무예에서는 주변국에 견줄 데가 없이 가장 강한 국가로 일컬어져 훗날에도 스파르타의 병사라고 칭해졌습니다. 프로이센의 왕 프리드리히 2세Friedrich II[2]는 유럽의 군사 제도를 크게 변화시킨 인물이었는데, 일찍이 전쟁에서 힘든 상황에 처했을 때 "우리에게 스파르타의 병사가 있었더라면"이라며 탄식했던 적이 있습니다.

---

2   프로이센의 국왕. 강력한 대외정책을 추진하여 오스트리아의 제위상속(帝位相續)을 둘러싼 분쟁에 편승, 슐레지엔 전쟁을 일으켰다. 국민의 행복 증진을 우선한 계몽전제 군주로 평가된다.

하지만 스파르타 사람들이 리쿠르고스의 법을 지키던 500년 동안 나라 전체가 야만 풍속을 중시하고 용맹스러움을 존중하며, 집은 거적을 만들어 생활하고 길은 맨발로 걸어 다니며 항상 나쁜 옷과 음식으로 만족하니, 문명개화의 풍조는 완전히 없어져서 미세한 흔적조차 남지 않았습니다. 이렇게 고난을 이겨 내는 것은 과연 어떤 의미가 있을까요. 이웃 나라인 아테네에서는 솔론Σόλων[3]이라는 현명한 사람이 나왔는데, 그 법을 만드는 방법이 스파르타와는 완전히 달라서 자연의 도리에 따라 국가를 다스렸기 때문에, 처음부터 금화를 만들어 장사를 번성하게 하고, 흑해 부근에서 지중해 부근까지 80여 곳이나 식민지를 개척하였으므로, 모든 물자의 유통도 활발했습니다. 지금도 서적에서 그 화폐의 이름을 찾을 수 있습니다. 앞에서 말한 리쿠르고스의 정책은 교왕책矯枉策[4]으로 솔론이 자연의 도리에 따랐던 것과는 정반대의 정책이었습니다. 그 후 로마 시대를 지나 점점 후대에 이르기까지 금속 화폐는 전혀 찾아볼 수 없었습니다. 필경 사람이 지혜를 깨우쳐서 자연스러운 도리로 나아갔음을 알 수 있을 것입니다. 다만 우리 일본에서 이전 막부 시대 때 금속 화폐를 주조한 적이 있었습니다. 누가 생각해 낸 것인지는 모르지만, 그 주된 생각이 나라를 사랑하는 데에서 나온 것이 아니어서 손해를 끼쳤습니다. 종래에 금속 화폐와 동전이 동등한 가치로 통용되었기 때문에 개항할 때에 그것을 알아차린 외국인에게 동전을 매수당했는데, 그 액수가 몇천만이 되는지 알지 못합니다. 그 결과 지금과 같은 상황에 이른 것입니다. 다만 그 수가 많지 않아서 국민이 난을 일으킬 정도로 극심하지는 않았

---

3   고대 아테네의 정치가·시인, 7현인의 한 사람. '솔론의 개혁'으로 알려진 인물이다.
4   굽어져 있는 것을 똑바로 하는 정책을 가리킨다.

던 것은 천만다행이라 하겠습니다.

또 프랑스 왕 루이 14세는 독재로 유명한 대왕으로, 전쟁을 좋아하고 극도로 사치하며, "짐이 곧 국가다l'État c'est moi"라며 늘 자랑한 사람입니다. 이 왕이 죽고 나서 프랑스는 빈곤이 극도에 이르고 우는 것 외에 다른 수단이 없을 만큼 곤궁해졌는데, 이때 기묘한 사람이 세상에 나왔습니다. 스코틀랜드의 존 로[5]라는 남자는 프랑스의 가난을 기회로 삼아 금만 있으면 국가는 언제나 부유하고 번성할 수 있다고 생각하고, 종이를 사용해서 금으로 통용시킬 수 있으면 부를 얻을 수 있다고 정부에 건의하여 신용화폐를 발행했습니다. 프랑스 사람은 그 편리함에 미혹되어 한때 금화보다 이 지폐를 중시하여 대단히 유행했지만, 이것은 대저 자연의 도리를 거역하고 사람을 속이는 방식이었으므로 수년이 채 지나기도 전에 통용이 멈추고 수억 엔의 지폐가 결국 흙먼지처럼 쓸모없어져 프랑스 사람의 곤란이 말로 표현할 수 없는 정도가 되었고, 결국 국란이라고 할 정도의 큰 소동이 일어나니, 정부가 군대를 파견하여 붙잡는 무도한 처사를 하였습니다. 또 존 로는 몰래 도망쳐 제노바에 숨었다가 결국은 굶어 죽었다고 합니다. 나는 프랑스의 1789년, 고금 미증유의 대혁명, 즉 국왕도 왕후도 사형당할 정도의 재난이 일어난 데에는 이 지폐도 하나의 원인이 되었다고 생각합니다.

원래 금은이 산속에 있는 것은 소금이 바닷속에 있는 것과 같은 이치로, 사람이 만드는 것이 아닙니다. 사람의 힘으로는 금도 은도 만들 수 없습니다. 따라서 금은은 조물주가 세상 사람에게 사이좋게 잘 살라는 의도로 은혜를 베풀어 만드신 것이라 하겠습니다. 매일 물건을 거래하는

5   스기는 『메이로쿠잡지』 제8호 4. 「공상에 관해서 기록하다」에서도 존 로를 언급했다.

데에도, 금 1엔에 어떤 물건 어느 정도라며 자연스럽게 물건을 재는 자의 대체물로 통용됩니다. 이것은 동서가 모두 동일하니, 금은은 언제나 세상 사람의 믿음을 얻은 것입니다. 예로부터 각 종교의 신자들이 논쟁하여 이것은 옳다느니 그르다느니 서로 싸우고 미워하며 심지어는 목숨마저 걸고 다투지만, 금은은 어떤 종교 신자라도 모두 믿어서, 종교에서 금은의 옳고 그름에 대해 논쟁한 사례가 있었음을 들어 본 적은 없습니다. 모두 세계 일체의 도리에 따라 금은을 대물代物로 통용하는 것은, 수천 년 이래 세상 사람들이 모두 경험한 일이므로 이치에 어긋난다고는 도저히 말할 수 없습니다.

저는 어렸을 때 도요토미 히데요시가 중국인(唐人)과의 장사를 허가하고 중국(唐國)에서 많은 금을 가져오게 한 일이 있다고 들었습니다. 게이초킨慶長金[6]도 대부분 이 금으로 만들었다고 합니다. 오닌應仁의 난[7] 이후 수백 년의 난세를 지나 전쟁의 뒷처리를 하는 와중에 여기에 이처럼 주의를 기울일 수 있었던 것도 이런 도리를 깊이 알았기 때문입니다. 지금 우리 나라에 지폐라는 것이 생겼는데,[8] 세상의 평판에 따르면 그 수가 1억 엔에 가깝다고 합니다. 1억 엔이라는 숫자는 인구를 3천만 정도로 어림잡고 남녀노소에서 아기까지 모든 인구수대로 할당하면 한 사람당 3엔쯤 됩니다. 현재 우리 일본의 실재 민력民力이 미치지 않는 큰 숫자라

---

6   1601년(게이초 6)부터 에도막부가 발행하여 전국에 유통시킨 금화이다.
7   일본 무로마치[室町] 시대인 1467년부터 1477년까지 계속된 내란으로, 무로마치막부의 제8대 쇼군인 아시카가 요시마사[足利義政]의 후계자 선정 문제를 둘러싸고 각 지역을 지배하던 슈고다이묘[守護大名]들이 두 개의 파벌로 나뉘어 대립하면서 벌어졌다. 이 내란으로 사회·정치적 혼란이 커지면서 일본은 전국시대(戰國時代)로 접어들었다.
8   1872년(메이지 5) 4월에 메이지쓰호[明治通寶]라는 이름의 정부지폐(불환지폐)가 발행되었다.

고 생각됩니다. 그런데 지폐 한 장을 실제로 어느 정도의 가치로 계산해야 할지 생각해 보면, 사람의 가늠으로 제멋대로 만들 수 있는 이상, 그 시세도 제멋대로 되리라 생각합니다. 세상에서 그 숫자대로 통용되고 교환되지 않는 이상, 그 지폐와 금을 같은 정도로 하는 것입니다. 이래서는 인민들이 자유의 기질을 발휘할지, 아니면 부자유不自由하게 될지 매우 걱정스럽습니다.

옛날 진나라의 조고趙高[9]가 이세二世[10] 앞에 사슴을 끌어내고 이것은 말이라고 속였습니다.[11] 이후 목숨을 잃고 나라를 망쳐 천년이 지난 지금까지 웃음거리가 되었고, 지금도 바카ばか, 馬鹿라는 말이 세상에 남아 있습니다. 이처럼 조고나 존 로와 같은 사람은 실로 도리를 잃은 자이니, 그들이 망한 것은 당연합니다. 지금 우리 나라가 문명의 세상을 향하는데 위와 같은 고사를 인용하면, 듣는 사람 가운데에는 갑자기 눈을 치켜뜨고 부라리며 말조심하라고 따지려 드는 이도 있겠지만, 저라고 어찌 좋아서 불길한 말을 하겠습니까. 원래부터 있는 이야기일 뿐입니다.

세상이 변해 가는 것은 네 마리의 말이 끄는 마차도 미치지 못할 만큼 빠릅니다. 쇄국에서 양이로 변했고, 양이에서 개항으로 변했으며, 봉건에서 군현으로 변하는 등, 나라 안의 모습은 역사상 미증유의 일대 변혁으로 마치 백 년은 지나간 듯 느껴집니다. 우리 나라에서 존왕을 외치

9　진나라의 환관. 진시황제를 따라 여행하던 중 황제가 병사하자, 승상 이사와 짜고 조서를 거짓으로 꾸며서 시황제의 맏아들 부소와 장군 몽염을 자결하게 만들고 시황제의 우둔한 둘째 아들 호해(胡亥)를 황제로 옹립했다.

10　진나라의 두 번째 황제 호해를 가리킨다.

11　『사기(史記)』「진시황본기(秦始皇本紀)」의 조고가 자기편과 적을 구별하기 위해 말을 사슴이라고 칭하면서 그 반응을 보고는 자기 말에 반대하는 자들을 죽여 버렸다는 지록위마(指鹿爲馬)라는 고사에서 유래한다.

고 애국을 부르짖는 인민이 개항 이후 밖으로 내보낸 금은은 수억 천만이 될는지, 그 실제 수는 헤아릴 수조차 없을 정도입니다. 게다가 국외에서 써 버리는 것이 많고 국내에서는 보충이 적으면 금은은 금세 없어집니다. 그렇게 되면 반드시 사람들의 기풍이 일변할 것이라고 생각합니다. 만약 국내의 금은이 점차 없어지고 지폐만 남게 되면, 외국인도 장사해서 이익이 없고 토지는 원래 얻을 수 없으며 귀화는 바라지 않기 때문에, 잇따라 손을 떼고 상선을 들이지 않는 것 이외에 대책이 없을 것입니다. 그러면 우리 나라는 자연스럽게 쇄국 상태가 되고 세상도 점차 부자유해져서, 지금 세상이 자손들이 사는 세상으로 바뀌면 부자유가 점차 극에 달하여 이제 프랑스에서 유행하는 코뮤니스트의 주장이 비로소 우리 일본에서도 실행되든지, 아니면 한층 더 강렬하게 스파르타식으로 바뀌어서 일종의 일대 강국을 일으킬지도 모르겠습니다. 세상 변화의 추세를 예언할 수는 없지만, 지금 바뀌고 있는 미래를 상상하면 하여간 이와 같은 것일까 싶은 생각이 들어, 온고지신溫故知新의 미래기未來記가 아닌 상상 쇄국설을 말해 보았습니다.

✿

2. 화폐사록 부언貨幣四錄附言[1]

간다 다카히라

　내가 앞에서 화폐에 대한 견해 네 편을 서술하였는데, 이에 대해 여러 논자로부터 많은 지적을 받았다. 그중에는 과연 대단히 경청해야 할 바도 있었고, 완전히 내 견해를 잘못 오해한 것인가 생각되는 바도 있었다. 혹은 나의 필력이 부족함으로 인해 본뜻이 아직 관철되지 않았다고 생각되는 바도 있었다. 지금 이런 것들을 자세히 풀어서 밝히려고 하는 일 또한 여론을 단련하는 데 일조하는 바라 생각하고, 부디 나의 우매함과 오만함을 무릅쓰며 이하에서 언급하고자 한다.

　어느 논자께서 말씀하시길, 우리 나라의 지폐는 합중국과 이탈리아의 제도와 같다고 하였다. 내가 전혀 이탈리아의 제도를 모르고 합중국의

1　'네 번의 화폐론에 덧붙이는 말'이라는 의미. 네 번의 논의는 『메이로쿠잡지』 제22호 5, 제23호 2, 제26호 3, 제33호 4에 게재한 간다 자신의 화폐론 관련 기사들을 가리킨다.

제도 또한 상세하게 알지 못하지만, 한두 가지 들은 바로 미루어 억측해 보면, 우리 나라의 제도와는 크게 다른 바가 있다고 생각된다. 첫째로, 저 나라에는 국회라는 것이 있어서 일절의 국법을 협의하여 정하기 때문에 지폐의 규칙도 반드시 협의해야 한다고 믿는다. 정말 그렇다면 나라의 인민 모두가 그 지폐의 보증인이 된다. 나라의 재산이 전부 그 저당물이라 하겠다. 누구 하나 이것을 공정하지 않다고 말할 자가 없을 것이다. 그런데 우리 나라의 지폐는 그렇지 않다. 한두 명의 관리가 모두 정하여 묵묵히 운행하는 것으로, 그 흔적이 애매하여 중앙정부의 요직에 있는 자라도 대다수는 알 도리가 없다. 하물며 나라 안의 인민이 협의하거나 하는 일이 있을 수 있겠는가. 이것이 가장 큰 차이다. 둘째로, 합중국의 지폐는 전쟁 때에 만들어졌을 뿐, 전쟁 후에는 만든 것이 없는 것으로 안다. 우리 나라의 경우는 그렇지 않아서 전쟁 후에 만든 것이 대단히 많다. 1869년(메이지 2) 중에 만든 3250만 냥 이외에는 단호히 멈추었다가, 1871년(메이지 4)에 이르러서는 고금은예증권古金銀預証券[2]이라고 칭하는 지폐가 대략 300만 엔 발행되었고, 그 이듬해에는 개척사정금교환증권(開拓使正金引換証券)[3]이라고 칭하는 것이 250만 엔 나왔는데, 당시의 풍문에 따르면 이미 일억만 엔을 훨씬 넘겼다고 한다. 마지막에는 어느 정도에 이를지 그 한도를 상상조차 할 수 없다. 셋째로, 합중국에서는 지폐의 가치를 올리고 낮추는 일을 금지하지 않았다. 지금 지폐 100달러의 가치는 진짜 가치 70여 달러에 해당한다고 한다. 이렇게 된다면 본위화폐가 외

---

2   1871년 10월 12일 태정관포고 제533호에 따라 미쓰이구미[三井組]의 신탁으로 발행한 정부지폐이다.

3   1872년 1월 14일 태정관포고 제6호로 홋카이도개척사[北海道開拓使]를 위해 미쓰이구미에 발행시킨 정부지폐이다.

국으로 유출되는 폐해가 없으니, 나라의 손해가 되는 일도 없을 것이다. 우리 나라의 지폐는 시세를 만드는 것이 허가되지 않아서 그 폐해가 본위화폐의 외부 유출에까지 이른다. 합중국과 우리 나라 사이에 지폐 제도의 차이가 이와 같으니, 아마도 합중국의 사례를 들어서 우리 나라 지폐의 완전함을 증명하려고 하는 것은 부당하다고 말할 수 있다.

또 어떤 논자께서 말씀하시길, 우리 나라에서는 지폐를 가지고 법정화폐로 삼아 법률로써 유통시키므로, 이로부터 물가를 정한다면 외국과 전쟁이 있어도 지장이 없을 것이라 하였다. 내가 생각하기에 전시에 지장이 없다면 평시에는 더욱 지장이 없어야 한다. 이것은 결국 지장이 있을 때가 없다는 말이다. 과연 그러하다면 예나 지금이나 만국이 어째서 미리 예측하여 법정화폐를 만들지 않을까. 어째서 무익한 큰 소란을 피우면서까지 본위화폐를 만드느라 고생하는 것일까. 만일 논자의 말을 신용하여 그것을 근거로 외국과 전쟁을 시작한다면, 나라가 위난의 늪에 빠지는 일이 없으리라 보장하기 어렵다.

본위화폐가 외국으로 나가는 것은 지폐의 교환이 없기 때문이라는 주장에 대해서는, 내가 완전하게 글을 맺지 못한 점이 있었기 때문이라고 생각하므로 다시 아래에서 논술하고자 한다.

원래 본위화폐가 외국으로 나가는 것은 물품의 수출이 적기 때문이다. 물품의 수출이 적은 이유는 물가가 비싸기 때문이다. 물가가 비싼 이유는 화폐가 많기 때문이다. 화폐가 많은 이유는 지폐의 교환이 없기 때문이다. 그러므로 본위화폐가 외국으로 나가는 이유는 지폐의 교환이 없기 때문이다.

가령 갑과 을의 두 사람이 있다. 갑은 100엔을 가졌고, 을은 빈손이다. 지금 언제라도 되돌려줄 수 있는 증권을 만들어, 그 돈을 을 쪽으로 빌려줄 때, 을은 본위화폐 100엔을 가지고, 갑은 증권으로 100엔을 갖는다. 그런데 두 사람의 소유를 합산하면 역시 원래의 100엔이다. 그런데 그 돈은 되돌리지 않고, 증권을 본위화폐와 마찬가지로 지체 없이 통용할 수 있다고 하면, 증권이 바뀌어 법정화폐가 된다. 여기에서 두 사람의 소유를 합산하면 본위화폐와 법정화폐로 200엔이 된다. 교환이 있으면 100엔이던 것이 교환이 없으면 200엔이 되는 것을 볼 수 있다. 앞에서 소위 화폐가 많으면 지폐의 교환이 없기 때문이라고 한 것은 이 때문이다.

물건의 가치는 화폐의 과다함에 준한다. 가령 물건 100개에 금 100엔이라면 물건 하나 가격은 1엔이다. 그런데 이제 화폐의 수가 늘어나서 200엔이 되면 물건 하나의 가격은 다시 늘어나 2엔이 된다. 앞에서 소위 물가가 비싼 것은 화폐가 많기 때문이라는 것은 이런 말이다.

그 외에도 물가가 비싸면 수출이 감소하고, 수출이 감소하면 본위화폐가 외국으로 나간다는 이치는 반드시 상세히 논할 필요도 없을 것이다.

어떤 논자가 다시 말하길, 지폐 교환의 실행이 있어도 본위화폐가 외국으로 나가는 것은 막을 수 없다고 하였다. 이것은 하나만 알고 둘은 모르는 논의이다. 모든 외국인이 지폐를 좋아하지 않음은 물론이다. 그러므로 수출입의 차이이건 고용 급여이건 화폐를 가지고 갈 때는 반드시 본위화폐를 가지고 가는 것이 당연하다. 그렇지만 이로 인해 허다한 본위화폐가 외국으로 나간다면 내지의 본위화폐가 줄어들고 그 가치가 높아진다. 그 가치가 높아지면 물건들의 가격이 하락한다. 물건들의 가격이 하락하면 그 수출이 증가한다. 수출이 증가하면 앞에서 나온 바대로 본위화폐가 들어오기 때문에 처음부터 나가지 않은 것이나 마찬가지이다. 이와 반대로 지폐의 교환이 없을 때에는 본위화폐가 줄어든다고 해도 그 가치가 높아지지 않고, 본위화폐가 높아지지 않기 때문에 물가가 하락하지 않으며, 물가가 하락하지 않으므로 수출이 늘지 않는다. 수출이 늘지 않으니, 부단히 본위화폐가 외국으로 나가 영원히 되돌아오지 않는다.

혹은 논자께서 합중국의 지폐는 교환이 없는데 어떻게 본위화폐가 외국으로 나가는 폐해가 없냐고 물으시는데, 지폐의 시세를 만드는 일이 허락되기 때문이라고 답하고자 한다. 모름지기 시세를 만드는 것이 허락된다면 언제라도 본위화폐로 바꾸는 일이 가능하기 때문에 교환의 일이 있는 것이나 별반 다르지 않다. 더욱 상세하게 말하자면, 본위화폐가 외국으로 나가면 그 가치가 높아진다. 본위화폐의 가치가 높아지면 지폐와 물품이 모두 하락하고, 이로써 유통의 이치를 잃지 않게 된다.

어떤 논자께서 다시 말씀하시길, 공채증서를 발행하는 것은 지폐를 되돌리는 따위의 수속을 거쳐서 본위화폐로 교환하는 방책이라고 하셨는데, 그 설이 자못 교묘하다. 다만 이에 대해서는 일단 내 소견을 밝히지 않기로 하겠다. 다만 한 가지, 일단 되돌린 지폐를 다시 써서 내보내는 일이 있는지 없는지 확인해 보고 싶다. 만일 있다면 그 해로움이 더욱 심해질 것인데, 논자께서는 이런 경우 어찌하실 것인가(이상은 『도쿄니치니치신문東京日日新聞』 885호[4]에 대한 답변).

누군가 다시 말씀하시길, 「정금외출탄식록正金外出歎息錄」[5]에 본위화폐가 들어올 길은 세관과 광산의 두 가지뿐이라고 한 것은 허술한 견해라고 하며, 고용 외국인이 우리 나라에 재류하는 동안 쓰는 잡비도 매우 크

---

4   1874년 12월 22일 자로, 여기에 간다의 글에 대한 여러 질문이 게시되었다.
5   『메이로쿠잡지』 제23호 2에 게재한 간다 다카히라 자신의 기사이다.

니, 이 또한 본위화폐가 들어오는 한 방도가 아니냐는 지적이 있었다. 이 말씀은 그야말로 그러하니, 내가 기쁘게 납득하기로 한다(무명 씨의 투서에 대한 답변).

이 외에도 본위화폐가 외국으로 나가는 것이 우려할 만한 일이 아니라는 의견이 종종 있었다. 모두 지폐의 병을 살피지 않고 말씀하시는 듯하다. 지폐의 병만 없다면 앞에서도 언급한 대로 일단 나가기는 해도 다시 돌아오는 일이 있으므로, 그야말로 이러한 주장처럼 되겠지만, 다만 지폐에 병이 있으므로 나가기만 하고 들어오지 않고, 이후에도 들어오는 일이 없을 것임을 살폈기 때문에 이를 걱정하는 것이다. 논자들께서 다시 생각해 주신다면 기쁨일 것이다.

✿
3. 정욕론情欲論

쓰다 마미치

정욕은 우리가 하늘로부터 부여받은 것 중 가장 중요하고 절실한 것이며, 사람이 생존하는 연유이기도 하다. 만약 우리의 본성에 정욕이 없다면 인류는 무엇을 가지고 번식하며 생존할 수 있겠는가. 만약 정욕이 없다면, 우리와 같은 인간은 이미 오래전에 흔적도 없이 사라졌을 것이다. 대개 식욕과 성욕은 생물 일반에 존재하는 큰 욕구이다. 단지 인간에게만 있는 것도 아니다. 만약 사람들이 식욕이 없다면 어떻게 하루를 보낼 수 있을 것인가. 또 남녀 간의 정이 없다면 자손은 어떻게 낳을 수 있을 것이며, 하물며 자손 번영은 어찌할 것인가. 혹자는, 만약 사람들의 본성 안에 정욕이 없더라도 조물주가 사람에게 준 지혜를 통해 어떻게든 될 것이라고 말하기도 한다. 그렇다면 지혜란 무엇인가. 사물의 도리를 아는 성질이다. 사람들은 지성智性을 갖추었기 때문에, 식사를 하지 않으면 살아갈 수 없고 곧바로 저절로 사망할 수 있음을 안다. 그러므로 사람의 성질에 가령 정욕이 없더라도 지혜를 가지고 공부하고 먹고 마시는

제34호

것을 알 수 있다는 것이다. 하지만 정말 그렇게 된다면 마치 환자가 애써 먹고 마시는 것처럼, 대개 좋아하지도 않는 것을 억지로 하는 것이나 마찬가지일 것이다. 그렇다면 그 인생의 고난과 고통은 대체 어찌해야 할까. 그렇지만 이렇게라도 살아가야 할 뿐인 것인가. 남녀의 성욕에 대한 문제는 어떠할까. 그것이 지성과 노력을 통해 할 수 있는 것이란 말인가. 그러므로 나는 정욕이란 조물주가 우리 인간을 기꺼워하여 베푼 은혜이자, 또 우리의 생활에 기쁨과 재미를 통해 즐거움을 주기 위한 큰 선물임에 틀림없다고 말하는 것이다.

사람들의 정욕은 자연스러운 천성에서 나온다. 식욕이나 남녀 간의 성욕 같은 것이 바로 그러하다. 그러나 지식과 관습에서 생기는 정욕도 있다. 지식과 관습이 모자라는 자는 그것이 결여되어 있지만, 지식과 관습이 넉넉한 자에게는 필요 불가결한 것이다. 천성의 성질에서 나오는 정욕과 마찬가지이다. 따라서 개화한 나라 사람들의 욕구는 야만국 사람들의 그것보다도 크고 많다. 예를 들면 시가와 음악을 좋아하고, 담배를 즐기는 것과 같은 종류이다.

사람에게 정욕이 대단히 중요한 이유는 위와 같기 때문이다. 그런데 불교의 가르침에서 번뇌를 죄로 삼고 유교의 가르침이 욕구를 해롭다고 하여 굳이 이것들을 버리라고 가르치는 것은 어째서인가. 정욕의 폐해를 함부로 판단해서 그 이로움을 깨닫지 못하였기 때문이다. 모름지기 세상에서 오직 정욕에 매몰되어 반성하지 않고, 탐욕에 눈이 멀어 인색함에 빠지며, 도철饕餮[1]처럼 만족할 줄 모르는 자는 인간의 도리에 따른 진성眞

---

1   고대의 상상에 나오는 짐승으로, 재물이나 음식을 몹시 욕심내는 짐승 또는 그러한 사람을 가리킨다.

性을 멸망시키고 하늘이 부여해 준 양심도 망가뜨리게 되기 때문이다. 인간의 도리에 큰 폐해가 되는 것은 말할 것도 없다. 그래서 유교와 불교의 가르침은 애써 번뇌를 버리고 욕구에 이기는 것을 주지主旨로 삼았던 것이다. 그 뜻은 본디 선하였지만, 그 주장이 균형을 잃은 것임은 분명하다. 하물며 불교의 가르침에 남녀 간의 성욕을 막고자 단식하라고 한 것은 우스운 것이라고 생각한다.

원래 자유의 권리는 인간에게 고유하고 정당한 것이며, 각국의 문명이 가장 귀하게 여기는 것이다. 그러나 사람들이 이 권리를 소홀히 하고 경솔하게 사용함으로써 남의 자유를 방해할 때는 불의不義한 것이 된다. 따라서 자유의 해로움은 제멋대로 구는 것이라고 말할 수 있다. 우리 동방의 풍속에서 옛날부터 자유를 악덕으로 보지 않는 경우가 없었는데, 이것은 단지 그 폐해만 보고 이로움을 보지 못했던 것이다. 그런데 결국 자유의 본성이 사라지고 나라와 백성 모두가 비굴한 노예의 풍속이 된 것처럼, 또 재물과 이익을 좋아하는 마음은 우리 신체상의 행복을 만족시키는 천성으로, 그 폐해는 도리어 탐욕과 인색함을 낳아 대단히 미워할 만한 것이지만, 유교의 도리에서 오로지 인의만을 주장하며 경제의 학문을 강구하지 않아, 도리어 전국이 빈궁에 빠져 지금껏 부유하지 못하고, 나라와 백성 모두가 신체상의 행복을 잃어버린 것도 그 가르침이 적당함을 얻지 못하였기 때문인 것이다.

주자학자가 천리와 인욕을 상반되는 것이라고 정한 견해도 비웃음을 살 만하다. 대저 인욕이 어찌 천리가 아니라고 말할 수 있다는 말인가. 사물의 성질에 통하기를 바라고, 신기함을 좋아하며, 자유를 기뻐하고, 행복을 원하는 등의 정욕은 인욕에 있어서 가장 아름다운 것이자 인성에 필요한 것이다. 이것들은 모두 우리 인간이 진보를 내세우고 추진하는 연유이다.

어떤 서양의 학자가 인간의 본성을 지智, 정情, 의意의 세 가지로 분석하였는데,[2] 지는 아는 것이며, 정은 원하는 것이고, 의는 행하는 것이라고 하였다. 내가 보기에 정이 지를 이기면 악惡이고, 지가 정을 이기면 선善이니, 즉 학자가 힘쓰는 격물치지格物致知와 백반학술百般學術이 모두 지를 닦는 것이다. 세속의 말에 의사가 양생養生을 게을리하고 학자의 언행이 불일치함은 지가 아직 충분히 연마되지 않았기 때문이라고 하였다. 그렇지만 훌륭한 지혜는 우리 인간에게 가장 어려운 것이니, 욕구를 제어하는 방법 또한 인간의 도리상 어쩔 수 없는 것이라는 정도는 말할 수 있을 듯하다.

---

2   조셉 헤이븐(Joseph Haven, 1816-1874). 미국의 철학자. *Mental Philosophy*(1857)에서 사람의 마음을 지(intellect)·정(emotion)·의(will)로 나눠서 설명하였다.

메이로쿠잡지
제35호

1875년(메이지 8) 4월 간행(5월 14일)

———

✿

1. 지나支那를 경시해서는 안 된다

나카무라 마사나오

　지나는 많은 인물을 배출하였는데, 고금에 비추어 보면 알 수 있다. 성현과 군자, 영웅과 호걸들이 잇달아 나왔다. 가령 이러한 사람들에 대하여 말하려고 한다면 많은 사람이 번갈아 가며 말하더라도 다하지 못할 것이다. 이것이 지나를 경시할 수 없는 첫 번째 이유다.

　지나는 서적의 숫자로 보면 동방에서 으뜸이다. 그리고 그 문장과 말에는 멋과 즐거움이 있어서 사람들의 생각을 잘 통하게 하고, 외국 서책을 번역할 때도 많은 규칙이 있어서 편리하다. 우리 일본에서 통용하는 글자에도 긴요한 말에는 한자를 섞는다. 이런 글자를 만들어 내고 그것을 쓰는 사람에게는 일종의 사상적 재능이 있다고 볼 수 있다. 자국의 말에 다소의 깊이와 흥취가 있어서 간단히 가로쓰기 문장으로 바뀌거나 서양 풍습을 좋아하지 못하지만, 원래 글자에 뛰어난 나라이기 때문에 수년 이내에 지나의 유학생 가운데 고등한 학식을 갖추는 자가 연달아서 나오게 될 것이다. 이것이 경시해서는 안 되는 두 번째 이유다.

지금은 타타르의 왕조[1]이므로 지나의 뜻있는 지사들은 자연스레 기력을 펼치지 못하는 양상이고, 인민들도 흡사 마약에 취해서 손발이 움직이지 못하는 형상이다. 그러나 타타르의 마약 독이 빠지고 그 취기에서 깨어나면, 사수泗水[2]의 정장亭長[3]에서 한고조 유방이 일어나고 황각사皇覺寺[4] 승려에서 명 태조가 나올 것이다.[5] 그럴 때는 풍운의 때를 만나 도필리刀筆吏[6]에서 소하蕭何[7]가 배출되고 도구屠狗[8]로부터 번쾌樊噲[9]가 나타나며, 임금의 위엄과 권세에 매달려 따르면서 문신에서는 유성의劉誠意[10]와 같은 사람, 무신에서는 서달徐達[11]·상우춘常遇春[12] 같은 사람들이 몰락한 농

1　타타르는 몽고족의 일족. 유목민 왕조를 뜻하는 것으로, 즉 청을 의미한다.

2　현재 중국 강소성(江蘇省) 패시(沛市)의 동쪽에 위치한다.

3　중국 고대 진한 시대에 십 리마다 설치되었던 장소(宿驛)의 책임자. 한나라 고조인 유방(劉邦)은 장년에 하급 관리직인 사수정장(泗水亭長)이 되었다.

4　현재 중국 안휘성(安徽省) 봉양(鳳陽)현에 있던 사찰이다.

5　명을 건국한 주원장(朱元璋)은 원래 황각사의 승려였다가 이후 명나라를 건국하고 태조가 되었다.

6　문서를 기록하는 공무원. 지위가 높지 않은 공무원의 의미이다.

7　한고조의 공신이자 재상, 정치가. 한나라 유방과 초나라 항우의 싸움에서는 관중에 머물러 있으면서 고조를 위하여 양식과 군병의 보급을 확보하는 등 여러 공을 세웠다.

8　개백정. 개를 잡는 것을 직업으로 하는 사람을 가리킨다.

9　한고조의 공신. 유방(고조)의 거병 뒤 무장으로 용맹을 떨쳐 공을 세웠다. 유방이 즉위한 뒤 좌승상·상국이 되었고, 그 뒤 여러 반란을 평정했다.

10　원나라 말기의 정치가 겸 작가인 유기(劉基, 1311-1375)를 가리킨다. 경사(經史), 천문(天文), 병법(兵法)에 정통하였고, 주원장을 보좌하여 명나라 개국에 크게 공헌했다.

11　중국 명나라의 개국공신(1332-1385). 주원장의 부하로 통군원수, 강남행추밀원사, 좌상국 등을 지냈고 원군 토벌에서 총지휘를 맡아 공을 세웠다.

12　중국 명나라의 개국공신(1330-1369). 각지의 군웅을 항복시키는 데 큰 공을 세웠고 북방정벌에 나서 원나라 수도를 함락시킨 다음 원나라 순제를 북쪽으로 몰아내는 공을 세웠다.

민·거렁뱅이·거간꾼 중에서 돌연 출현할 수도 있다. 오늘날 상하이에 거지처럼 보이는 자 중에 명 태조 혹은 한고조가 있을지도 모를 일이다. 지금 톈진의 거리에서 물건을 파는 아이 중 언젠가 소조蕭曹,[13] 유서劉徐[14] 가 되는 자가 있을지도 모를 일이다. 지나 본토 사람인 이李[15]와 유劉[16] 같은 명문의 고귀한 집안에서 굉장한 호걸이 배출되어, 만주족 청조를 멸망시키고 거리낌 없이 대호령을 발하여 유럽의 학술과 기예를 이용한다면, 지나가 아무리 크게 넓다고 한들, 기차·증기선·전신·포대·군함 등이 즉시 마련될 것이다. 게다가 민선의원까지 설치하여 전쟁에서 패배한 치욕[17]을 갚으려고 한다면 우리에게는 용이하지 않은 중대한 사태가 될 것이니, 이것이 지나를 경시하지 못하는 세 번째 이유다.

지나에서는 천연 산물이 많이 산출된다. 이것은 큰 나라라면 당연한 것이다. 다만 제조품 또한 백여 년 이래 우리 나라에 수입되고 있는 서적·종이·필묵만으로도 엄청난 양에 이른다. 마키 료코卷菱湖[18]가 말하기를 일본의 서예가 지나에 필적하지 못하는 것은 필시 다른 데에서 증거를 찾을 필요가 없이 일본의 붓 만드는 장인의 서투른 기술만 보아도 알 수 있으리라고 하였다. 천문과 수학 등은 이미 지나는 오랜 옛날부터 정

---

13 한고조 유방의 재상인 소하(蕭何)와 조참(曹參) 두 사람을 가리킨다. 이 두 사람이 재상을 맡았던 시대는 소조지정(蕭曹之政)이라고 하여 국가의 기틀을 세운 좋은 시기로 평가된다.

14 앞에 나온 유성의와 서달 두 사람을 통칭하는 말이다.

15 당나라 왕조의 국성이다.

16 한나라 왕조의 국성이다.

17 원문은 회계의 치욕(會稽の恥). 회계산에서의 수치라는 뜻으로, 전쟁에 패한 치욕을 이르는 말. 중국 춘추 시대에 월왕(越王) 구천(句踐)이 오왕(吳王) 부차(夫差)에게 회계산(會稽山)에서 패전하고 생포되어 굴욕적인 강화를 맺었다는 데서 유래한다.

18 마키 료코(卷菱湖, 1777-1843). 에도 시대 후기의 저명한 서예가이다.

교하게 연구해서 유용한 수단이 되었다. 의약과 식물학 등에서도 20년 전의 일본은 지나의 책을 지침으로 삼고 있었다. 이 외에도 자국에서 발명한 유용한 기구들 또한 일본이 필적할 수 없을 만큼 많다. 내 친구인 영국인이 말하기를, 지나는 인민은 좋지만 정부는 좋지 않다고 하였다. 이 말이 정말이라면, 지나 정부가 개선된다면 원래 인민은 좋은 자질을 가졌으므로 반드시 향상하고 진보할 것이다. 이것이 지나를 경시하지 못하는 네 번째 이유이다.

내가 듣기로는, 러시아는 어린아이를 가르치는 수업에서 쓰는 교재에 다음과 같은 내용이 적혀 있다고 하였다. 어떤 학생이 지나를 업신여기는 말을 하니 그 아버지가 아이를 꾸짖으며 말하길, "지나는 우리에게 스승인 나라다. 경외하며 업신여겨서는 안 된다. 왜냐하면, 지나의 학술과 산업 기술이 우리 나라보다 빠르게 개화하였기 때문이다. 우리 조상이 지나로부터 얻은 이익이 적지 않다. 오늘날 지나는 잠들어 있지만, 잠에서 깨어나면 두려워할 만한 강적(勍敵)이니 결코 업신여겨서는 안 된다"라고 하였다. 러시아 사람은 깊이 생각하고 멀리 내다보는 데 뛰어나다. 어렸을 때부터 자칫 자신보다 열세인 정황을 보면 거기에 대해 업신여기고픈 마음이 생겨나는 것은 모르면서 나대게 되는 근원이다. 모르면서 나대면 작게는 집안을 망치고, 큰 사태가 되면 국가를 멸망시킨다. 또 이웃 나라의 단점만 보고 장점을 보지 않고 함부로 남에게 비난을 퍼붓는 것은, 스스로 게을러지고 남을 화나게 하는 이유이자 가장 지혜롭지 못한 행위이다. 러시아가 지나보다 뛰어난 것도 여러 가지가 있음에도 이와 같은 훈계가 있는데, 하물며 노魯나라와 위衛나라의 정치는 형제와도 같으니,[19] 일본은 저들을 업신여겨서는 안 된다. 이것이 지나를 경시해서는 안 되는 다섯 번째 이유이다.

예전에 일본과 지나 사이에 다툼이 있었을 때,[20] 이홍장李鴻章은, "지금 만약 전쟁이 일어나면 영국·프랑스는 꼭 휴전을 요구할 것이며, 다른 나라에서 요구를 받고 휴전하는 것은 망신이 극심할 것이다"라고 생각했다. 따라서 대국의 입장에서 소국에 굴하여 배상금으로써 사태를 처리한 것은, 광대한 도량으로 올바른 결정을 내린 것이었음을 알 수 있다. 또한 일본에는 중요한 결정을 내리는 데에 참석하는 외국인이 몇 명 있어서 자국민의 의견으로만 결정하지 않는다. 저들에게 영국 공사인 웨이드Sir Thomas Wade의 도움이 있었는지는 모르지만, 일본을 야만국으로 보는 옛날 나쁜 관습을 버리고, 예의 바르고 용모를 단정히 하여 대우하는 등의 일을 보면, 그 안에 쉽게 헤아릴 수 없는 깊이가 있는 것이다. 이것이 지나를 경시하지 못하는 여섯째 이유다.

지금 일본의 개화는 외국인으로 개화되어 자국 힘으로 진보한 것이 아니다. 외국인을 채용하는 것이 아니라 외국인에게 채용되는 상태다. 부당한 급료로 외국인을 고용하고 여러 기관 중에는 이 때문에 자신의 책무를 가볍게 하는 사태도 생기는 정도다. 지나로써 구미에게 교육을 시키면 그 견식보다 뛰어난 것이 있기에 외국인의 뜻밖의 이익에 대해서도 알 수 있을 것이다. 이제 만약 구미의 사소한 이익뿐이라도 얻으려는 생각을 하고 지나를 깔보면, 흡사 남의 예쁜 옷을 빌려 입고 예쁘지 않은 옷을 입은 사람을 경멸하는 것 같다. 유식자에게 비웃음을 받는 사람이 될 것인가. 이것이 지나를 경시하지 못하는 일곱째 이유다.

---

19 『논어(論語)』「자로(子路)」의 "노나라와 위나라의 정치 상황이 마치 형제와도 같다魯衛之政, 兄弟也"에 의거한다.

20 일본의 타이완 출병(1874)을 가리킨다.

속담에 이르길, "각자 스스로 문 앞의 눈을 쓸되, 남의 지붕 위의 서리는 관여치 말라"라고 했다.[21] 이제부터는 자국의 일에 주의를 기울이고 스스로 부족한 부분을 알아 열심히 다스린다면, 남을 신경 쓸 여유가 없을 것이다. 하물며 함부로 다른 나라를 경시할 시간이 있겠는가.

---

21   『사림광기(事林廣記)』의 "각자 자기 문 앞의 눈을 쓸고, 타인의 지붕 기와 위의 서리에
      관여하지 말라[各人自掃門前雪, 莫管他人瓦上雪]"에 의거한다.

✿

2. 천강설天降說 (1875년 4월 1일 연설)

사카타니 시로시

　　지구에는 위아래가 없습니다. 소위 저쪽에서 위라고 하는 곳은 내가 아래라고 하는 곳입니다. 그렇지만 이미 몸이 있으면 그 태어나서 거주하는 곳의 가정과 국가가 있습니다. 그 몸과 그 가정 및 국가에서 보자면 내외가 있고 또 상하가 있습니다. 분별이 명확하여 눈을 돌리는 곳에 저절로 상관上觀[1]과 하관下觀[2]의 구별이 있는 것입니다. 그렇지만 그런 차이가 있으면서 서로 관계하지 않는다면, 눈을 위에서부터 보는 자는 위로만 치우치고, 아래서부터 보는 자는 아래로만 치우쳐서, 상하가 서로 분리되어 천리天理와 인도人道를 모두 잃어버릴 것입니다. 무릇 눈을 위에서부터 아래로 내려다보면 온 천하의 일들이 모두 천리에 의하고 자연에

1　위로부터 내려다보는 것. 보편적인 공리(公理)에 입각해 사물을 바라보고 판단하는 것을 중시하는 태도를 가리킨다.
2　아래로부터 올려다보는 것. 현실에서의 경험에 입각해 사물을 바라보고 판단하는 것을 중시하는 태도를 가리킨다.

의한 것일 뿐으로, 인위人爲가 개입할 구석이 없는 듯합니다. 또 이와 반대로 눈을 아래에서부터 위로 올려다보면 천天은 천일 뿐, 내 몸과 아무런 관계도 없습니다. 온 천하의 일이 사람의 도리이며 작위作爲일 뿐으로, 천리와 자연 모두 기댈 데가 없는 듯합니다. 그러나 천리와 인도는 그 근본이 하나이자 서로 도와서 쓰임을 이루는 것이므로, 자연에만 맡겨 두면 농사를 지으면서 비료도 주지 않고 제초도 하지 않는 것이나 마찬가지입니다. 또 작위에만 맡겨 두면 오곡이 잘 자라지 않는다며 손으로 뽑아 늘이는 것이나 마찬가지니, 양쪽 모두 해롭습니다.

그러므로 인도의 작위는 반드시 천리자연의 조리에 따라서 서로 돕고 함께 만들어야 합니다. 어느 한편으로 기우는 것은 모두 사사로운 자기 욕심입니다. 쓰다 센津田仙 군이 수목의 가지를 접붙여서 꽃과 열매를 풍성하게 하는 것[3]은 인조 작위로써 손으로 뽑아 늘이는 것처럼 보이지만, 이것은 수목을 생기의 자연에 따라 이끄는 것으로서, 이른바 함께 도와서 만드는 재성상보裁成相補의 묘妙에서 나왔다고 말할 수 있습니다. 인사를 대처하고 세태를 논하는 일도 마땅히 이처럼 해야 할 것입니다. 이렇게 하면 그야말로 만물의 뜻을 깨닫고 만사가 이루어지는 개물성무開物成務의 위업이 서게 됩니다. 그런데 예나 지금이나 자기주장을 펼치는 이들 중에는 종종 원하는 바가 있어서 일부러 위나 아래로 치우치게 말하는 경우가 있으니, 깊이 살펴보아야 합니다.

오로지 위에 올라가서 내려다보는 쪽으로 치우치면 천리의 광대함에 눈이 멀어 인간이 만든 그 모든 것이 심지心志를 괴롭히고 신체를 위험하게 하는 어리석음에 속하며, 천하의 일은 오직 자연에만 맡겨야 한다고

---

3   쓰다 센은 『메이로쿠잡지』 제41호 2에 「화화매조법지설(禾花媒助法之說)」을 게재했다.

생각하게 됩니다. 노장老莊과 선학禪學에서 도를 깨닫는다고 하는 것 대부분은 여기에서 나옵니다. 사실 물욕을 제거하고 무상無上의 공리公理에 따라서 유상有上의 정도正道를 대처할 수는 있겠지만, 그 폐단이란 사랑에 차등差等이 없어서 자기 부모나 남의 부모나, 똥이나 된장이나, 선이나 악이나, 옳은 것이나 그른 것이나 모두 같아져서 제멋대로 하고 싶은 대로 맡겨 자포자기에 빠지고, 집안이나 나라가 멸망해도 자연스러운 일이라 하여 관계하지 않게 되는 데에 있습니다. 맹자께서 자포자기를 싫어하였고, 서양의 책에도 상제는 스스로 돕는 자를 도우며 자포자기하는 자는 신도 어찌할 도리가 없다고 하였습니다.[4]

또 자포자기하지 않더라도, 넓고 아득한 세상의 다양한 형세와 풍습에 현혹되어 자기 식견을 잃고, 천명에 따라 원래 태어나서 사는 곳의 가정과 나라를 싫어하며, 애국하는 마음을 잃어버려 자기 본체를 버리고 마치 타국의 노예처럼 되니, 하나하나 저들의 풍습을 흉내 내는 것이 마치 원숭이가 사람 흉내를 내거나 시골 아낙들이 서시 흉내를 내는 것과 같고,[5] 바보가 매독에 걸려 코가 떨어져 나간 여자에게 반하여 코가 있는 여자를 병든 사람이라고 생각하는 것처럼, 저들의 방귀는 냄새가 나도 풍류와 운치가 있고, 저들의 의복은 찢어져도 멋지다고 하게 될 것입니다. 문인이 스승에게 배울 때는 주로 자신의 본성과 가까운 것에 의거

---

4   새뮤얼 스마일스(Samuel Smiles, 1812-1904), *Self-help*의 유명한 격언. 이 책은 1871년 나카무라 마사나오[中村正直]에 의해 『서국입지편(西國立志編)』이라는 제목으로 번역 간행되어 메이지 시대 초기의 베스트셀러가 되었다.
5   월(越)나라의 유명한 미인 서시(西施)가 눈을 찌푸린 것을 본 못난 여자가 그 흉내를 내고 다녀 더욱 미워 보였다는 고사. 『장자(莊子)』「천운(天運)」편의 서시빈목(西施嚬目)에 의거한다.

하여 각기 지식을 기르게 됩니다. 그런데 저 스승, 이 스승의 잘못과 나쁜 버릇을 모아서 배우면 어떻게 될까요? 남의 흉내를 내다가 비웃음을 사는 일은 야만 노예들의 일상입니다. 시골 촌놈이 도회에 나와 눈 돌아가는 화려함에 빠져서 자기 학문을 잊고 몸도 집안도 내던지며 유흥가에 들어가 바람둥이나 기생오라비가 되어서는 스스로 자랑하길 개화에 통달하였다고 칭하는 부류가 많습니다. 이것이 모두 제멋대로 내버려두고 구별 없이 지나치게 흘러넘쳐서 차등을 무시한 폐단이라 하겠습니다.

오직 아래에서 올려다보는 쪽으로 치우치면 바깥의 아름다움에 익숙해지지 못하고, 사물 이치의 광대함을 알지 못하여 지구 안에 임금은 내 임금이면 그만이고, 부모는 내 부모면 그만이라는 식으로 타인에게도 임금과 부모가 있음을 알지 못하게 됩니다. 구습에 집착하여 진보를 추구하지 않고 소위 야랑자대夜郎自大[6]하며 역시 자포자기에 빠집니다. 지나는 옛날부터 천天을 자기 나라에 갖다 붙여서 천은 오직 지나를 주관한다고 하였고, 일본은 옛날부터 모든 나라를 모두 우리 나라의 시조가 만들었다고 하여 모든 외국을 야만이나 오랑캐라고 했습니다. 나라를 중시하고 사랑하는 마음은 두텁다고 해도, 편협하고 고루하여 천리와 인도에 어긋나서 자기를 중시하고 사랑하는 마음이 도리어 남을 가볍게 여기고 미워하는 데에 빠져서 만국의 조롱거리가 되었습니다. 예전에 다이묘大名가 있었던 시대에 그 지역 사람이 올해에는 우리 전하께서 영지에 계시니 에도가 쓸쓸할 것이라고 하고, 또 부유한 집의 바보 아들이 자기 부모는 어디에 가도 상석에 앉을 사람이라고 생각하는 것과 같은 부류이니, 기

---

6   용렬(庸劣)하거나 우매(愚昧)한 무리 중에서 세력(勢力)이 있어 잘난 체하고 뽐냄을 비유하는 말이다.

껏 학문을 배워도 무익한 일입니다. 이는 모두 구구하게 편협과 차별을 세우느라 마땅함을 잃은 폐단이라 하겠습니다.

그러므로 차별을 세워도 좋지 않고 차별을 세우지 않아도 좋지 않으며, 위로 기울어서도 안 되고 아래로 기울어서도 안 되니, 이를 어찌하면 좋겠냐고 묻는다면, 제 미천한 생각으로는 먼저 위에 오르는 마음가짐을 갖고 위로부터 평등하게 내려다보면 만국과 만물이 별과 같이 늘어서서 차별이 분명해지지만, 저들의 나라와 우리의 나라, 나의 부모와 저들의 부모 간에 존귀하고 비천한 차이가 없고, 크고 작음이 그 모양새를 달리하여 각기 이치를 갖추었으니, 이쪽에는 단점이 있고 저쪽에는 장점이 있으며, 저쪽은 문란하고 이쪽은 평정한 자연의 묘를 강제할 수 없음을 깨닫게 됩니다. 그런 연후에 갓god이나 천天이나 명命에 맡겨, 그 자연히 태어난 나라에 하늘로부터 내려와서 보아야 합니다. 지금 이 나라에 하늘로부터 내려와 보면, 내가 태어난 나라는 일본입니다. 일본을 사랑해야 합니다. 군주는 영국, 러시아, 프로이센, 오스트리아의 군주가 아니라 우리 일본의 군주입니다. 나를 낳은 자는 우리 일본의 나의 부모이지 역시 미국, 프랑스, 스웨덴, 이탈리아의 부모가 아닙니다. 마찬가지로 먼저 태어난 형과 연장자, 서로 돕는 친구, 서로 돕고 의지하는 처자가 모두 다른 나라의 사람이 아닙니다.

게다가 이를 국내에서 나누어 보면, 자기 고향, 부모, 처자, 형제, 친구, 내가 소유한 물건, 남이 소유한 물건이 또한 각각 그 차별이 분명합니다. 이를 혼동한다면 구별 없이 지나치게 흘러넘치는 범람이고, 이를 나눠서 도리를 통하게 하지 않으면 편협입니다. 그러므로 위로부터 내려다보는 천리에 근원을 두고서, 이를 각기 천으로부터 내려와 태어난 땅에서 인도로써 대처하면, 재해를 방지하고 환난을 제거하며 만물의 뜻을 깨달아 모든 일을 이루는 업을 번성케 함과 동시에, 안전과 행복을 보호하는 일이 나날이 새롭고 달마다 나아가서 마치 송백松柏이 서서히 장대해지는 것과 같고, 오미五味가 조화하여 자양건강을 이루는 것처럼 될 것입니다. 원래 때에는 다름이 있고 일에는 변화가 있어서 그 도리와 의미에 통달하기 어려운 경우가 종종 있습니다. 그렇지만 저쪽이 변變이면 이쪽은 상常입니다. 변화를 맞아 평상을 잃고 위로 아래로 치우치는 것은 사기邪氣[7]에 침범당해 온전한 정신을 잃어버리는 것과 같으니, 보호하고 요양하여 평상을 회복하도록 해야 할 뿐입니다.

이로부터 보자면 자기 부모에 대한 지나친 존경으로 남의 부모를 비방해서는 안 되지만, 그러나 자기 부모를 존경하고 사랑하는 것과 남의 부모를 존경하고 사랑하는 것이 같을 수는 없습니다. 자기 나라 천자에 대한 지나친 존경과 사랑으로 인해 다른 나라의 천자를 비방해서는 안 되지만, 또한 자기 천자를 존경하고 사랑하는 것과 다른 나라의 천자에 대한 존경과 사랑이 같을 수 없습니다. 또 존경하고 사랑한다고 해서 오직 아래에서 보는 것으로만 존경하고 사랑하면서 위에서 넓게 보는 공리公理에 따라서 존경하고 사랑하지 않는다면, 그 존경과 사랑은 아첨일 뿐이니, 마치 자식을 사랑한답시고 과식시켜 죽게 만드는 것과 마찬가지입니다. 공리에 따른 존경과 사랑은 나의 정직을 가지고 만민보호의 도를 다하게 하며, 함께 안전행복을 구하는 것일 뿐으로, 조금도 왜곡된 것이 아닙니다. 이것이야말로 천리를 도와 이루어지게 하며 인사작위人事作爲를 공정하게 하는 바이자, 상하가 함께 합쳐 치우치지 않는 것입니다.

그러므로 미국과 스웨덴을 가지고 영국, 러시아, 프로이센, 오스트리

7　몸을 해치는 나쁜 기운. 병을 일으키는 요인을 가리킨다.

아를 조롱하는 일은 위에서부터 보지 않는 편견이며, 미국, 스웨덴, 영국, 러시아, 프로이센, 오스트리아의 예를 들면서 우리 나라를 조롱하는 일 또한 위에서부터 보지 않는 편견입니다. 조롱할 만한 것이 있다면 우리 나라가 만물의 뜻을 깨닫고 만사를 이루는 가운데 하나의 발명도 내지 못한다는 데에 있을 것입니다. 하나의 발명도 없는 것은 사람에 관한 일을 가르치고 인도하는 방법이 오직 아래에 얽매여서 공리를 다하지 못하는 데에서 나옵니다. 이것은 즉 널리 영국, 러시아, 프로이센, 오스트리아, 미국, 프랑스의 사업을 참고하여 그 겉모양은 버리고 진리를 강구함으로써 일종의 독립적이고 남들과 다른 기초를 확립하는 데에서 나옵니다. 밀[8] 씨가 말하길, 사람의 마음이 평화에 안주하지 않고 일 벌이기를 좋아하는 것이 강국의 기본이라고 하였습니다. 공자께서 말씀하시길, 하늘의 운행은 쉼 없이 힘차니, 군자는 이를 본받아 부단히 노력하여 스스로 강해져야 한다[9]고 하셨습니다. 사람의 마음에 강건한 정신이 없고 평화와 나태에 안주하며 유용한 일은 하나도 생각하지 않는다면, 어떻게 발명이 일어날 것이며, 또 무엇을 가지고 강국의 기초를 세울 수 있겠습니까?

자신의 자주자유를 세운다는 것은 한 개인에 대한 이야기로, 아래로부터 보아서 생기는 것입니다. 교제가 서로 방해해서는 안 된다는 것은 여러 사람 사이에 관한 이야기로, 위에서부터 보아서 생기는 것입니다. 두 가지가 서로 합하여서 인도가 서게 됩니다. 한 걸음 더 나아가 논

---

8   존 스튜어트 밀(John Stuart Mill, 1806-1873). 영국의 사회학자, 철학자, 정치경제학자이다.
9   원문은 "천행건군자자강불식(天行健君子自强不息)"으로, 전거가 되는 『주역(周易)』「상전(象傳)」의 "하늘의 운행은 쉼 없이 힘차니 군자는 이를 본받아 부단히 노력하여 스스로 강해져야 한다[天行健, 君子以, 自强不息]"에서 '이(以)' 한 글자가 빠져 인용되었다.

해 보자면, 이 두 가지가 한 가족 안에 있고, 한 동네와 마을에 있으며, 한 부府와 현縣에 있고, 한 원院과 성省에 있습니다. 그리고 이들이 합하여 전국에 있습니다. 우리 나라는 옛날부터 자주자유에 치우쳐서 외국 교제의 도리를 막았습니다. 요사이 점차 개화하면서 교제의 도리가 중요함을 알았지만, 한 개인, 가족, 마을, 현, 원, 성에서는 아직 열리지 않았습니다. 위아래 간의 교제를 서로 방해하고 막는 일이 대단히 심해서, 소위 전제despotic로써 서로 억누르는 것 같습니다. 관원과 인민이 겉으로는 교제를 하지만, 사실은 서로가 억제하는 사견을 내세웁니다. 이것도 역시 무리 간의 전제이며 야만의 구습입니다.

이렇게 해서 서구를 배운다 한들, 단지 그 겉모습만을 모방하다가 한 단고보邯鄲故步의 낭패[10]를 당할 뿐일 것입니다. 그렇게 해서 배운 진리에서 진미眞味를 얻을 수 있을 리가 없습니다. 온 나라가 풍파에 휩쓸려 위태롭게 흔들리는 배와 같으니, 아침저녁으로 바뀌면서 서로 지키지 못하는 것 또한 당연할 것입니다. 이것을 어느 한 지역의 예를 들어 논하자면, 대부분 완고하고 어리석기는 해도 소박하고 순진한 구습과 의리에 감화되기 쉽고 자기를 낮추며 위를 공경하는 사람들뿐입니다. 지역의 관리가 그 마음 씀씀이와 품행을 바르게 하고, 자신과 가족의 사사로운 자주자유를 버리며, 교제의 조리를 밝히고 보호의 임무를 중시하면서, 조용하고 침착하게 대처하여 인지人智의 진보를 돕는다면, 누워서도 다스릴 수 있을 것이며 아무런 어려움도 없을 것입니다. 그런데 만일 마음속

---

10   연(燕)나라 사람이 조(趙)나라의 수도 한단(邯鄲)에 가서 그 나라의 걸음걸이를 따라 하다가 자기의 옛날 걸음걸이(故步)마저 잃어버리고 엉금엉금 기어서 고향으로 돌아갔다는 고사에서 유래. 자기 분수를 잊고 무턱대고 남을 흉내 내다가 이것저것 다 잃음을 비유하여 이르는 말이다.

에 먼저 일종의 편견을 가지고 위아래로 위계를 나누면서 똑같은 권리를 가진 인민을 억압하며, 인민과 자기를 구별해서 위아래가 함께하는(公共) 이치를 업신여기고는, 심하게는 함부로 자신의 사사로운 자기 욕심을 휘두르면서 하급 관리와 간교한 인민들의 속임수에 넘어가 이들을 참모와 부하로 삼으면, 비밀스러운 일이 많아지고 몰래 하는 행동이 횡행하며 언행이 자꾸 뒤집혀서 인민이 나아갈 방향을 어지럽히게 됩니다. 그래서 잘 다스려지지 않으면, 자기의 잘못은 책망하지 않고 인민이 개화하지 못했다는 죄를 물으며, 공적과 명성은 신문지에 자랑하고 어려움은 인민에게 떠넘기는 일이 있으니, 이를 뭐라고 해야 하겠습니까? 이 사람이 중앙 관원으로 천거되어 만약 그곳에서도 사사로운 자주자유를 뽐내고 모든 일을 개화에 맡겨 두어 국가에 도움이 되는 이전의 실상을 모두 없애고는, 우리 나라의 명망가를 노예나 멍청이 보듯이 하면서 오로지 외국에 굽신거리는 쥐새끼처럼 굴고, 우리를 꺼리는 마음을 가지고서 외국과 가까이하려는 모양새를 취하려고 한다면, 어떻게 교제의 도리를 세울 수 있겠습니까? 교제의 도리가 서지 않는 국가가 어떻게 자주자유의 권리 또한 세울 수 있겠습니까? 또 조세와 재정은 국가의 큰 근본으로, 천하 모두가 함께해야 할 일입니다. 그런데 이렇게 큰일을 의논하는데 언제나 이를 뒤로 돌리고 비밀스럽게 하며 거짓된 권리와 법으로 내외의 교제를 농락하려고 한다면, 그 일은 필시 이루어지지 못할 것입니다. 안을 꺼리고 밖을 두려워하면서 위대한 호걸이네, 담력가네 떠드는 자 역시 그 마음을 보면 쥐새끼와 같아서, 그 아래에 속한 인민 또한 방향을 세우지 못하고 정신도 바로잡을 수 없습니다. 온 나라가 망망茫茫[11]하여 재력이 다

---

11   넓고 멀어 아득한 모양模樣, 어둡고 아득함을 의미한다.

하고 힘이 꺾여서 진정한 노예가 되기에 이를 것이라는 근심이 들지 않을 수 없습니다.

그렇다면 자주자유의 권리를 세우는 것은 위로부터 천하를 통관하여 동등한 교제의 이치를 밝히고, 또 하늘에서 내려와 각기 그 국토에 발을 딛고는 그 나라, 가족, 부, 현, 원, 성의 풍토와 시세의 적절함에 따라서 자기 본체를 잃지 않으며, 스스로 분수에 맞는 바를 밝혀서 지나치게 흘러넘치는 폐단에 빠지지 않고 고루함에 치우치지 않으며 위와 아래, 천天과 인人의 도리를 참작하여 서로 돕고 함께 만드는 데에 온 마음과 힘을 다하면, 이로부터 자연스럽게 이루어지기를 기약할 수 있을 뿐입니다. 이것이 학문과 치도治道를 통틀어 무릇 사람이 세상일에 관여하고 업을 이루는 큰 근본일 것입니다.

이하는 다음 호에 게재합니다.

✿
3. 부부동권변夫婦同權辨

쓰다 마미치

부부동권이라는 것은 지금 유행하는 말로 보여서 각 신문지상 여러 곳에서 찾을 수 있다. 그런데 널리 학문에 통하여 올바른 도리를 분별하는 군자들도 오해하며 이 말을 입에 담으니, 대체 어찌 된 일인가. 원래 남녀동권이라는 말은 종래 서양 여러 나라에서 많은 사람이 주장하는 것으로, 민권상으로는 저들 나라에서 남녀의 권리가 실제로 동일하다. 가령 민법의 규칙상 인권, 물권, 계약의 권리를 게재한 조항을 보면, 남녀에 대해서 그 권한을 달리하거나 차등을 두는 경우를 전혀 찾아볼 수 없다. 그렇지만 국가의 정치에 관계되는 공권상으로는 남녀 간에 본래 구별이 존재한다. 모름지기 대개 공권은 종래에는 오로지 남자만이 갖는 것으로, 여자는 이에 관여할 수 없었다. 그 까닭은 입법·사법·행정의 삼대 권한에 있어서 예전에 부녀자가 여기에 간섭한 전례가 없었기 때문이다. 그렇지만 이 공권은 부녀자도 때로는 관여해야 한다고 말하는 주장이 있기도 하나, 아직 실제로 시행되기에는 이르지 못하였다.

이와 반대로 부부동권이라는 것은 민법상에서도 전혀 없는 말이다. 왜냐하면, 일가의 주인으로 집안의 큰일을 다스리는 자는 남편이다. 남편이 있는 여자, 즉 한 사람의 아내인 자가 남편을 제쳐 두고 집안일을 다스리는 경우는 예외적인 사유가 있지 않고서는 민법에서 허락되지 않는다. 그뿐만이 아니라 아내에게는 사유재산이라도 그것을 관리할 권한이 없다. 남편이 있는 여자는 자기 명의로 민사소송을 할 수 없는 것과 같은 이치이다. 대개 서양 나라들의 민법규칙에서 부부의 권한을 나누었는데, 이에 대해서는 서양 나라의 민법서를 한번 읽어 본 자라면 모두 알고 있을 터이다. 그런데 부부동권이라는 말을 종종 보고 듣는 것은 참으로 이해하기 어렵다.

법률상으로는 부부의 권한이 동일하지 않다고 하지만, 풍속이나 습관상에서 부부가 교제하는 것을 보면 부부는 원래 동등하며 존엄과 비루의 차이를 두지 않는다. 모름지기 이것은 우리 동방 아시아의 오래된 풍속으로, 부부 사이에 대등하게 대우하는 예의를 갖추어야 한다는 것을 모두 의심하지 않는다. 다만 아시아의 사람들은 여성을 대단히 복종시키고 민법상으로도 남녀동권이라고 하지 않는다. 특히 지나인에게는 부인을 완전히 깊은 방 안에 가두고는 결코 외부인과 교제시키지 않는 것이 마치 죄수를 다루는 것처럼 하는 폐단이 있다. 이것은 대단히 나쁜 풍속이다. 세상의 군자들은 이를 꾸짖지 아니하면서 함부로 서양의 풍속에서 부인과 여자의 약한 체질을 보호하는 작은 폐단만을 논한다. 나 또한 그 이유를 알 수가 없다. 어찌 문명개화가 서양보다 훨씬 위로 나아가기를 바랄 수 있겠는가. 생각해 보면 그렇지 않고 경박하게 떠들며 성급히 진보를 외치는 폐단이 극에 달하여 결국 이렇게 된 것이다. 만일 민선의원을 성급하게 개설하게 한다면 그 모습이 과연 어떠할지 생각해 보면, 필시 배움이 얕고 재주도 없는 무리가 머릿수만 채워서 모여들어 서양 여러 나라가 아직 시행하지도 않은 것을 시행하려고 할 것임에 틀림없다. 이렇게 해서 어찌 국가와 인민의 복지를 얻을 수 있겠는가. 옛 속담에 이르기를 선무당이 사람 잡는다'고 하였는데, 내가 보기에도 어설픈 개화는 변란의 근원이 될 수 있으니, 신중하지 않으면 안 될 것이다. 부부동권의 그릇됨을 분별하다 보니, 결국 쓸데없는 말을 많이 하게 되었다. 글을 읽으신 분들께 용서를 구한다.

---

1   원문은 '어설픈 병법은 큰 부상의 원인이 된다[生兵法大創の本]'. 어중간한 지식이나 기능은 큰 화를 부를 수 있다는 의미이다.

✿
1. 천강설 (속편)

사카타니 시로시

　상관上觀과 하관下觀의 의미에 대해서 여러 나라의 사정에 입각해 살펴
보고자 합니다. 나라마다 각각 풍토를 달리하고, 그러므로 또한 정치를
달리하며, 천리자연天理自然의 차이에 걸맞은 인사작위人事作爲를 통해 어
긋나지 않게 하는 것은 하관에서 나옵니다. 나라와 나라가 교류하는 데
함께 의논하여 교제의 법을 세우고, 천리자연상 동일하고 맞는 본보기에
의거해서 인사작위의 방법을 행하는 것은 상관에서 나옵니다. 각국이 교
제하는 법은 공적이고, 각국의 개별 법은 사적입니다. 공사가 서로 충돌
하지 않고, 내외의 구별이 있습니다. 나뉘었으되 완전히 끊기지 않았고,
합하였으되 뒤섞이지 않으며, 각자가 그 적절함을 얻습니다. 모든 일이
대개 이런 뜻을 가지고 재정裁定됩니다. 제멋대로 내버려두고 구별 없이
지나치게 흘러넘쳐서 외국의 노예가 되면 나라가 바로 서지 않습니다.
또 옛날의 인습을 고수하며 변화를 모르고, 바꾸려고 해도 변화의 마땅
한 방도를 가지고 하지 않으면 교제의 공법을 해치게 되니, 이 역시 나라

가 바로 서지 않습니다.

인종에는 황인종, 백인종, 종棕인종,[1] 동銅인종[2]의 구별이 있습니다. 상관으로 보면 지금 종인종과 동인종은 황인종에 미치지 못하고, 황인종은 백인종에 미치지 못합니다. 이것은 자연법칙상에서 논한 것입니다. 그렇지만 아래로 내려가 그 종 안으로 들어가서 보면 서로 미치지 못한다고 하여 자포자기에 빠져서는 안 됩니다. 또 제멋대로 힘을 과신하여 다른 인종을 경시하고 모멸해서도 안 됩니다. 다만 각자가 온 마음과 힘을 다해 정신을 개명하는 데 써야 합니다. 대충 뒤처지는 것이 도리어 좋습니다. 황·종·동인종이 백인종의 위에 서는 일이 있을지 누가 알겠습니까. 이것 역시 상하합관上下合觀, 재성보상裁成輔相의 도리인 것입니다.

서양의 명사, 지식인들이 말하길, 개화와 민선의원은 모두 전쟁과 혼란에서 생긴다고 하였습니다. 이 말은 지금의 우리 나라에서 그 의미를 잘 받아들여야 합니다. 모름지기 이 말은 옛날부터 지금까지 서양의 시세時世를 통틀어서 이른바 위에서 내려다보고 자연의 기세를 논하여, 세상이 인내력이 부족하고 성급한 나머지, 사사로운 마음으로 작위作爲하고 경솔하게 굴어 일을 그르치고 화를 길러서 개화를 방해하는 것을 경계하며, 하늘이 초목을 크게 기르는 데 서두르지 않으면서도 결코 끊기는 일 없이 그 생기를 길러서 개화開化가 발생할 때를 기약하는 것같이 해야 한다는 뜻을 보여 주는 것입니다. 이를 나쁘게 이해하면, 자연의 천운에 거역하면서 애국이니 교제니 억지로 몸부림치는 것은 즉 아무런 도움이 안 되니, 남의 아버지나 나의 아버지나, 나의 아내나 남의 아내나, 남

---

1   종려나무 색깔. 말레이 인종을 가리킨다.
2   흑색. 아프리카 인종을 가리킨다.

의 소유나 나의 소유나, 똥이나 된장이나 모두 같은 것이며, 죽음도 삶도, 선하게 살아도 악하게 살아도, 옳고 그름을 구별하는 데 힘써 봐야 역시 똑같은 것이라고 하는 논리가 되어서, 잘되면 사이비 승려, 안되면 지금의 개화꾼 흉내에 빠져 다만 눈앞의 환락과 일시적인 영화를 탐하려 드니, 만물의 뜻을 깨닫고 만사가 이루어지는 개물성무開物成務는 그야말로 막혀 버릴 것입니다. 막혀서 돌이나 나무처럼 된다면 그건 그거대로 상관없겠지만, 사람은 아무리 게을러도 숨이 붙어 있는 동안에는 먹고 마시며, 자고 일어나며, 장기건, 바둑이건, 유흥이건 뭐라도 하지 않을 수 없는 존재입니다. 그러므로 아무리 깨달음을 얻었다 한들, 아무것도 하지 않고서는 버티지를 못하니, 개화의 정도가 부족하다든가 시기상조라든가 떠들면서 형편없는 짓을 하다가 멸망을 초래할 것입니다. 멸망의 어지러움으로 개화가 빨리 올지도 모르지만, 좀 바보스러운 일이라 하겠습니다. 그러므로 고대의 성현께서는 위로는 하늘을 쳐다보아 천문을 보고 따르며 아래로는 땅을 굽어보아 지리를 관찰하면서[3] 상하上下의 이치를 고찰하고, 사람으로서 할 수 있는 일에 최선을 다하며 천명을 기다린다고 말씀하셨던 것입니다. 이것이 천리와 인도의 심오한 조합이며, 요사이 서양의 문명국이 여기에 합당한 경우가 많고, 지나와 일본은 도리어 사람으로서 할 수 있는 일에 최선을 다하지 않는 경우가 많아 천명을 기다리는 것이 어떠할지 심히 우려스럽습니다.

천명을 기다리며 사람으로서 할 수 있는 일에 최선을 다하려면 정신을 북돋아야 합니다. 우리 나라는 황인종이라도 겐키元亀[4]・덴쇼天正[5] 시

---

3   하늘을 우러러보고, 땅을 굽어보아 살핌. 『역경(易經)』 「계사상전(繫辭上傳)」에 의거한다.
4   겐키[元亀]는 일본의 연호. 서력 1570년부터 1573년 사이의 기간을 가리킨다.

기의 사람들이 대부분 검소하고 질박하며 인내하고 노력하면서 죽음을 두려워하지 않아 정신의 호방함이 지금보다 왕성하였습니다. 그렇지만 이 시대의 정신은 무사에서 생겨난 것으로서, 서로 돕고 함께 이루는 재성보상財成輔相과 만물의 뜻을 깨닫고 만사를 이루는 개물성무開物成務에서 나온 것은 아니었습니다. 그러므로 그 용기를 논하자면 워싱턴, 넬슨Nelson[6]과 같은 이들에 못 미치는 것은 아니었으나, 오직 전투에 관한 일이어서 세상에 도움이 되지는 않았습니다. 세상에 도움을 주며 만물의 뜻을 깨닫고 만사를 이루는 개화를 하려고 한다면 학문상에서 정신을 길러야 하는 것입니다.

학문의 중요함은 고금 만국이 결국 똑같이 도달하는 공론公論으로, 위로부터 보건 아래에서 보건(上觀下觀) 모두 나아가는 곳을 달리하지 않습니다. 학문 역시 위에서 보아도 아래에서 보아도, 구구하게 한 나라의 오래된 인습에 치우치지 않고 편협한 견해를 부수며, 그 이치가 실상에 적절하다면 교육으로 시행해야 합니다. 이렇게 지금 우리 나라에서 이런 교육을 한다면, 말할 것도 없이 학문은 물론 정신도 왕성하게 하는 명예가 있을 것입니다. 겐키·덴쇼 시대의 무사들은 목숨보다 명예를 중시했습니다. 지금 그 명예를 만물의 뜻을 깨닫고 만사를 이루는 개물성무로부터 얻게 하여 허명虛名을 억누르고 실적을 내걸어서 그 재기才氣를 요동치게 하는 민선의 권리, 정부의 포상 제도, 인쇄·전매에 관한 법을 분명하게 만들어야 합니다. 이것 역시 위에서 보아도 아래에서 보아도 각국

5   덴쇼[天正]는 일본의 연호. 서력 1573년부터 1591년 사이의 기간을 가리킨다.
6   허레이쇼 넬슨(Horatio Nelson, 1758-1805). 영국의 해군 제독. 나폴레옹 전쟁 당시의 영국 해군 제독으로 프랑스 함대와 대결한 중심 인물이었고, 트라팔가르해협에서 프랑스-에스파냐 연합함대를 격멸시켰으나, 그곳에서 전사하였다.

사람들의 마음이 일치하는 바로, 인사작위에서 빠뜨려서는 안 되는 것입니다. 게다가 인심이 일치하게 하는 가장 큰 것으로서, 온 나라를 들썩이게 하고 일을 맡고자 하는 정신을 성대하게 만들어 우리 나라 보호와 부강의 기초를 세울 수 있는 것이 있으니, 바로 재법財法입니다.

위에서 보아도 아래에서 보아도, 금수와 벌레, 물고기에 이르기까지 천지간의 모든 지각이 있는 것 가운데 욕심이 없는 것은 없습니다. 이것을 이끌고 다그치는 것도 역시 그 욕심에 의할 뿐입니다. 공자께서 배우고 익히면 즐겁다고 하신 것[7]도, 사람의 마음이 기쁨을 추구하는 욕심이 있기 때문입니다. 맹자께서 이로움을 물리치고 인의仁義를 중시하신 것도,[8] 안전과 행복의 진리는 인의에 있기 때문입니다. 여러 종교에서 천당과 지옥을 말하는 것은 원래 사람 마음의 욕심을 통해 유인하는 것입니다. 그러므로 정부가 독재하며 공화共和를 논의하지 않고, 인민을 보호하며 부강을 꾀하는 것은 모두 이런 욕심 위에서 이루어집니다. 이 욕심에 두루 관여하면서 동시에 안전행복을 지키는 것이 정치 교제의 큰 근본인 것입니다.

사람의 안전행복을 행하는 것은 세 가지, 즉 옷과 음식과 주거입니다. 그런데 재화財貨는 값어치 있는 물건을 대신하여 물처럼 막힘없이 쓰여서 이 세 가지의 안전행복을 만듭니다. 그렇기에 지구상의 욕심이 모두 여기에 모입니다. 또 만 가지 흐름이 모두 바다로 모이는 것과 같습니다. 그러므로 물건이나 소유에 다소의 차이가 있지만, 저리로 갔다가 이리로

---

7 『논어(論語)』「학이(學而)」의 "배우고 익히면 또한 기쁘지 아니한가[學而時習之不亦說乎]"에 의거한다.

8 『맹자(孟子)』「양혜왕(梁惠王)」의 "왕께서는 어찌 이익만을 말씀하십니까? 오직 인과 의가 있을 뿐입니다[王何必曰利, 有仁義而已矣]"에 의거한다.

옮겨 다니며 인종의 차별, 귀천의 구분, 빈부의 등급 없이 모두 자기 분수에 따라 쓰임을 제공합니다. 위와 아래에서 보면서 고금을 통관해 보면, 천하 공공의 물건이라는 것 역시 물과 같습니다. 이른바 명예도 요컨대 인민을 위해서 이 물건을 보호하고 성대하게 하는 것입니다. 이른바 학문도 요컨대 이것을 모아서 정리하고(齊頓) 성대하게 해서 인민의 안전과 행복을 이루는 방법을 강구하는 것입니다. 그러므로 우주에서 한 사람도 이것을 좋아하지 않는 자가 없고, 옛날부터 성현께서 이것을 가장 중시하셨습니다. 이것을 모두와 관련 있게(公) 하는 것을 요堯·순舜이라 하고, 또 인군仁君이라고 합니다. 이것을 사사로이 하는 자를 걸桀·주紂라고 하며, 또 폭군이라고 합니다. 모두와 관련 있게 하면 천지가 제자리를 잡고 만물이 양육됩니다. 사사롭게 하면 피가 흐르고 나라가 뒤집힙니다. 지나치게 좋아하면 물불을 가리지 않고 제 몸과 목숨을 아까워하지 않으며, 이 물건이 있으면 마음이 편안하고 없으면 마음이 굶주립니다. 굶주림이 극에 달하면 심하게는 도적이 됩니다. 그야말로 사람들이 정신을 가장 많이 쏟아붓는 것입니다. 정신을 쏟아붓는 것은 욕심을 쏟아붓는 것입니다. 욕심을 쏟아붓는 것은 즉 국가의 모든 신경을 쏟아붓는 것입니다. 그러므로 정치를 공명하게 하고, 조세와 화폐 주조같이 국가의 공적 이익에 관련하여 나가고 들어오는 것은 모두 실제 수치를 명시하며 공론에 맡겨서 행한다면, 사람들 모두가 재산이 공공의 것임을 알아서 이를 보호하고, 낳고 길러 내는 임무가 각자의 일과 관련이 있는 것임을 깨달아 일을 맡으면 생사를 가리지 않고 정신이 저절로 분발하며, 지식이 개명하고 재간이 저절로 장대해져서 나라를 사랑하는 마음, 재화가 쌓이는 집처럼 만들겠다는 생각이 바위도 뚫을 정도가 될 것입니다.

이렇게 되면 산물과 기계, 기선, 철도가 산 중턱을 뚫고 물 밑을 관통하는 등, 대개 나라가 부강하고 융성하는 일이 이루어지지 않을 것이 없습니다. 그리고 이것이 학문과 노력에 따른 것이므로, 학문을 즐기고 노력하는 것을 금지해도 필시 듣지 않을 것입니다. 그런데 만일 재물은 정부가 마음대로 하는 것이라고 해서 관민이 위아래로부터 함께 살펴보는 공리公理를 없애고, 조세를 정하는 일과 금화를 주조하고 지폐를 만드는 일, 외국에서 큰돈을 빌려 많은 구매를 하는 일도 인민은 관여하지 못하게 하며, 심할 경우는 인민에게 비용을 부과하여도 인민은 그 이유를 알지 못하게 한다면, 이것은 천자가 자유를 금지하고 만사에 관여하지 못하게 하며, 쇼군이 그 권력을 자기 마음대로 휘둘렀던 것과 다를 바가 없는 일입니다. 귀천은 달라도 이치는 매한가지입니다. 하물며 천자는 받는 자이며 인민은 내는 자인데, 소유주가 가진 것을 내면서 그 이유를 모른다면, 이것은 소유주이면서 순연한 노예나 다름없는 것입니다. 이 노예가 어둡고 아득하여 어디로 갈지를 모르고 의심하여 안정되지 못한다면 교활함과 거짓으로 일시의 이득을 구하면서 쥐새끼나 원숭이처럼 되어 마땅하니, 어떻게 그 마음을 하나로 만들고 그 정신과 담력을 기르겠습니까.

이렇게 말하면 다시 보호의 비용이 여전히 부족하니, 비용을 내는 것이 그대의 임무라고 말하고, 또 그대의 비굴한 마음을 고치고 그 정신을 길러서 나라의 은혜에 보답하라고 말합니다. 이것은 마치 부모가 그 자식에게 공부하라고 말하면서 학비는 끊는 것이나 마찬가지입니다. 학비는 자식의 소유가 아닙니다. 이것을 주지 않아도 또한 이치가 아니라고는 할 수 없습니다. 나라의 재산은 그 소유입니다. 이것을 다하게 해서 정신을 기르라고 하는 것은 일리가 없지 않습니다. 또 고대 그리스에서는 예전에 인민을 곤궁하게 해서 강함을 키웠으니, 이른바 사지死地로 몰아넣으면 생존하는 법[9]입니다. 그러나 고대 그리스와 같은 경우는 옛날에도 일반적으로 통용되는 방법은 아니었습니다. 저는 오늘날에는 사지로 나아가 진짜 노예국이 될까 봐 두렵습니다. 또 난亂은 개화의 기본이니, 마땅히 더욱 폭정을 가하여 난을 앞당겨야 한다고 말하기도 하는데, 위에서 내려다보면 어쩌면 그런 이치가 보일 수도 있겠으나, 위아래를 합쳐서 살펴본다면 세상에 이런 폭론도 없을 것입니다.

여기에서 위로부터 보니 아래에서 보니 운운하여 약간 기이하게 여기실지도 모르겠습니다. 서양 나라들이 처음 개국하였을 때, 아시아의 처음과 마찬가지로 인민이 대개 완강하고 몽매하며 모두 종교의 노예였습니다. 근래 프로테스탄트 등의 종교가 행해지면서 점점 올바른 방향을 향하였지만, 그 옛날의 기괴한 이야기에 원인을 두고 있는 것은 마찬가지입니다. 또 옛날을 지키는 종교가 여전히 성행하는 오늘날, 옛날 법왕法王의 다리를 핥는 제왕이 있던 것과 같은 일은 없어도, 각자 몸과 목숨(身命)을 아까워하지 않으며 그 법을 받들어 부자, 형제, 친구를 막론하고 그 뇌수에 각인된 노예의 습속이 그야말로 왕성합니다. 문명으로 정신과 담력이 웅대하다고 칭하는 나라에서도 이와 같으니, 정말 기이하고도 괴이하다고 하겠습니다.

그렇지만 옛날부터 철학자(理學家)들이 왕왕 이것을 논박하였습니다. 프로이센의 프리드리히 2세는 프랑스의 철학자 볼테르Voltaire[10]를 이용해서 함께 종교의 황탄함을 반박하였고, 기번Gibbon[11]은 각종 종교의 가르침

---

9   『손자병법(孫子兵法)』「구지편(九地篇)」의 "빨리 싸우면 생존할 수 있으나 빨리 싸우지
     못하면 죽는 곳을 사지(死地)라고 한다[疾戰則存, 不疾戰則亡者, 爲死地]"에 의거한다.
10 프랑수아 마리 아루에(François-Marie Arouet, 1694-1778). 프랑스의 계몽사상가. 볼테르
     는 그의 필명이다.

을 인민은 믿고 학자는 거짓으로 간주하며 정치가는 기회로 삼아 인민을 제어할 술책으로 이용한다고 하였으며, 또 버클Buckle[12]은 종교에 의해 개화의 영역으로 나아가는 것이 아니라 개화에 의해 종교가 진전한다고 하였고, 또 영국의 대학자 틴달Tindal[13] 씨는 대부분의 종교는 학문에 해가 된다고 말하여 여러 학자 또한 여기에 동의하였다고 합니다. 그러므로 철학자들 다수는 그 노예의 습속을 미워하고 우려합니다. 혹은 중류 이상에 속하는 사람들은 도리의 노예가 되고, 중류계층 이하에 속하는 사람들은 종교의 노예가 된다고 말해도 좋을까요? 중류계층 이상인 철학자 중에도 종교의 효능을 말하는 자가 많으므로 모두 종교의 노예라고 해야 할까요? 종교에 여러 종류가 있는데, 인민이 믿는 바에 따라서 자유에 맡긴다고 해도, 처음인 자는 무슨 종교의 노예라고 해야 할까요? 우리 나라가 신도를 가지고 정권을 세우려고 하다가 그만둔 것이 서양과 같습니다. 다만 서양의 제왕들은 각각 하나의 종교를 주로 하면서 나머지는 인민에게 맡겼는데, 우리도 또한 그런 일이 있었으니, 인민의 표적을 세우려면 정권 외에 따로 신교를 확립해야 할까요? 우리 나라에는 이미 불교의 여러 종파가 있고, 또 요새 세상에서는 프로테스탄트를 좋다고 하지만, 여러 서양의 종교가 뒤섞여 들어오는 기세가 심상치 않습니다. 그래서 정부에서는 종교를 인민에게 맡겨야 함을 알면서도, 그 폐단을 막고 난을 방지하며, 사전에 대비하여 정치와 법도를 해치고 큰 해를 기르

---

11   에드워드 기번(Edward Gibbon, 1737-1794). 영국의 역사가. 『로마제국쇠망사(*The History of the Decline and Fall of the Roman Empire*)』를 저술하였다.

12   헨리 토머스 버클(Henry Thomas Buckle, 1812-1862). 영국의 역사가이다.

13   매슈 틴달(Mathew Tindal, 1656-1733). 영국의 이신론자(理神論者). 이성적인 태도로부터의 종교를 강조하고, 기독교에서 나타나는 특별한 계시나 기적 등을 부정하였다.

지 않게 할 법률을 만드는 데 서둘러야 하지만, 그러나 무사함에 안주하며 아직 만들지 않은 것은 방심했다고 말하지 않을 수 없을 듯합니다. 만일 여러 종류의 종교가 뒤섞여서 경쟁하면 이로움은 사라지고 해로움이 앞서게 될 것입니다. 우리 나라에 비스마르크 같은 자가 나올지, 아직은 포악한 제재를 가하는 오다 노부나가 같은 자가 나올지 알기 어렵습니다.

종교는 인민의 믿음에 맡긴다고 하지만, 어리석은 인민이 어떤 방향을 정하여 믿을지 알 수 없습니다. 이미 믿는 것을 막는다면 인민은 모두 그 나라를 포기하고 외국을 따를 것이니, 틀림없이 크게 반란이 일어나게 됩니다. 아직 믿지 않는 자에게 이것을 막으려고 해도 역시 둑을 쌓아 강을 막는 것과 같으니, 기세가 일어나면 막을 수 없을 것입니다. 비굴한 노예의 습속은 우리 인민의 고유한 습속입니다. 불교의 노예인 것도 역시 고유한 습속입니다. 여기에 더하여 서양 종교의 노예가 되는 것으로, 노예에 노예를 겹쳐서 노예를 파는 꼴이 되는 것도 바람직하지 않습니다. 여기에 상관하관上觀下觀, 천리인도天理人道, 재성보상裁成輔相의 도리를 제쳐 두고, 일단 자연에 맡겨서 인민을 내버려두며, 구차한 습속을 그 뇌수에 각인시켜서는 안 될 것입니다. 조심스레 회원 여러분들의 고견을 청해 보고자 합니다.

✿

2. 서어십이해西語十二解 ① (4월 16일 연설)

니시무라 시게키

요사이 구미 학문이 우리 나라에서 크게 유행하면서 거리의 아이들도 서양의 단어를 입에 올리게 되었다. 그런데 그 말하는 바가 혹은 서양 단어의 본래 뜻을 잘못 아는 경우가 있어 학문을 하는 데 다소간의 장해를 낳는 일이 있다. 그러므로 이제 서양 단어 가운데에서 가장 민간에서 흔히 쓰이는 열두 가지 말을 골라 그것을 주해하고, 이를 통해 서양 책을 읽지 않는 이들에게 알리고자 한다.

○ 문명개화의 뜻

문명개화란 영국 말로 시빌리제이션civilization이라는 말의 번역어이다. 지나인은 이 말을 예의禮儀로 나아간다고 번역하였는데, 이것은 우리 나라에서 흔히 쓰는 말로 사람됨이 좋아진다고 하는 의미이다. 시빌리제이션이란 원래 라틴어 시비스civis라는 말에서 나온 것이라고 한다. 시비스란 도회지에 사는 사람이라는 뜻이다. 어째서 도회지 사람이라는 말이 변하여 사람됨이 좋다는 의미가 되었는가 하면, 도회지에 사는 사람들은 시골에 사는 사람에 비하면 그 지식도 열려 있고 풍속도 좋으며 몸가짐도 세련되었기 때문에 도회지 사람이라는 말의 뜻이 변하여 사람됨이 좋다고 하게 된 것으로 보인다. 이에 시빌리제이션이라는 글자에 대해 머리를 쥐어짜며 그 뜻을 생각해 보니, 우리는 결코 인민의 위세나 역량, 부귀에 대해서는 생각이 미치지 않고 단지 인민의 사람됨과 인간의 상호 교제의 일에 대해서만 생각한다. 영국의 이름 높은 학사 밀Mill 씨가 말하길, 인민 개인의 품행상에서 말하건, 사람들 간의 교제상에서 말하건 시빌리제이션은 새비지Savage의 반대라고 하였다. 또 프랑스의 학사 기조Guizot¹ 씨의 주장에 따르면, 시빌리제이션은 본래 진보와 개발이라는 의미가 있으므로, 개인의 품행과 사람들의 교제가 모두 진보하여 충분한 수준에 이른 것을 가리켜서 시빌리제이션이라고 말할 수 있다고 하였다. 개인의 품행 안에는 지식, 행동거지, 어진 마음씨, 취미, 재능, 도덕의 개발과 향상이라는 의미가 포함되어 있다. 앞의 두 학자의 말에 의거하여 보자면, 시빌리제이션은 두 가지 방식으로 그 형태를 드러내는 것으로, 하나는 사람들 간의 교제상에서 나타나고, 다른 하나는 개인의 품행에서 나타난다. 보다 상세하게 그 뜻을 말한다면, 하나는 교제의 품위가 점점 향상되어 사람들 모두가 무사히 번영하고 행복을 누리는 일이고, 다른 하나는 인민 각 개인의 품위가 점점 향상되어 모두 똑같이 번영과 행복을 누리는 것이다.

인민 각 개인과 사람들 간의 모든 교제 양쪽에서 그 품위가 향상되지

---

1   프랑수아 기조(Francois Pierre Guillaume Guizot, 1787-1874). 프랑스의 역사가, 정치가이다.

않는다면 시빌리제이션이라고 부를 수 없다. 설령 국민이 모두 풍요롭게 된다고 해도, 그 인민의 지식이 조금도 향상되지 않는다면, 풍요를 얻게 된 근원이 대단히 불분명하여 그 풍요 역시 유지하기 쉽지 않을 것이다. 그렇다면 시빌리제이션이 사람들 간의 모든 교제와 인민 개인에게서 나타나는 것이라고 하지만, 그 근본은 인민 개인의 품위를 높이는 데에 있으며, 이로부터 사람들 간의 교제 전체에 그 영향이 미치게 되는 것이다. 그렇다면 어떤 방법에 의해서 개인의 품위를 높일 수 있을 것인가 하면, 선량한 교육 이외에 다른 방법이 없다. 인민의 지식을 열고 행동거지를 올바르게 한다는 두 본질의 결합이 시빌리제이션을 추진하는 가장 좋은 도구인 것이다. 이 두 본질이 결합하지 않으면 시빌리제이션은 즉시 그 진행을 멈출 것이다. 설령 바깥으로는 교제상의 화려함을 내보인다 한들, 원천 없이 흐르는 물과 같은 것이어서 오래지 않아 그 화려함을 잃어버리게 될 것이다. 무릇 교육은 인민이 교제하는 데 선량한 교제를 하게 하는 데 효과가 있어서 서로 동료가 되는 인민들로 하여금 덕의를 진보하게 하고, 지식을 열게 하며, 행복을 더하게 할 수 있는 것이다. 그러므로 교육은 처음에는 선량한 교제상에서 효과를 발휘하고, 나아가 그 힘으로 인민개화의 정도를 진보하게 하여, 교제의 상태를 더욱 완미하게 할 수 있는 좋은 방법이니, 시빌리제이션으로 나아가게 하는 데에는 교육 이외에 그 공능功能을 다툴 만한 것이 없다.

인민 교제의 정도가 진보하면 개인의 사람됨이 높아진다는 마음가짐은 나라에 따라서 모두 똑같을 수는 없다. 유럽 나라들의 인민은 자국의 교제 상황을 가장 개화한 것이라고 하여 다른 나라 인민들이 교제하는 근원이 유럽의 인민들과 다른 것을 보고는 야만이나 반화半化라고 부른다. 만일 치우치지 않은 눈으로 본다면 과연 어떠할까. 이를 잘 정하고자 한다면, 시빌리제이션의 진정한 의의를 아는 것이 가장 중요할 것이다. 앞에서 적은 시빌리제이션의 설은 그 본의를 잘못 안 것은 아니라고 생각한다. 그리고 이것이 정말 시빌리제이션의 본의라고 한다면, 세계에서 가장 개화한 인민은 반드시 유럽의 인민 및 유럽에서 갈라져 나온 인민들일 것이다.

유럽의 인민과 유럽에서 갈라져 나온 인민이 개화한 근본을 살펴보면, 모름지기 두 개의 본질로부터 나온 것이다. 한 가지는 그리스도의 교법敎法이고, 다른 하나는 로마가 강대했던 시대에 사람들이 교제했던 모습이다. 그 후에 인민과 영토에 관한 법제가 여러 나라에서 행해지게 되면서 교제의 모습이 더욱 향상되었고, 그 효과 또한 대단히 볼만한 것이 되었다. 지나와 인도, 아라비아의 인민들이 사람들 간에 교제하는 근원을 살펴보면, 유럽 인민의 교제와는 완전히 그 근원을 달리하는 것이므로, 개화의 모습이 유럽의 그것과 크게 다른 것도 당연한 이치일 것이다.

오랜 옛날부터 지금까지의 인류 역사를 살펴보면, 시빌리제이션이 점점 그 수준을 높여 왔음은 명백하다. 그렇지만 개화란 언제나 같은 빠르기로 진행하는 것이 아니다. 때로는 한곳에 멈춰 서서 조금도 나아가지 않는 일도 있고, 또는 뒤쪽으로 후퇴하는 일도 있다. 혹은 이후에 더 큰 진보를 이루기 위해서 일시적으로 그 걸음을 멈추는 경우도 있다. 고대로부터의 역사를 보면, 한 시대에는 반드시 그 시대에 두각을 나타내는 나라가 있다(그리스, 로마, 프랑크 왕국과 같은 종류들). 이런 나라의 개화 정도는 크게 세계 개화의 진보에 관계된다. 이처럼 두각을 나타내는 나라가 대대로 바뀌면서 일어나, 그것이 번성할 때에는 언제나 천하에 앞서서 시대의 운명을 이끌고 전진시키지만, 그것이 쇠퇴할 때에는 그 힘이 크게 떨어지면서 점점 그 진보를 멈추게 된다. 그렇지만 이 나라가 그 진보를 멈추면 또 다른 나라가 일어나 여러 나라를 선도하면서 개화는 진보하는 것이다. 이 흥망의 교대는 한 지방에도 있고, 한 대륙에도 있으며, 전 세계적으로 일어나는 경우도 있다. 한 지방, 한 대륙 가운데의 흥망의 자취는 매우 복잡하니 여기에서는 생략하고, 다만 전 세계적인 흥망의 자취를 통관해 보면, 한때 융성하여 세상의 개화를 진전시켰던 경우가 상고 시대에는 아프리카에서 일어났고, 그다음에는 아시아에서 일어났으며(우리 나라의 일은 별도의 주장이 있으나 지금 여기에서는 설명하지 않겠다), 지금은 유럽에서 일어났으니, 이후의 일을 생각해 보건대, 다음에는 아메리카에서 일어날 것이며, 또 그다음은 오스트레일리아에서 일어날 것이다. 이것은 나의 억측이 아니라 단지 서양의 지식인이 하는 말에 의거하여 그 뜻을 부연한 것일 뿐이다.

메이로쿠잡지
제37호

1875년(메이지 8) 5월 간행(6월 7일)

—

✿

1. 자주자유해自主自由解 (서어십이해 ②) (5월 1일 연설)

니시무라 시게키

　　자주자유란 영어의 리버티Liberity 및 프리덤Freedom의 번역어이다. 리버티는 라틴어 리베르타스Libertas에서 나왔고, 프리덤은 튜턴어(丟度尼語)[1]의 프라이하이트Freiheit에서 나왔다. 로마의 법률에 독립의 생계를 세운 자와 남의 노예가 된 자를 분명하게 다른 종류의 인민으로 구별하고 있는데, 독립의 생계를 세운 인민의 모습을 가리켜 리버티(자주자유)라고 말하고, 노예의 모습을 가리켜 세르부스(복종)라고 말한다. 왜냐하면, 자유라는 말의 본래 의미는 단지 로마에서 독립한 인민의 모습을 말한 것이었다. 그러나 또한 그 뜻을 바꾸어서 정치상의 의미로 쓰는 경우도 있다.

　　리비우스의 『로마사』[2]에는 로마인이 폭군 타르퀴니우스(達爾癸虐)[3]를 몰

1　튜턴(Teuton)족의 언어로, 튜턴족은 본래 북유럽의 윌란 반도(Jylland Halvø)에서 거주하였던 게르만 또는 켈트의 부족으로 알려져 있다. 기원전 2세기경 남하하여 로마와 충돌하면서 갈리아 북부에 정착하였고, 이후 게르만족을 대표하는 대명사처럼 쓰이기도 하였다.

아내고 비로소 그 리버티(자유)를 얻었다고 기록되어 있다. 이 리버티의 의미는 앞에서 말한 독립의 인민과 노예의 인민을 가리키는 것과는 그 의미를 달리해서, 온 나라 인민의 신상에 자유와 속박의 두 모습이 있고, 한 나라의 인민이 폭군 아래에서 압제를 당할 때에는 속박을 받는다고 말하고, 만일 그 압제를 벗어나게 될 때에는 이른바 자유를 얻었다고 말하는 것이다.

그리스에는 데스포티스δεσπότης와 둘로스δοῦλος라는 말이 있다. 데스포티스는 주인이라는 뜻이고, 둘로스는 노예라는 뜻이다. 이 말도 반대의 의미가 있는 것이지만, 라틴어의 리베르타스libertas(자유)와 세르부스servus(복종)의 뜻과 그 의미가 같은 것은 아니라고 말할 수 있다.

고대에서 자주자유라는 말의 용법은 대개 이와 같았는데, 근대에 이르러 자주자유의 쓰임새가 두 종류로 나뉘었다. 하나는 자연적인 자유, 또는 일신상의 자유라는 말이고, 다른 하나는 교제상의 자유, 또는 정치상의 자유를 말하는 것이었다. 자연적인 자유란 대개 인류의 형체는 소우주라고도 부를 만한 것이어서, 자기가 바라는 바는 모두 구할 수 있는 기관을 갖추었고, 자기 몸으로써 자기 몸을 잘 다스리기에 충분한 모양새를 갖추었으므로, 이로부터 인류는 자연적인 법도로 금지한 것 이외에는 자기가 가능하다고 생각하는 일은 무엇이건 생각하는 대로 할 수 있는 힘을 가진 것이라 할 수 있다. 이것을 자연적인 자유라고 말한다. 이 자연적인 자유라는 것은 상제上帝께서 천하의 인류에게 하사하신 것으

---

2   티투스 리비우스(Titus Livius, 기원전 59-기원후 17)의 *Ab Urbe Condita*를 가리킨다.

3   고대 로마의 5대 왕 루시우스 타르퀴니우스 프리스쿠스(Lucius Tarquinius Priscus, 기원전 616-기원전 578)이다.

로, 사람들이 태어나면서부터 본디 가지고 있는 권리이다. 그렇지만 인류는 이 세상에서 홀로 서서 행동할 수 있는 것이 아니라 반드시 교제하고 친목하는 것이다. 그러므로 타인도 역시 본래부터 자신과 같은 자유를 갖고 있으므로, 사람들이 상호 간에 자기 자유의 일부분을 억누르고 교제의 방도를 온전히 하지 않으면 안 된다.

교제상의 자유란 자연적인 자유와 원래 같은 것이지만, 단지 교제 전체의 안전행복을 도모하기 위해서 한 사람의 자유를 조금씩 억제하고 잠시 적당한 지위에 머무는 것을 말한다. 만일 한 사람이 자기 자유를 제멋대로 하여 타인의 자유를 방해할 때에는 법도를 세우고 그 전횡을 통제하지 않으면 안 된다. 이러한 법도는 한 사람의 자유를 조금 억누르기는 하지만, 이로부터 도리어 다수 사람들의 자유를 펼칠 수 있으므로 교제상의 자유를 늘린다고 말할 수 있다. 그러므로 교제상의 자유는 선량한 법도의 힘을 통해서 얻는 것이다. 옛날 격언에 이르기를 법이 없는 곳에는 자유도 없다고 하였으니,[4] 그야말로 그 말 그대로인 것이다.

교제상의 자유는 또한 정치상의 자유라고도 부른다. 이것은 정치상의 속박이라는 말의 반대가 되는 말로서, 인민이 군주 또는 재상의 폭정에 고통을 받지 않고 자기 신체와 재산을 보존할 수 있음을 말한다. 정치상의 속박이란 인민이 언제나 군주 또는 재상의 폭정에 압제를 당하고, 자기 신체와 재산을 보존하는 일이 불가능한 것을 가리킨다. 또한 정부가 제멋대로 아무런 이유도 없이 오로지 인민의 의사를 억제하기만 한다면, 이를 가리켜 폭정이라고 부를 수 있다. 혹은 제멋대로 굴지는 않더라

---

4   존 로크(John Locke)의 『통치론(The Treatises of Government)』에 나오는 "법이 없는 곳에 자유도 없다(Where there is no law, there is no freedom)"라는 말에 의거한다.

도, 다른 선량한 취지도 없이 인민의 신체와 재산을 구속하는 법을 만든다면, 이 또한 인민의 자유를 방해하는 것이라고 말할 수 있다.

그런데 어떤 것을 가지고 교제상의 자유, 즉 정치상의 자유라고 말할 수 있는지, 어떤 방법을 통해 그 자유를 향수할 수 있을지, 이 두 가지 문제에 대해서 생각해 보는 것은 자유를 이해하는 데 있어서 대단히 필요하고도 중요한 문제라고 할 것이다. 유럽의 여러 나라에서는 대개 영국을 인민이 자유를 얻은 데에서 으뜸인 나라라고 말한다. 영국에서 인민의 자유는 그 나라의 법률에 의해서 얻은 것으로, 영국의 법률에서는 인민의 권리를 크게 세 가지 부분으로 나누어 두었다. 첫 번째는 인민이 자기 몸을 보호할 권리로, 영국 인민들은 모두가 자기 생명·사지·형체·건강·체면을 훼손하지 않을 권리가 있다. 두 번째는 일신상 자유의 권리로서, 사람들은 법률이 금지하는 바만 아니라면 자기 뜻이 원하는 대로 따르고, 무엇이든 자유로이 행할 권리가 있다. 세 번째는 자기 재산의 권리로, 대개 자기 힘으로 얻은 재산은(조상으로부터 양도받거나 타인으로부터 매수한 것도 여기에 포함된다) 그것을 쓰는 것도, 누리는 것도, 파는 것도 모두 그 사람의 뜻에 맡기고 정부에서 이에 대해 간섭하지 못한다. 이처럼 법률로 정한 문장을 인민 자유의 표적으로 삼는다면 큰 잘못은 없을 것이다.

인민이 그 자유를 얻도록 규정한 법은 서양 여러 나라가 대부분 비슷하다. 대개 한 나라 안에서 인민을 다스리는 인원은 대단히 적고 다스림을 받는 인원은 대단히 많은데, 이 다수의 인민이 저 소수의 인민과 학력·지식이 모두 같아지게 되면, 다수의 인민은 소수의 인민으로부터 저다스림의 권한을 나누어 가지고 전국 일반의 안전행복을 도모하게 될 것이다. 이렇게 된다면 전국의 인민이 능히 자유의 이익을 향수할 수 있을 것이다. 그러므로 이를 정체政體라는 관점에서 말하자면, 군민동치君民同

治와 공화정치共和政治는 인민이 자유를 얻을 수 있는 정체이고, 인군독재人君獨裁와 귀족전권貴族專權은 인민이 자유를 얻을 수 없는 정체인 것이다. 그러므로 한 사람의 군주 또는 몇 명의 재상이 나라의 권력을 장악한다면 정치상의 자유를 얻을 수 없고, 온 나라의 모든 교제하는 이들, 또는 온 나라 대부분의 교제하는 이들이 나라의 권력을 배분한다면 정치상의 자유를 얻을 수 있는 정체라고 하겠다.

유럽의 개화한 나라들에서도 인민이 정치상의 자유를 얻지 못한 경우가 있다. 러시아, 프로이센과 같은 나라들이 바로 그러하다. 그런데 이러한 나라들에서 정치상의 자유를 허가하지 않는 데에는 두 가지의 설이 있다. 첫 번째는 그 나라 인민의 지식이 이미 개화하기는 하였지만(프로이센의 경우), 온 나라 전체의 이해를 생각한다면 자유를 허가하지 않는 것이 도리어 온 나라 인민을 위해서 그 이로움이 더 크다고 하는 경우이다. 두 번째는 인민의 지식이 아직 개화하지 않아서(러시아의 경우) 자유를 허가할 수 없는 경우이다. 인민에게 자유를 허가하기 위해서는 정치의 권력을 온 나라에 분배하지 않으면 안 되는데, 인민의 지식이 아직 개화하지 않았다면 정치의 권력을 인민들에게 부여한다고 해도 그것을 보존하고 시행할 수 없기 때문이다. 그렇다면 저런 나라들에서 자유를 허가하지 않는 정치를 행하는 것은 심하게 책망할 일이 아닐 것이다. 단지 영국과 미국같이 인민이 자유를 얻은 나라에 비한다면 저런 나라들의 개화 정도가 몇 수 접어야 할 뿐인 것이다.

이 외에도 또한 출판의 자유, 종교의 자유와 같은 것들이 있는데, 이야기가 길어지게 될 것이니 일단 여기에서 줄이기로 한다.

✿

2. 상벌훼예론賞罰毁譽論

나카무라 마사나오

상벌을 가지고 명예나 치욕으로 삼고, 훼예[1]에 기뻐하고 분노하는 것은 당연한 인정이자 도리이다. 왕법王法에 의한 상벌이 있고 여론에 의한 훼예가 있음으로 인해서 사람들이 선을 권하고 악을 비난하는 마음이 더욱 깊어지게 된다면, 이 두 가지가 세도인심世道人心[2]에 도움이 된다는 것은 굳이 말할 필요도 없다[그 외에도 사람들 마음의 오묘한 지경까지 도달하고 모든 것을 통찰하는(洞鑑) 가장 바람직하며 가장 두려워할 만한 조물주(眞神)의 상벌이 있지만, 지금 논의하는 내용이 아니므로 자세히 설명하지 않겠다].

다만 왕법에 의한 상벌은 때로 애증에 빠지고 공평함을 잃는 경우가 있고, 여론의 훼예는 때로 견문에 빠져서 시비가 뒤집힐 때가 있다. 동서고금의 역사를 거슬러 살펴보면 알 수 있는데, 오늘날 대인大人이니 호걸

---

1   비방과 칭찬을 가리킨다.
2   한 시대의 사회현상과 그 시대를 살아가는 사람들의 마음 상태를 가리킨다.

이니 일컬어지는 자가 당시에는 훈장이나 포상을 얻지 못하였을 뿐만 아니라, 종종 악명을 짊어지고 죄인이 되어 감옥에 들어가거나 사형에 처해지고, 혹은 왕법의 벌책을 면하였어도 여론상으로 몹시 비난을 받아 한평생 몸을 의지할 데도 없이 여기저기 헤매다가 재난을 만나 세상을 떠난 사람들이 일일이 셀 수도 없을 만큼 많다. 이렇게 보면 왕법의 상벌 및 여론의 훼예는 중류계급 이상의 사람들에게는 선을 권하고 악을 비난하는 기능을 할 수 있지만, 일류인 사람(대인이나 호걸 등)이 경중을 판단하기에는 충분하지 않다. 대인이나 호걸은 그 학문과 견식이 보통의 평범한 사람들보다 훨씬 더 위에 있어서 풍속과 관습의 범위를 벗어나기 때문에, 그 시비와 가부를 따지는 기준이 당연히 기존의 논리와는 전혀 맞지 않고, 세상 사람들에게 의심받고 이상하게 여겨져, 심한 경우는 괴롭힘을 당하고(窘逐) 비참하게 살해당하는 경우도 있었다. 그렇지만 오랜 세월이 지나면서 대인의 이름이 점점 알려지고 그 식견과 주장이 천하에 행해지면서 세상이 남아 있는 한 사라지지 않게 된 것이다.

이에 반하여 이런 이들을 의심하며 이상하게 여기고 괴롭히던 사람들은, 국왕이든, 재상이든, 한때 평민 가운데 큰 세력을 가졌던 사람이든 그 이름이 연기처럼 흩어지고(烟消) 안개처럼 사라진다. 그중에 어쩌다가 이름을 남긴 사람도 그 악취 나는 이름에 듣는 이로 하여금 코를 감싸 쥐게 만든다. 서양 사람들은 이를 시대의 복수라고 한다. 누구나 다 아는 옛날이야기지만, 공자는 송나라에서는 나무가 베어지고,[3] 진나라와 채나

---

3   공자의 생애를 104편의 그림과 해설로 나타낸 『공자성적도(孔子聖跡圖)』에 나오는 일화. 공자가 위(衛)나라를 떠나 송(宋)나라로 향하다가 제자들과 함께 큰 나무 아래 앉아 예법에 대해 논하고 있던 중, 사마환퇴(司馬桓魋)라는 자가 나타나 공자를 죽이고자 큰 나무를 베어 버렸다는 이야기가 전한다.

라 사이에서 포위당해 사방으로 떠돌아 앉은 자리가 따스하게 데워질 틈이 없을 정도였다.[4] 오늘날에는 주문공朱文公[5]이라며 학자로서 추앙을 받지만, 그가 살던 당시에는 위학偽學이라며 비판받고 있었다. 소동파[6]와 같은 사람의 시문도 후세에는 중히 여겨지지만, 원래 원우元祐[7] 시대 간당姦党[8]의 한 사람이었다. 당적비党籍碑[9]는 채경蔡京[10]이 세웠다가 재해로 파괴되었는데, 그 후에 원우당 사람의 자손이 이를 자랑스럽게 여겨 다시 그대로 새겼다고 전해진다. 왕법의 상벌이 공평함을 잃고 여론의 훼예가 옳고 그름을 그르칠 때는 간당비姦党碑에 이름을 올리는 것도 수치가 아닌 자랑이 된다. 간당비를 자랑스럽게 여기는 경우라면 훈장패가(만일 한 편으로 치우쳤다거나, 상의 남발에 관련되었다면) 수치가 되지 않을 수 없다. 많은 사람을 죽이고 제후가 되는 영광을 누린 자도 있었다. 오랫동안 지속될 이로움을 남기고서 사형에 처해진 자도 있었다. 이런 자들에게 인간

---

4   공자가 초(楚)나라 소왕(昭王)의 초빙을 받고 가던 중에 진(陳)나라와 채(蔡)나라를 지나가야 했다. 그러나 진나라와 채나라는 공자가 초나라로 가는 것을 막으려고 하여 군사를 보내 공자 일행을 포위했다. 시간이 흘러 식량이 떨어지고 제자들은 쓰러져 일어나지 못하게 되었다. 『논어(論語)』 「위령공(衛靈公)」의 "진나라에 있을 때 양식이 떨어져서 따르던 제자들이 허기에 지쳐 일어나지 못하였다. 자로가 화가 나서 공자께 '군자도 궁할 때가 있습니까?'라고 아뢰니, 공자께서 '군자는 곤궁할 때 의연하지만, 소인은 곤궁하면 외람스러워진다'고 하셨다在陳絶糧, 從者病, 莫能興. 子路慍見曰, 君子亦有窮乎, 子曰, 君子, 固窮, 小人, 窮斯濫矣"에 의거한다.

5   송나라의 유학자 주희(朱熹, 1130-1200)를 가리킨다.

6   북송 시대의 문인이자 정치가이다.

7   중국 북송의 연호. 1086년부터 1094년까지의 시기를 가리킨다.

8   사마광(司馬光)을 수령으로 하여, 왕안석(王安石)이 주도한 신법(新法)에 반대한 119명의 사람들을 가리킨다.

9   원우당 사람들의 이름을 적은 비석이다.

10   북송의 문인이자 정치가로, 왕안석 측에 속했던 인물. 적대하던 원우당 사람들의 이름을 비석에 새겨 넣었다.

의 상벌·훼예와 하늘의 도리가 내리는 상벌·가부는 서로 모순되는 것이라 생각된다.

서양 여러 국가에서도 신교를 전파하는 괴수였던 루터Luther는 신분이 낮은 자이면서 로마 법왕에게 저항하여 여러 가지 위기와 어려움을 당하여 목숨이 위태로웠으나, 오늘날에는 그 영광과 명예가 국왕과 재신조차 부러워하지 않을 수 없는 정도가 되었는데, 그가 살아 있을 당시에는 시계 청소나 정원사 일을 하면서 생계를 이어 갔다고 전해진다. 오늘날 독일 사람들의 품행은 루터가 만든 것으로, 국왕이 한 일이 아니라고도 말할 수 있을 것이다. 이처럼 대인과 호걸은 국왕의 포상에 의하여 그 빛을 발하는 것이 아니다. 기독교를 수용한 여러 나라에서는 바울Paul과 같은 인물을 존경하고 숭배하여 그가 남긴 책[11]을 경전으로 받든다. 그런데 그는 생전에 천막 만들기를 직업으로 하였으며, 처음에는 기독교를 박해하였지만 어느새 신자가 되고 이로 인해 사형을 당하였다. 이처럼 비범한 인물의 경우, 왕법의 형벌로는 그가 전한 도리가 행해지는 것을 막을 수 없었던 것이다. 그래도 새로운 법률은 오래된 것에 의거하고, 현재 사건에 대해서는 과거를 비추어 교훈으로 삼는 법이다. 성현을 죽이는 것과 같은 큰 잘못은 후세에 보이지 않지만, 새로운 법을 만들고 새로운 도구를 제조하며, 또 새로운 학설을 주장하는 것을 비난하고 모욕하는 사례에 대한 설화는 내가 번역한 『서국입지편西國立志編』에도 많이 나온다.

요컨대 자세히 말하자면, 대개 종교, 도덕, 경제, 격물치지, 의료 등 여러 학문에서 오늘날 유형무형의 큰 이익과 혜택을 주는 것들은 반드시 이를 앞장서서 주장한 사람이 있는 것이다. 이런 사람은 앞장서서 주장

---

11 『신약성서』에 수록된 「사도행전」을 가리킨다.

할 때, 혹은 국왕에 저항하거나 세상 모두를 적으로 돌리고, 혹은 사람들에게 미치광이니, 멍청이니, 사기꾼이니 비난받으며 제멋대로인 호칭이 붙여진다. 또 이런 사람은 자기 자신만 믿고 천신만고를 겪으며, 인간의 상벌이나 사람들의 비방·칭찬을 귀담아듣지 않고 흘려보낸다. 세상 사람들의 여론만큼 믿을 수 없는 것이 없고, 눈앞에 있는 상賞만큼 덧없는 것이 없는 법이다. 세상의 제자 및 젊은이들에게 고하노니, 열심히 마음에 큰 뜻을 세우고 각자 자기에게 맞는 재능에 따라 하나의 학문, 하나의 예술에 마음을 다해 노력하며, 세상 여론의 비방과 칭찬을 신경 쓰지 않으며, 자기의 품행을 닦아 세상에 도움이 되는 사람이 되기를 기약해야 할 것이다. 정말로 그렇게 한다면, 세상의 허가를 받아 훈장을 예복에 달 수 있을 것이다. 혹은 설령 왕법에 의한 상을 받지 못하더라도 후세에 더 높은 존경과 영예를 얻을 수 있을 것이다.

며칠 전에 훈장패에 관한 조칙이 있었다.[12] 물론 세상을 격려하고 노력하게 하는 훌륭한 도구가 될 것이다. 다만 인민이 만약 왕법과 여론 이외에는 상벌과 훼예가 없다고 생각하고, 후세에 얻을 수 있는 상벌에 대해서도 알지 못하며, 사후의 영예와 명성도 모른 채, 오직 눈앞에 있는 상과 살아 있을 때의 일에만 주목하여, 그것만이 최고의 포상이라고 생각하게 된다면 가장 천박한 것이다. 세상에는 가난하고 누추한 집에 살면서 찢어진 옷을 입고 지게미와 쌀겨를 먹으며 스스로 검약하여 남을 이롭게 하고 일들에 힘써 국가를 풍족하게 하는 사람이 있어야 한다. 왕법에 의한 포상이 이르지 않는 곳이라도, 천황[13]에 의한 포상이란 필시 의

---

12   4월 10일 태정관포고(太政官布告) 제54호 「상패종군패를 정함[賞牌從軍牌ヲ定ム]」에 수반한 조칙을 말한다.

심할 수 없는 것이므로 노력하지 않으면 안 된다. 영국의 어떤 명사의 말에 따르면, 직분에 최선을 다하고 양심을 등지지 않는 사람은 한밤중에 들리는 아름다운 음악 같다고 하였다. 아마도 인간이란 자신의 행위가 반드시 먼저 자기 양심으로부터 포상과 허락을 받아야 하는 존재인 것이다.

13   여기에서 말하는 천황은 일본의 세속 군주로서의 천황이 아닌 하늘의 임금, 즉 조물주, 주재자를 의미한다. 나카무라 마사나오는 유학자인 동시에 기독교 세례를 받은 인물이었고, 평생 세속 군주 상위에 절대자의 존재를 인정하는 도덕론을 설파했다.

✿

3. 철산鐵山을 개발해야 함을 논한다

간다 다카히라

철산은 정부가 개발하는 편이 옳은 것일까? 수년 이래로 이와 관련한 수입이 대단히 많았다. 이후에도 수입은 더욱 늘어날 것이다. 운임만으로도 거대한 비용이 들어갈 것이다. 우리 나라에서 나지 않는 것이 아니다. 게다가 그다지 멀지 않은 곳에서는 석탄도 나온다. 이것을 개발하지 않는다면 아마도 경제적이지 못할 것이다.

이렇게 말하면 어떤 이는, 그대의 논의는 하나만 알고 둘은 모르는 것이라 말한다. 영국에서는 철을 캐는 법이 매우 개발되어 있고 기계도 모두 잘 갖추어져 있다. 그러므로 철을 캐는 양이 대단히 많고, 그 가격도 매우 낮다. 지금 우리 나라에서 철산을 개발하려고 하면 적어도 2, 3백만 엔은 들 것이다. 이런 비용을 들이면 얻게 되는 철의 가격이 매우 비싸서, 가령 운임은 깎더라도 영국 철을 싸게 사들이는 것만 못할 것이라 한다. 내 생각으로는 그렇지 않다. 가령 창고 안에 막대한 현미를 쌓아 놓고는, 이것을 도정하려면 절구, 공이, 체 등을 사지 않으면 안 된다. 이것을 살 때에는 쌀의 가격이 도리어 비싸지기 때문에, 쌀집에서 백미를 필요한 만큼 조금 사는 것만 못하다고 말하는 것과 같다. 쌀의 양이 한 말이나 두 말 정도로 한정된다면 그럴 수도 있겠지만, 언제, 어느 정도의 제한도 두지 않고 쌀을 계속 조금씩 사서, 창고에 쌓아 둔 현미를 상하게 하는 것도 좋은 방책이 아니다. 아무리 어리석은 사람들이라도 이렇게 경제적이지 못한 일은 하지 않을 것이다. 그러므로 어떤 이가 나의 주장을 가리켜 하나만 알고 둘은 모르는 것이라고 했지만, 나는 그 어떤 이에게 둘은 알아도 셋은 모르는 주장이라고 말하고자 한다.

교토와 쓰루가敦賀 사이의 철도에 대해 오랫동안 풍문이 있었다. 도쿄와 우쓰노미야宇都宮 사이에도 같은 풍문이 돌았다. 모두 머지않아 착수될 것이다. 최근에 듣기로는 도카이도東海道 및 도쿄에서 아오모리青森에 이르는 구간에도 이런 계획이 생긴다고 하니, 참으로 왕성하다 하겠다. 이런 기세라면 산인山陰, 산요山陽, 히가시야마東山, 호쿠리쿠北陸, 난카이南海, 사이카이西海, 홋카이北海에 이르러, 종국에는 전국에 그물을 펼친 것처럼 될 것임에 분명한데, 여기에 쓰일 철재도 모두 수입해야 한다는 말인가.

또 무릇 나라를 풍요롭게 하는 으뜸은 증기기계이다. 지금의 모든 공예工藝 가운데 증기력을 이용하지 않는 것이 없다. 그런데 그 기계는 거의 대부분이 철제이다. 그 외에 철교鐵橋니, 철책鐵柵이니, 철관鐵管이니, 철상자니, 철판鐵板이니, 철엽鐵葉이니, 철기鐵器에 이르기까지 거의 셀 수 없으리만치 많다. 그리고 어느 하나 쓸모없는 장난감 같은 것은 없으니, 만약 그 쓸모를 안다면 모두 아주 잠시라도 없어서는 안 되는 것들이다. 즉 그 수입이 하루하루마다 늘어나는 것임을 알아야 한다.

철기 가운데에는 철공장(소위 제철장)에서 만들면 만들 수 있는 것도 있지만, 수입한 철재가 아니면 쓸 수 없는 것도 있음은 유감이다. 대저 철산도 없는 나라라면 어떻게 하였을까. 우리 나라에는 다행히도 철산이 있다. 또 이미 철공장도 만들어졌다. 그런데 오직 철산을 개발하지 않는 것은 어째서인가. 아마도 이것을 예측하여 계획한 것이라고는 말할 수 없을 것이다.

올해 1월에 육군경陸軍卿의 말에 따르면, 점차 전국에 방어선을 만들 계획이 있다고 하였다. 어떻게 만들 것인지에 대해서는 알 방도가 없지만, 만일 포대와 성곽 등의 축조가 있다고 한다면, 여기에 필요한 철포도 반드시 많은 수가 필요할 것이다. 또 어떤 이는 주장하기를, 우리 나라를 지키기 위해서는 포대만으로는 부족하니, 연해의 요충지에 모두 군함을 갖추어야 하는데, 이 군함이라는 것은 철갑제가 아니면 충분하지 않다고 하였다. 이 주장 또한 틀림이 없는 것이라고 생각된다. 그러면 이런 것들은 모두 엄청나게 많은 철재를 필요로 하지 않을 수 없다. 군에서 쓸 중요한 것들(重事)이므로 눈앞의 싼 가격을 중시하여 역시 수입 철을 쓸지 어떨지, 육해군의 양 관청에는 반드시 자세하고 분명한 논리가 있을 것이라 생각한다.

내가 모든 국면을 통관通觀하여 예측해 본 바는 다음의 몇 가지 문장으로 정리할 수 있을 것이다. 먼저, 철재의 쓰임은 이후에도 점점 증가할 것이다. 철산은 도저히 개발하지 않을 수 없을 것이다. 기왕에 할 거라면 빨리 개발하는 것이 낫다. 철산을 개발하면 근방의 인민 중에 산업을 얻게 되는 자가 많아질 것이다. 처음에는 수입 철보다 가격이 비싸도, 이후 점점 싼 가격이 될 것이다. 군용으로 쓸 몫은 가격의 고하에 관계없이 국산을 쓰지 않으면 전쟁이 있을 때 지장이 생길 수 있다. 하늘이 준 것을 취하지 않으면 반드시 후에 재앙을 맞을 수 있다. 민력民力에 맡겨 두어서는 잘 진척되지 못할 것이다. 정부가 의무로 개발하는 사업을 담당하는 것이 마땅하다.

이 글을 적는데 어느 손님이 와서, 철산 개업開業의 명령은 분명 위에서 내려올 것이라고 생각하며 아마도 지금 한참 계획 중일 것이라고 하였다. 정말 그렇다면 나 역시 무슨 할 말이 있겠는가. 다만 그야말로 신속하게 성공하여 수많은 철을 생산하고 나라에서 쓰고도 남는 것이 있어서 수출품이 되기를 은밀히 기원할 뿐이다. 그렇지만 그 손님의 말대로 아직 의심이 없을 수 없다. 그러므로 귀 모임에 이 글을 보내서 회원들의 공정한 비평을 청하고자 한다. 만일 글쓴이의 말이 무익하다는 평이 있다면, 즉시 이 글을 쓰레기 더미 속에 던져 버리셔도 무방하다.

메이로쿠잡지
제38호

1875년(메이지 8) 6월 간행(6월 14일)

—

✿

1. 인세삼보설人世三寶說 ①

니시 아마네

　유럽 철학에서 도덕에 관한 논의는 옛날부터 종종 변화를 거쳐 오늘
날까지 시종 동일한 궤적을 반복하는 경우가 없었다. 그중에서도 이전
의 설(쾨니히스베르크[1]의 철학파인 칸트Kant[2]의 선험적 순수이성의 설transzendental reinen
Vernunft, 피히테Fichte,[3] 셸링Schelling,[4] 헤겔Hegel[5]의 관념학 등)이 여전히 성대하게 행

---

[1]　쾨니히스베르크(Königsberg)는 철학자 이마누엘 칸트의 출생지로, 칸트 자신이 쾨니히
　　스베르크대학의 교수였다.

[2]　이마누엘 칸트(Immanuel Kant, 1724-1804). 독일의 철학자. 경험주의와 합리주의를 통
　　합하는 입장에서 인식의 성립 조건과 한계를 확정하고, 형이상학적 현실을 비판하여
　　비판철학을 확립하였다.

[3]　요한 고틀리프 피히테(Johann Gottlieb Fichte, 1762-1814). 독일 고전 철학의 대표자 중 한
　　사람. 칸트 비판철학의 계승자 또는 칸트로부터 헤겔에로의 다리 역할을 한 철학자
　　로 인정된다.

[4]　프리드리히 빌헬름 폰 셸링(Friedrich Wilhelm Joseph von Schelling, 1775-1854). 피히테, 헤겔
　　과 함께 독일 관념론을 대표하는 철학자이다.

[5]　게오르크 빌헬름 프리드리히 헤겔(Georg Wilhelm Friedrich Hegel, 1770-1831). 독일 관념론

해지는 것처럼 보였다. 그렇지만 실증주의positivism(프랑스의 오귀스트 콩트 Auguste Comte[6])가 나오면서부터 자못 세상의 이목을 일신하게 되었고, 많은 대가의 설도 점차 실증에 기초하는 경우가 많아지는 가운데, 벤담 Bentham[7]의 공리주의의 도덕론utilitarianism(이 또한 그리스의 에피쿠로스epikouros학파라고 볼 수 있다)을 존 스튜어트 밀 씨가 확장시킨 것은 최근 도덕론moral 상에서의 일대 변혁이라고 볼 수 있다(내가 10년 전에 네덜란드에 유학했을 때,[8] 네덜란드에서 그 무렵 유명한 철학자는 옵조메르Opzoomer[9] 씨였다. 이 사람도 역시 콩트, 푸리에Fourier,[10] 밀 등을 추종하는 것으로 보인다). 그런데 공리주의의 주요 취지는 사람이 이 세상에 처하는 최대의 목적은 최대 복지most great happiness라고 본다. 이것이 설령 지당하지 않을 수는 있지만, 대가의 명확한 이론이

을 완성한 것으로 평가받는 독일의 철학자. 칸트의 이념과 현실의 이원론을 극복하여 정신이 변증법적 과정을 경유해서 자연·역사·사회·국가 등의 현실이 되어 자기 발전을 해 가는 체계를 종합 정리하였다.

6   오귀스트 프랑수아 자비에르 콩트(Auguste François Xavier Comte, 1798-1857). 프랑스의 철학자·사회학의 창시자. 여러 사회적·역사적 문제에 관하여, 온갖 추상적 사변을 배제하고, 과학적·수학적 방법에 의하여 설명하려고 하였다.

7   제러미 벤담(Jeremy Bentham, 1748-1832). 영국의 철학자이자 법학자로 최대 다수의 최대 행복이란 슬로건에 의거해 공리주의 사상을 정초했다.

8   니시는 1862년(분큐 2)부터 1865년(게이오 1)까지 쓰다 마미치와 함께 네덜란드에 유학했다.

9   코르넬라스 빌럼 옵조메르(Cornelius Willem Opzoomer, 1821-1892). 네덜란드의 철학자. 스피노자, 휠링크스 이후의 최대 철학자로 촉망받았다. 레이던대학에서 수학한 후 처음에는 크라우제(Krause)의 영향으로 신학을 연구했으나 위트레흐트대학(Universiteit Utrecht)의 철학교수로 취임한 이후에는 콩트의 실증주의와 밀의 공리주의 철학에 기울어 실증주의적 경험론의 입장에 서게 되었다.

10   프랑수아 마리 샤를 푸리에(François Marie Charles Fourier, 1772-1837). 프랑스의 공상적 사회주의자. 프랑스 혁명 이후 자유롭고 합리적일 것이라 생각했던 시민사회가 근로자에게는 부자유스럽고 불합리한 모순을 드러내자 자본주의의 각종 모순, 특히 상업이 갖는 허위를 통렬히 비판하였다.

므로 후세의 학자들이 성급히 왈가왈부할 만한 것이 아니다(이에 관한 논의는 밀 씨의 공리주의를 참고하라. 여기서는 더 언급하지 않기로 한다). 그러므로 지금 여기서 말하고자 하는 바는 이 일반 복지general happiness를 인간 최대의 목적으로 세우고 이를 달성하는 방법을 논하려는 것으로, 그런 이유에서 이 인세삼보설人世三寶說을 적고자 한다. 삼보三寶는 사람이 살아가는 데 우선순위를 가장 높은 곳에 두어야 하는 목적은 아닐지 몰라도, 그 가장 높은 목적인 일반 복지를 달성하고자 할 때, 방법이자 수단이 되는 것으로서 둘째가는 목적이라고 말할 수 있다. 그렇지만 이 삼보설은 나의 좁은 소견이자 원래 내 마음속에 담아 두었던 주장으로, 감히 서양 철학 대가들의 이론을 계승하고자 하는 바람이 있는 것은 아니다. 또 이 삼보를 두 번째 목적으로 세워 인간 도덕social moral상에 있어서 과연 이로써 소위 일반 복지의 경지에 도달할 수 있을지 없을지, 또 대가들을 저세상에서 불러와서 물어보면 과연 수긍을 얻어 낼 수 있을지 없을지는 내가 감히 보장할 수 있는 바가 아니지만, 외람되이 분수에 넘치는 무례를 범하며 우리 모임 선생들께 비평을 청하고자 하는 것이다.

그런데 지금 말하고자 하는 취지는 사람이 세상에서 가진 보물이 세 가지가 있고, 누구나 이것을 잘 귀중하게 여기면 소위 도덕의 요점(旨)에 부합하므로, 이것을 주된 목표로 삼아 스스로 수양하고 남을 다스리는 일을 따라서 행할(服行) 수 있다는 것이다. 그러면 사람이 세상에서 가진 삼보란 무엇인가 하면, 그 첫 번째는 건강이요, 두 번째는 지식이요, 세 번째는 부유富有이다(이 부유라는 글자는 세상에서는 잘 쓰이지 않는 말이다. 돈을 의미한다고 보면 될 것이다. 돈과 부의 차이는 경제학의 설명에 맡겨 두기로 한다. 그런데 이 도덕학에서는 돈을 탐하는 것도 도덕의 일부라고 생각한다). 그러므로 지금 이 도덕론에서는 건강, 지식, 부유의 세 가지를 보물이라고 하며, 이를 귀하게 여기고 존중하며 욕심내고 희망하며 갈구하는 것이 소위 최대의 복지를 달성하는 방법이라고 말한다. 그런데 오늘날 말하는 도덕에서는 온유溫柔·돈후敦厚·공겸恭謙·손양損讓·과욕寡欲·무욕無欲 등을 덕의 첫 번째 기본으로 하기 때문에, 갑자기 이 인세삼보론을 듣게 되면 사람들은 누구나 조롱하고 비웃지 않을 수 없을 것이다. 이런 도덕을 주장하면 사람들은 이렇게 말할 것이다. "그것은 노름꾼이나 인력거꾼의 철학일 것이다. 완력이 강장하고 지식이 민첩한데 금전을 탐한다면, 도박꾼 혹은 인력거꾼이 아니고 무엇이겠는가. 그것은 탐욕의 소굴이니, 이를 도덕의 목적으로 한다면 세상에 도둑질을 가르치고 강도를 이끄는 것이다."

나의 주장은 이와 다르다. 내 생각으로는 사람이 세상에서 이 세 가지의 목적을 달성하는 것은 곧 하늘이 사람에게 부여한 바이자, 우리가 하늘에게 받은 최대강복最大康福의 기본이므로, 이를 추구하며 완전하게 하는 것은 자연스러운 이치이자 하늘이 내려 준 바를 헛되이 낭비하지 않는 일이다.

만약 그것이 세 성인(예수, 석가, 공자)이 가르친 내세의 화복과 같은 것이라면 내가 감히 알 수 없는 바이겠으나, 이 세상에서 대처하는 도덕이라면, 즉 세 성인의 말씀이라도 이 세 가지 목적에서 벗어나지 않을 것이다. 하물며 노름꾼이나 인력거꾼, 하인이나 역참꾼이 행하는 바 또한 이 삼보를 추구하는 데에서 벗어나지 않음은 그야말로 인도人道를 가지고 사람의 도덕으로 삼는 것이니, 아무리 어리석은 자라도 관여하여 알아야 하는 바가 진실로 여기에 있다고 할 수 있다. 노장老莊이나 선가禪家, 봉교선자奉敎仙者, hermit[11]와 같은 부류는 이 삼보를 버림으로써 다른 것을 추구

11   은둔하여 수도에 매진하는 자. 선인(仙人)을 가리킨다.

하는 것이라고 하는데, 이것은 이단 사설로서 인도에 해악을 끼치는 것이다. 또 공맹의 도와 같은 것도 일찍이 삼보에 관해서 분명히 말하지 않았지만, 이 삼보를 도외시하면서 그 도를 행하지는 않는다. 그러므로 나는 이 삼보를 세상을 사는 사람들의 최대 복지를 달성하기 위한 삼대 강령으로 삼고, 이를 완전히 갖추는 방법을 최대한 왕성하게 추구한다면, 세상의 미美와 선善이 점차 진전되고 밝아지게 될 것이라 생각한다. 대개 세상의 많은 일은 내세의 화복을 제외하면 모두 이 세 가지에서 벗어날 수 없으니, 사람의 수신, 제가, 치국, 평천하 어느 한 가지도 이것 없이는 행할 수 있는 것이 없다.

여기서 일단 그 대강을 논해 보고자 한다. 우선 어째서 건강을 보배라 말하는가 하면, 생명이 있는 것들은 모두 그 생명을 아까워하기 때문이다. 이것은 우리가 한눈에 알 수 있는 사실이다. 이는 하늘이 내려 준 덕성으로, 건강을 보호하고 촉진하여 생명을 보존하는 것이 하늘에 대해 사람이 행해야 할 가장 중요한 일임은 명백하다.

다음으로 어째서 지식을 보배라 말하는가 하면, 목숨이 있는 것들은 남에게 이기는 것을 기꺼워하지 않는 경우가 없기 때문이다. 이 또한 우리가 한눈에 알 수 있는 사실이다. 즉 이 또한 하늘이 내려 준 덕성이다. 그런데 사람은 도리를 분별하는 존재rational being이다. 그러므로 금수가 체력을 통해 이기려고 하는 것과는 달리, 심력心力을 통해 이기려고 노력해야 한다(전쟁과 같은 것도 최근에는 체력보다 심력을 중시함이 이미 증명되고 있다). 그리고 지금 개개인individual이 심력을 통해 보다 우월하고자 한다면, 지식을 발전시키는 것 이외에 다른 방법이 없다. 그러므로 지식을 넓히고자 하는 것은 하늘에 대해 사람이 행해야 할 두 번째로 중요한 일이다.

마지막으로 어째서 부유를 보배라 말하는가 하면, 목숨이 있는 것들은 사물을 취하여 자기 쓰임에 이용하지 않는 경우가 없기 때문이다. 이 또한 우리가 한눈에 알 수 있는 사실이며, 즉 하늘이 내려 준 덕성이다. 그리고 금수는 오직 먹을 것만 구하면 만족하지만, 사람은 의식주가 필수적으로 하루도 없어서는 안 되므로, 온갖 쾌락을 취할 수 있는 것이 모두 부족하다. 그러므로 재화와 온갖 물건을 필요로 하고 또 그 저축·유통·분합分合(이것은 경제학의 논의에 속한다)을 편리하고 간단히 하기 위해 화폐를 필요로 하니, 모두가 그 부유함을 바라는 것은 하늘에 대해 사람이 행해야 할 세 번째로 중요한 일이다. 이는 모든 개개인이 밤낮으로 게으름 피우지 않고 열심히 노력하기를 싫어하지 않으며, 있는 힘껏 추구해야 하는 것으로, 개개인의 행위conduct하는 목적이자 도덕의 큰 근본으로 이 삼보를 중시하는 것보다 큰 것은 없다.

그런데 만약 이 큰 근본에 반한다면 천벌이 내려서 달아날 겨를도 없다. 이는 곧 하늘의 법률이자 이법理法으로, 개개인이 만약 하늘의 명령을 두려워하고 하늘의 위엄을 공경한다면 밤낮으로 경계하고 삼가며 두려워하지 않을 수 없는 것이다. 지금 무릇 물리상physical의 일이라면 누구든 이를 경멸하지 않는다. 서슬이 퍼런 칼을 밟고 독약을 마시는 일이라면 사람들 누구나가 기꺼이 이를 범하지 않는다. 그런데 심리상의 일이라면 사람들이 혹은 이를 소홀히 여기기도 한다. 그러나 사람이 진실로 이렇게 중요한 삼보를 경시하면 그 불행 또한 계속해서 일어나게 될 것이다. 종래부터 전해 오는 도덕의 덕목인 공경·온후·무욕·과욕 등과 같은 것은 약간 이를 범하더라도 지금 갑자기 불행이 일어나지는 않는다. 그러나 이 삼보를 경시한다면 그 앙갚음이 즉시 일어나니, 반드시 경계하고 두려워해야 할 일이다. 이에 이 말의 대강을 잠시 논해 보고자 한다.

먼저 건강을 경시하면 어떤 불행이 일어나는가? 대개 사람이 건강을 소홀히 하여 방종음탕하고 몸을 절제하고 기르는 법을 모르며, 오직 즐거움과 향락만을 바란다면 불행이 계속해서 미치게 된다. 작게는 건강을 해치고 크게는 생명을 잃는다. 그 화귀禍鬼를 질병이라는 이름으로 부른다. 옛날부터 성현께서 끊임없이 반복하며 경계하고 훈시하셨던 까닭은 바로 이 때문이다. 다음으로 지식을 경시하면 어떤 불행이 일어나는가? 대개 사람이 지식을 소홀히 하여 묻는 것을 기꺼워하지 않고 배우기를 좋아하지 않으면, 선을 보고도 실행할 수 없고 의를 듣고도 행할 수 없으며, 강퍅하여 홀로 기뻐하고 자포자기에 안주해 버리면 불행이 계속해서 미치게 된다. 이 사람은 평생 인생의 쾌락이 무엇인지를 알지 못한다. 그 화귀를 우치愚癡라는 이름으로 부른다. 옛날부터 성현이 학문을 권장하고 겸허에 힘쓰기를 권면하고 인도하는 데 여력을 남기지 않았던 것은 이 때문이다. 세 번째로 부유를 경시하면 어떤 불행이 일어나는가? 대개 사람이 부유를 소홀히 하여 게으르고 태만하며 노력과 근면을 싫어하고 향락을 탐하면서 그 생을 탕진하면 계속해서 불행이 미치게 된다. 그 불행을 빈핍이라는 이름으로 부르니, 설령 백만금을 가진 부자라도 하루아침에 굶주림에 쫓기게 된다. 옛날부터 성현께서 또 누누이 이에 대해 언급하셨다(공자의 가르침에 가난함을 즐긴다는 것은 불의한 부귀를 탐해서는 안 된다고 말씀하신[12] 것일 뿐, 노력을 다하여 돈을 버는 것을 잘못이라고 말씀하신 것은 아니다). 그러므로 개개인이 진심으로 능히 이 삼보를 귀중히 여기고 하늘로부터 받은 것을 헛되이 하지 않는다면, 도덕의 큰 근본이 여기에서 서게 되고, 이로써 최대 복지의 영역에 도달할 수 있는 것이다. 하

---

12 『논어(論語)』 「술이(述而)」의 "거친 밥을 먹고 물을 마시며, 팔베개를 베고 누워도 즐거움이 그 가운데 있으니, 의롭지 못하면서 부귀함은 나에게 뜬구름과 같다[飯疏食飮水, 曲肱而枕之, 樂亦在其中矣, 不義而富且貴, 於我如浮雲]"에 의거한다.

물며 품행의 방정함, 도량의 여유로움과 같은 것들은 이 큰 근본이 서고 나서야 비로소 바랄 수 있는 것들이 아닌가. 만일 큰 근본이 서지 않으면 양심conscience에 따라 경계하며 삼가고,[13] 성의를 으뜸으로 삼으며, 극기복례克己復禮[14]하려고 해도, 매일 충돌하여 견딜 수 없는 근심거리를 갖게 될 것이다. 하물며 만일 이에 반한다면 저 화귀가 그 등 뒤에 붙게 될 것이다. 질병·우치·빈핍의 세 가지는 나를 뒤에서 묶고 쓰러뜨려서 염라대왕 앞으로 보내려고 하니, 대개 개인의 불행에 이 세 가지보다 큰 것이 없고, 또 이 세 가지로부터 시작되지 않는 것이 없으며, 또 이 세 가지보다 참혹한 것이 없다. 그러므로 우리는 이 세 가난신을 몰아내는 것을 도덕의 큰 근본으로 삼기 위해 노력하지 않으면 안 된다. 이것은 개개인이 행동하는 요결이니, 도를 이행하고 덕을 기르는 근본이 이 외에 다른 것이 있을 수 없다. 그런데 이것은 도덕론 중에 개개인이 스스로 행동하는 요결로서, 남을 대하는 요결, 즉 같은 동포fellow creature와 서로 교제하는 방법과 이를 통해 사람을 다스리는 요결, 즉 같은 동포 간에 도움을 받아서 공적인 일에 임하는 방법도 역시 이 삼보를 귀중하게 여기는 것에서 나온다. 이에 대해서는 이후의 논의에서 언급하고자 한다. 다만 내 자신이 몸은 약하고 지식은 편소하며 생계가 아직 온전하지 않아 스스로 말한 바와 부합하지 못함(辜負)이 여러분께 부끄럽고 유감스러울 따름이다.

---

13   『중용(中庸)』의 "그러므로 군자는 남이 보지 않을 때에도 경계하고 삼간다[是故君子, 戒慎乎其所不睹]"에 의거한다.

14   자기를 이기고 예로 돌아감. 『논어(論語)』 「안연(顔淵)」의 "안연이 인에 대해 묻자 공자께서 말씀하시길, '자기를 이기고 예로 돌아가는 것이 인이다. 하루 자기를 이기고 예로 돌아가면 천하가 인으로 돌아갈 것이다'[顔淵問仁, 子曰, 克己復禮爲仁, 一日克己復禮, 天下歸仁焉]"에 의거한다.

✿

2. 전환접교[1]설(轉換蝶鉸世說) (1875년 5월 1일 연설)

사카타니 시로시

대개 사물의 변화에는 경첩이 있습니다. 흡사 작년이 금년이 되고, 금년이 내년이 되며, 봄이 여름이 되고, 여름이 겨울이 되는 것과 같은 것이 그러합니다. 이것은 또한 하늘의 운행과 시세는 인간이 어찌할 수 없는 것이라고는 하지만, 저쪽에서 이쪽으로 전환하는 가운데 있어서 인력이 잘 다듬고 돕는 일 역시 중요할 것입니다. 그렇지만 이미 인력에 속하고 인위에 관계된 것은 하늘의 자연스러운 운행처럼 될 수는 없으니, 사사로운 뜻이 생겨나기 쉽거나 또는 구습에 빠져서 인습을 반복하는 것을 적당하다고 여기며, 또는 지나치게 포악한 무단을 실제 상황에서 쓰면, 하늘의 운행과 시세에 원만하게 잘 들어맞지 않게 되어, 어지러워지고 쇠망하여 어찌할 수 없을 지경에 이르고는 하니, 이런 일을 가장 조심하

---

1   문이나 상자를 자유롭게 열고 잠글 수 있도록 붙여 두는 금속 장치. 사건과 사건 또는 사물과 사물 사이를 이어 주는 이음매. 경첩을 가리킨다.

지 않으면 안 됩니다.

　무진戊辰년의 전환²은 하늘이 크게 관계한 것이었습니다. 예전의 악습을 일소하고 새로운 색깔을 발하게 한 것은 그야말로 기뻐할 만하였습니다. 그러나 또한 접교하는 동안에 사람들이 일을 하는 데 있어 다하지 못한 바가 많았으니, 새로운 폐단이 더욱 나타나고 커다란 해악을 양성하기도 하였습니다. 대저 우리 나라는 함께 섞여 살면서 돕는 하나의 가옥과도 같은데, 지난 1873년(메이지 6) 말에 나라의 중요한 동량이신 대신들이 소란을 일으켜 나라 안의 인심이 방향을 잃어버릴 뻔한 일이 있었습니다. 내가 비록 미약하나마 집이 무너질까 걱정되어 지금 가장 급한 일은 정부의 관료들이 서로 화합하고 상하동치上下同治의 체제가 흔들리지 않도록 앞장서 확립하며, 국가 정신의 기본인 조세와 재정을 공의公議에 부쳐서 온 국민이 이것을 담당하는 마음을 왕성하게 해야 한다고 주장하였습니다. 어떤 사람은 이 주장이 주제넘은 말이니 멈춰야 한다고 반문하기도 하였습니다만, 내 생각으로 기우니 불휼위不恤緯니 하는 반문은 전제despotic의 나라에서 인민이 그 나라를 자기와 관계없다고 여기며 담당하려 하지 않는 노예의 언어일 뿐입니다. 지금같이 융성한 세상에서 민권을 양육하고 싶어하며 기피하는 일을 하게 하는 시대에는 남에게 구걸하더라도 모두 자기 집처럼 국가를 근심해야 합니다. 마음으로 근심하며 입으로는 침묵하는 것은 아첨이며 사기입니다. 자기가 해야 할 일을 잊은 것이니, 그 죄는 크다고 해야 할 것입니다.

　그렇지만 비굴한 구습이 하루아침에 제거될 수는 없는 법입니다. 이를 어찌하지 못하는 사이에 옛 참의들의 건백이 나왔습니다.³ 그 본의

2　막부를 폐지하고 왕정을 복고하는 '왕정복고 대호령'을 의미한다.

는 알 수 없지만, 일이 벌어진 상황은 짐작하기 어렵지 않은 것이었습니다. 즉 1874년(메이지 7) 2월 초에 그 글이 좌원左院[4]에 제출되었습니다. 그 후에 메이로쿠샤의 말석에 참가하여 들은 바와 적은 바의 대부분이 이 글의 의미에 뿌리를 두지 않은 것이 없었습니다. 그렇지만 어리석고 한미寒微[5]한 내 입장에서 다만 진심을 토해 내었을 뿐이라는 것은 알고 있습니다. 올해 4월 14일에 명철하신 조칙[6]으로 세상을 아름답게 밝히시니, 무진년 어서문御誓文[7]의 뜻을 이어 입헌정체를 세우고자 하여 대신에게 사사롭게 맡기지 않고 널리 인민들로 하여금 익찬하도록 하였습니다. 나와 같은 소인은 그저 입을 다물고 현자 여러분께 말씀을 양보하여 그 아름다운 업적이 이루어지기를 기다려야만 할 것입니다. 다만 이 완고하고 어리석은 성질로 인하여 애국하는 마음이 너무 깊은 데서 나오는 치정을 막기가 어렵습니다. 왜냐하면, 조칙 가운데 가장 주의해야 할 말은 "옛것에 구애되고 지나간 것에 집착하는 것과 경솔하게 나아가고 급하게 행동하는 것을 경계"하라는 것인데, 이것은 소위 전환접교의 가장 중요한 가르침으로 깊이 심려하지 않을 수 없기 때문입니다.

모름지기 만물의 성질은 움직이면 계속해서 움직이려는 관성이 있고,

---

3 1874년 2월, 구참의 출신인 이타가키 다이스케[板垣退助, 1837-1919], 소에지마 다네오미[副島種臣, 1828-1905] 등이 좌원에 민선의원 설립을 촉구하는 건백서를 제출한 사건. 『메이로쿠잡지』 제3호 3. 모리 아리노리의 「민선의원설립건언서에 대한 평」에서 관련 내용을 논한 이후부터 잡지의 폐간 시점까지 이와 관련한 논설이 계속해서 제출되었다.

4 태정관 내의 입법 심사 기관. 건백서를 접수하는 창구 역할도 하고 있었다.

5 가난하고 지위가 변변하지 못함을 의미한다.

6 1875년 4월에 입헌정체의 조서[立憲政体の詔書]가 태정관포고 제58호로 반포되었다.

7 메이지천황이 왕정복고를 선언하며 발표한 5개조의 어서문(御誓文)을 가리킨다.

머물러 있으면 계속해서 머무르려는 관성이 있습니다. 노를 멈춰도 배는 여전히 앞으로 나아가고, 처음에는 수레를 강하게 끌어당겨도 쉽사리 나아가지 않으며, 분노를 그치고 숨을 멈춰도 여전히 거칠고, 꿈이 깨어도 눈꺼풀은 여전히 내려앉는 것을 타력惰力이라고 부릅니다. 이것은 사람의 성정에서도 대단히 심해서, 가령 술과 같은 것은 서서히 끊으려고 하면 좋아하는 마음의 욕망이 이끄는 타력이 기세를 만들어 결국 끊지 못합니다. 여기에는 평정심과 과감한 결단으로 대처할 수 있을 뿐입니다.

우리 나라 삼천 년의 아름다움에 대해서는 말할 필요도 없습니다. 그러나 오랫동안 쌓여 있던 전제와 고루한 공명심ambition이 머릿속에 침투하여 단단히 굳어 있고, 타력이 널리 퍼져서 분육賁育[8]조차도 상대하기 버거울 것입니다. 그리하여 잘못을 알고 고치려고 하는 사람조차 먼저 스스로 그 위록位祿[9]과 공로를 가지고 벽을 치고는 기꺼이 일반 서민으로 내려가려고 하지 않습니다. 아마도 내려가면 위로 권력이 서지 않아 모멸을 받으리라 생각하는 것입니다. 이런 상태에서 잘못을 고치려면 여전히 압제의 권력을 유지하여 서양의 진정한 아름다움을 배우지 못하고 구습을 키워서, 이것이 인민들 사이에 널리 퍼지면 소위 머무르려는 타력이 작용해서 옛것에 구애되고 지나간 것에 집착하게 될 것입니다. 그리고는 개화하지 못한 인민들이 완고해서 옛것에 안주하고 무기력하여 억제를 거부할 줄 모른다고 말한다면, 이것은 곧 온 나라로 하여금 타력을 기르는 쪽으로 인도하는 꼴이 되고 마는 것입니다. 전환하는 데 경첩이 잘 움직이지 않는다면 이것은 우려할 만한 일입니다. 겹겹이 어지럽게 뒤섞여

8   맹분(孟賁)과 하육(夏育). 중국 춘추 전국 시대의 유명한 장수이다.
9   지위와 거기에 걸맞은 녹봉을 가리킨다.

서 대개 서양의 외모를 갖추고는 실체와 근본에서는 배우려는 경지에 도달하지 않아, 나에게 불편한 것은 버리고 겉모습을 꾸미는 데에 도움이 될 만한 것만 취하며, 잘 다스릴 방도를 찾는 데에만 급급하고 이름을 날리는 데에만 신속히 시행하니, 매사에 원만하지 않고 인심과 풍속이 나날이 쇠퇴하는 것을 돌보지 않는다면, 이번에는 움직임의 타력이 더욱 강해져서 소위 경솔하고 급급히 나아가게 될 것입니다. 그러고는 말하길, 일이 이루어지려면 옛것에 구애해서는 안 되고, 개화하지 못한 인민이 자꾸 말이 많아지면 제멋대로 떠들며 불평만 늘어놓을 뿐으로, 매사에 의논하기에 부족하니, 오직 그야말로 더욱 억제하여 그 지식을 격발시켜야 할 뿐이라고 합니다. 이것 또한 움직임에서 나온 타력으로 잘못을 보호하는 꼴이라 하겠습니다.

위나 아래나 모두 똑같은 인민입니다. 인민 가운데 이 두 가지 타력이 많고, 개화되지 않았으며 무기력하고, 서양의 현인이 말하는 소위 사욕의 노예인 자는 과연 위와 아래 가운데 어느 쪽에 더 많을까요. 지나에서 아편이 그랬듯이 그 뇌리에 깊이 박힌 것을 급하게 끊으려고 하면 몸이 상합니다. 이것을 서서히 끊으려고 해도 그 이름을 바꾸고 흡입법을 달리해도 한 대만, 한 대만, 또 한 대만 하다가 결국 매일 닭 한 마리씩 훔치다가 패가망신하는 꼴이라고 하였으니, 귀감으로 삼아야 할 것입니다.

여기에서 잠시 한두 가지 예를 들어 의심을 바로잡고자 합니다. 조세와 재정은 국가의 신경으로, 서민이 함께 관여해야 하는 중요한 것이자 보호의 큰 근본입니다. 그런데 지출과 수입에 대해서 분명하게 명시하는 법을 정하지 않고 억제된 수입을 가지고 지출을 남용하는 구습을 운용하면서, 민간과 함께 의논하지 않고 정부에서 자기들끼리 논의하여, 사람들의 의심을 조장하고 자기 일로 여기는 마음을 막아 버리면, 신경이 타력에 이끌리지 않는다고 단정하기 어렵습니다. 세관의 세법이나 외국인 재판권은 어쩔 수 없다고만 하면, 국체에 타력이 깃드는 것 또한 어찌할 도리가 없습니다. 형법은 중요한 법전입니다. 위에 있는 관리의 죄에 대해서는 대개 애매하게 타력으로 행하면서 아래 백성들의 죄를 잡기에 급급하다면, 헌법이 서도 서지 않은 것이나 마찬가지일 것입니다.

요사이 들기로는, 프랑스의 보아소나드Boissonade[10] 씨가 사법성에 고용되어 치죄법治罪法을 강의하다가 하루는 옥중에서 고통으로 절규하는 소리를 듣고는 매우 놀라 흥분하여 말하길, 고문을 폐지하지 않는다면 강의를 그만두겠다고 했다고 합니다. 그 인자함과 용기가 정말 감탄할 만합니다. 그러나 이것을 완전히 폐지할 수 없다면, 실정상 어쩔 수 없는 타력 역시 없어지게 하지 못할 것입니다. 높은 지위에 있는 자들 다수는 연고와 비굴함에 물들어 한 가지 일을 할 때도 명목을 앞에 내세우며, 돌과 나무를 꾸미는 것으로 겉보기에 좋은 것만을 취하여 좁게 논의하고 경박하게 고쳐서, 관리와 인민이 서로 속여 가며 각자 진실한 마음이 없이 사소한 형식과 지엽적인 것들만 나날이 많아져 예법과 품행은 조잡해지고, 지위가 낮은 관리들은 부당한 직권을 남용하며, 물건을 은밀히 빼돌리고 교묘히 붓을 놀려서 상급자에게 아첨하는 것이 모두 구 막부 시대의 폐습인데도 오늘날에도 여전히 행해지고 있는 것을 보면 타력의 팽창도 또한 왕성하다고 해야 할 것입니다.

지금 관官에는 등급이 있고 족族에는 구별이 있어서 위계는 오직 쓸모없는 번잡함만 더해져서 오만한 풍습을 기르니, 화족과 무사, 서민을 막

---

10   귀스타브 에밀 보아소나드(Gustave Emile Boissonade, 1825-1910). 1873년에 일본에 와서 이듬해 4월까지 사법성에서 법학을 강의하였다.

론하고 덕업을 진수進修시킬 길을 막고 상하 간 교제를 방해하는 모양새입니다. 이것 역시 어쩔 수 없는 일인 듯하지만, 그래도 이 타력 또한 너무 심한 것은 아닐까요. 조세와 재정을 이미 함께 논의하지 않으면서 민간에서 공사公私의 비용이 구별 없이 너무 뒤섞여 있다고 하여 그 재산을 함부로 곤궁하게 하고 어지럽히며 부정을 저지릅니다. 또 이자 같은 것도 그 제한을 폐지할 수는 있겠으나, 쓸데없이 일반적인 이치만 강조하며 실제의 폐단은 고려하지 않는다면,[11] 적시에 해악을 방지하고 인민을 보호하는 일이 과연 가능할까요? 문명국 프랑스와 같은 경우는 이자의 제한을 두지 않는 해악에 대해 공공연히 논의하여 관련 법을 만들어서, 현재 관민 간의 대차는 5, 6푼을 넘지 않고 민간에서의 대차는 많아도 1할을 넘지 않으며 넘을 경우는 이것을 처벌합니다. 전년도의 큰 패배[12] 이후에 막대한 배상금을 눈 깜짝할 사이에 배상하였고 더욱 부유해졌다고 합니다. 요사이 관에서 부과하는 세금이 도리어 몇 배나 늘었는데도 이것을 내는 것은, 평소 재정이 공정하고 서민들이 많은 부분을 담당하기 때문이기도 하지만, 또한 이 법이 인민을 보호하기에 적절하므로 가난한 자와 부자가 서로 화합하여 의심하지 않기 때문이기도 합니다. 그런데 일본은 요사이에 소송이 분분하고 신다이카기리身代限[13]의 폐해로 옳지 못한 소송이 많이 나와, 경박한 다툼으로 가득한 나머지 위와 아래가 망연자실, 재물과 이익의 타력하에 뒤집히는 폐해를 막지 못할 지경

---

11   일본에서는 1877년(메이지 10) 9월 태정관포고 제66호에서 처음으로 이자의 제한이 정해지기까지 모두 계약의 자유에 맡겨졌다.
12   프랑스는 1871년 보불전쟁에서 프로이센에 패배하였다.
13   근세 일본에서 행해지던 강제 집행에 의한 채무 변제 제도. 부채를 갚지 못할 경우, 전 재산을 제공하게 해서 부채의 지불을 강제했다.

입니다. 항해와 무역은 영국과 프랑스의 부강의 원천인데, 일으킬 수가 없습니다. 앉아서 이익을 남에게 주는데, 홋카이도의 개척관이나 간사한 이들은 토착민[14]을 우롱해 세금으로 거두는 이익에만 급급하여 원대한 계획 따위는 세우지 않으니, 구습에 따라서 고치고 이로부터 나와서 점차 쇠퇴하고 있습니다. 하물며 사할린 따위는 생각하지도 않을 것입니다. 민회民會[15]와 같은 것도 수도에서는 마땅히 신속하게 선거하는 공법을 마련해서 온 나라 안의 모범으로 삼아야 할 것입니다. 그런데 인순因循과 억제로 점철되니, 나날이 원망과 분노만 쌓여 갑니다. 이 외에도 타력의 움직임과 머무름에서 나오는 것들은 셀 수 없을 만큼 복잡하고 많습니다. 과거에는 집착하고 앞으로는 경솔하게 나아간다면 전환접교의 시대를 맞아 과연 어떻게 될까요? 무릇 군주를 잘 보좌하지 못한 죄는 서민에게 있으며, 위아래 모두가 본래 서민입니다. 그런데 지금 서민의 권리는 오직 위에만 있으니, 그 죄 또한 대단히 무겁다 할 것입니다. 영국인은 남에게 지배받는 것을 좋아하지 않고, 또 남을 지배하는 것을 좋아하지 않는다고 들었습니다. 일본인은 이와 반대로 남을 억제하는 것을 즐기고, 또 남에게 억제당하는 것을 즐깁니다. 그 폐단은 상하귀천을 막론하고 서로 아첨하고 억압하며 모방하여 강자에게 굴복하고 약자를 모욕하며 겁을 먹지 않으면 바로 난폭하게 굴고, 에돗코江戸っ子[16]스럽게 경솔하고 성급하니, 스스로 무력을 얻었다면 마치 미친 쥐처럼 날뛰고, 바깥을 무서워하고 안으로는 두려워하며 위아래가 서로 의심하고 벌벌 떠는

---

14   여기에서는 홋카이도의 토착 인종 아이누 민족을 가리킨다.

15   메이지 초기의 지방민회. 1872년 무렵부터 각 지방관에 의해 지방행정을 원활하게 시행하기 위한 민정 자문 기관으로 설치되었다.

16   에도에서 나서 자란 사람을 가리킨다.

것 또한 마치 쥐와 같을 것입니다. 시들고 맥 빠져 썩어 버린 쥐가 될지, 또는 거칠게 독을 품은 쥐가 될지, 애초부터 심기일전하여 흰 쥐(白鼠)가 될지, 그 경첩의 결과가 실로 대단히 우려스러운 것입니다.

　모름지기 타력을 끊으려면 오직 평상심과 용감한 결단에 달려 있는 법입니다. 분노를 그치고 욕망을 억제하는 것과 용감하게 개과천선하는 것은 일신상 도덕morale의 문제입니다. 현명한 이들이 정부에서 화합하고 만민이 아래에서 분발하여 저 사사로움을 완전히 제거하고 구습의 타력을 깨끗이 일소하여 이로부터 부강한 행복을 이루는 것은 한 나라의 도덕과 품행에 있어서 가장 중요한 일입니다. 저는 우리 인민이 서로 분발하여 자기 일신의 타력을 용감히 잘라 내는 도덕을 가지고, 이를 합하여 일국의 타력을 용감히 잘라 내는 도덕을 담당하여 통쾌한 전환, 상쾌한 변환으로 접교라는 초미의 급박한 사태를 잘 보좌해 가기를 바랄 뿐입니다.

메이로쿠잡지
제39호

1875년(메이지 8) 6월 간행(6월 25일)

—

✿
1. 인세삼보설 ②

니시 아마네

앞의 글에서 이미 개개인이 도리를 이행하고 덕을 닦는 큰 근본에 관해 논했다. 다음은 타인과 접촉하는 요결이자 우리가 동포와 서로 교제하는 도리에 관해 논하고자 한다. 도덕학에서는 서로 교제하는 도리 또한 삼보를 귀중하게 여기는 것을 동포와 함께 실천하는 데에 있으니 지금 그 대강을 살펴보고자 한다.

먼저 첫 번째 규칙rule. 무엇보다 타인의 건강을 해치지 말 것이며 도와서 촉진할 수 있다면 촉진하라. 두 번째 규칙. 무엇보다 타인의 지식을 해롭게 하지 말 것이며(지식을 해롭게 한다는 것은 남을 속이거나 혹은 남의 말을 막고 속이는 등의 행위가 모두 해당한다) 도와서 촉진할 수 있다면 촉진하라. 세 번째 규칙. 무엇보다 타인의 부유를 침해하지 말 것이며, 도와서 이를 촉진할 수 있다면 촉진하라. 이 세 가지 규칙을 지켜서 내가 동포와 정말로 왕성한 교제를 이루게 된다면 소위 인仁에 이르는 것이며, 의義를 다하는 것이다.

이제 이 규칙에 대해 해설해 보기로 한다. 무릇 개개인의 자기 행위는 어떤 일이 단지 자기 한 몸에 관계되고 만일 남에게 관련되는 것이 아닌 동안에는 오직 자신의 삼보를 귀중히 여기는 것으로 충분하다. 그 마음속은 순수하여 피아간의 구별이 없다. 그런데 일단 내가 동포와 접촉하면 여기에 피아간의 구별이 생긴다. 즉 마음속의 순수함이 분별을 가지고 둘로 나뉠 수밖에 없다. 이렇게 되면 편벽함의 병이 없을 수 없다. 나를 돈후히 하고 남을 엷게 하는 차이가 반드시 생겨난다. 그렇지만 이것은 오직 사업에서 드러나서 다를 뿐이다. 그 마음을 논해 보자면, 타인이 삼보를 중시하는 마음은 원래 내가 삼보를 중시하는 것과 조금의 차이도 없다. 옛날에 성인께서 이 때문에 큰 교훈을 내리시어 세상에 경계하도록 하신 것이 명약관화하니, 예수님 말씀에 남을 사랑하기를 자신을 사랑하듯이 하라¹ 하셨고 공자님 말씀에는 자신이 이루고자 하면 남도 이루게 하라²고 하셨다. 이 말씀은 후세에 나온 성인들도 바꿀 수 없었다. 진실로 영원토록 지극히 당연한 말씀이라 하겠다. 그러나 그 말씀에 따르는 데에는 순서가 없을 수 없다. 왜냐하면, 피아간의 구별이 있기 때문이다. 지금 여기 지극히 인자하고 충성스러우며 진실로 타인을 사랑하는 어떤 사람이 있다고 하자. 그런데 이 사람이 길에서 한 사람의 병자를 만나자 자기가 평소에 지니고 다니던 품속의 약포藥包를 꺼내 들어 갑자기 이것을 그 병자의 입속에 넣어 버린다면, 병자는 이를 미친 짓이라고 말할 것이다. 다만 미쳤다고 하는 데에 그치지 않고 화를 내고 미워하며 바

---

1 『구약성서』「레위기」제19장에 의거한다.
2 『논어(論語)』「옹야(雍也)」의 "내가 이루고자 하면 남도 이루게 하라[己欲達而達人]"에 의거한다.

라볼 것이다. 공자님 말씀에 내가 아직 약에 대해 알지 못하니 굳이 맛보지 않는다[3]고 하셨다. 그러므로 이미 피아간의 구별이 있으니, 마음은 똑같이 볼지라도 일을 행하는 데에는 순서가 없을 수 없다.

따라서 규칙으로 내건 것이 먼저 처음에 타인의 건강을 해치지 말라, 타인의 지식을 해롭게 하지 말라, 타인의 부유를 침해하지 말라는 세 가지 격언이다. 이를 규칙상의 소극적 삼강三綱이라고 부른다. 왜냐하면, 모두 명령할 때 '하지 말라'는 말을 사용해서 타인의 삼보에 대해 스스로 제재하고 삼가며 지키려는 뜻을 드러내어, 아직 타인에게까지 영향을 미치는 것은 아니기 때문이다. 그리고 이 규칙을 끝낸 다음에 촉진할 수 있는 것은 촉진하라는 한마디를 붙인다. 이를 적극적 삼강이라고 부른다. 왜냐하면, 이것들은 모두 명령할 때 '하라'는 말을 써서 타인의 삼보를 부조扶助하고 보익輔翼하며 찬성하는 것을 허락하는 말이기 때문이다. 그런데 소극적 삼강은 즉 도덕에서 나뉘어 법률의 원천이 된 것이라 하고, 적극적 삼강은 소위 도의moral obligation이다.

이제 다시 법률에 대해 논해 보기로 한다. 지금 대저 법률의 조항이 몇천만이나 있는지 알 수 없다. 무릇 동양에서는 당률唐律을 가지고 거의 갖추었던 경우가 많았고, 우리 나라 옛날의 법률 또한 여기에 기반을 두었다. 이후에 명률明律과 청률淸律이 있으면서 모름지기 시대가 내려옴에 따라 점점 더 갖추어졌다. 저 서양에서는 특히 로마법을 따랐다. 그리고 나폴레옹 법전[4]과 영국법[5]이 있었다. 기타 각국 현행의 법률은 대동

---

3   『논어(論語)』「향당(鄕黨)」의 "계강자가 약을 보내오자 절하고서 받으시고, 내가 약에
     대해 잘 알지 못하니 감히 맛볼 수 없다고 말씀하셨다[康子饋藥, 拜而受之, 曰, 丘未達, 不敢
     嘗]"에 의거한다.

4   1804년에 나폴레옹이 편찬한 법전. '민법전'이라고도 한다. 법 앞에서의 평등, 취업의

소이하며, 유대인의 법률이나 쿠란의 법률처럼 법률과 종교가 서로 연관된 것이 헤아릴 수 없을 정도로 많다. 그런데 그 귀결을 요약하면 정말로 사람이 살아가는 현생의 일을 법률로 정한 조항에서는 또한 어느 것 하나 이 삼보의 상해를 보호하는 경우는 없다. 모름지기 이 조항들 모두를 요약하자면 이 한 가지로 귀결될 뿐이다. 지금 법률의 용어를 가지고 삼보의 상해를 번역하자면, 타인의 건강과 생명에 상해를 입히는 것을 흉적이라고 하고, 타인의 지식에 상해를 입히는 것을 사위詐僞[6]라고 하며, 타인의 부유를 소유property라고 하며 그 소유를 침탈하는 것을 가리켜 절도라고 한다. 무릇 천하의 과오가 천태만상이어서 끝이 없다고 하지만, 모두 이 삼보를 상해하는 흉적·사위·절도의 변형이나 변체變體이다. 이 흉적·사위·절도는 저 질병·우치·빈핍이라는 세 화귀가 형태를 바꾸고 위세를 떨치는 것이니, 이를 인간 세상의 세 악마라고 부른다. 그러므로 개개인의 행동은 자신의 삼보를 귀중히 여기고 세 화귀를 제거하기 위해 노력함으로써 다른 세 악마를 막아 내는 데 힘써야 한다. 이를 법률의 용어로는 권리right라고 하며, 또 자신의 세 악마를 제어하고 타인의 세 가지 큰 보물을 귀중히 여겨서 털끝만치도 침범하지 않는 것을 의무obligation라고 한다.

이와 같이 권리와 의무는 함께 서서 그 사이에 만일 서로 침범하지 않

자유, 신앙의 자유, 사유재산의 존중, 계약의 자유 등 프랑스 혁명의 성과를 그대로 반영하고 있어 근대 법전의 기초가 되었다.
5   원래는 잉글랜드(England)의 법을 가리키지만, 대영 제국이 팽창하면서 식민지와 자치령 등으로 이어졌고, 나아가 미국에도 이 법체계가 받아들여지면서 소위 영미법계(英美法系)를 형성하였다. 유럽 중심의 대륙법계(大陸法系)와 함께 세계의 대표적인 양대 법체계를 형성하며, 판례법주의(判例法主義)를 위주로 하는 특징이 있다.
6   양심을 속여 거짓을 꾸밈을 의미한다.

는다면 인간 도리의 큰 근본이 서고 덕행의 기초가 갖추어진다. 그러나 아직 선미善美함을 다하였다고는 말할 수 없다. 선미함을 다한다는 것은 바로 타인의 삼보를 귀중히 여기고 세 화귀를 제거하는 것이니, 이는 곧 남을 사랑하기를 자기처럼 하고, 자신이 이루고자 하는 바를 남도 이루게 하는 규칙으로, 세상에서 가장 크고 높으며, 아름답고 선한 덕인 것이다. 모름지기 이 덕은 사람의 본성 안에 뿌리박고 있는 것으로, 왕성하고 지극한 정情으로부터 나온다. 그러므로 사람은 질병·사상死喪·우치·빈핍이 타인을 공격하는 것을 보면 내 일처럼 불쌍히 여겨 마음이 흡족할 수 없다. 이것은 동포는 본래 나와 동일체이므로, 만일 우리의 삼보에 적대하는 것은 피아간의 구별이 없음을 증명하기에 충분하다. 이로부터 타인의 질병을 가엾게 여기고, 죽음을 애도하며, 어리석어 혼란해하는 자를 가르치고, 가난하여 궁핍한 이를 구휼하는 등의 덕행이 모두 여기서 나온다. 이는 그야말로 적극적 삼강이 분명히 나타나는 바이자, 개개인이 타인에게 접촉하는 방법 또한 이를 가장 중요한 것으로 한다. 그렇지만 적극적 삼강은 모두 '~라면'이라는 글자를 넣어서 가정투hypothetical로 적는 까닭은 무엇인가? 이것은 그야말로 피아간의 구별을 보이고 착수의 순서를 분명히 한 것으로, 때와 장소에 따라서 사람으로 하여금 그 적당함을 제어하게 하기 위해서 '~라면'이라는 글자를 덧붙여 보이는 것이다. 그러므로 자신의 가슴속에 가득 찬 두려움과 측은함은 피아간의 구별을 잊고, 저 삼보를 귀중히 여기고 보호하며, 저 세 화귀를 쫓아내는 데 있어서, 마치 그 급박함이 활시위와도 같고 그 절실함은 칼날과도 같지만, 또한 그야말로 착수의 순서를 따라 일을 행해야 한다. 즉 도의를 앞의 권의權義와 서로 혼동해서는 안 되는 것이다.

그렇다고는 해도 도의는 인도의 큰 근본으로, 삼보를 중시하는 것도 이 도의를 완전히 갖추는 데에서 나온다. 그러므로 이 외의 많은 규칙이 모두 거기에 속한다. 마치 큰 빛이 나타나서 많은 별이 그 광채를 잃는 것과도 같다. 이를 통해 사람이 세상의 변화를 만나고 시대의 어려움을 겪으매 도의가 정녕 왕성하면 동료를 위해서 죽음을 돌보지 않으며 분별함으로써 도의를 온전하게 하는 경우가 있다. 이것은 삼보 가운데 둘을 버려 그 하나를 온전히 갖추는 것이다. 공자께서 말씀하시길, 살신성인이라 하셨다. 그리고 서방의 성인은 몸소 이 예를 보여 주셨다. 이른바 지극히 큰 도의라 할 수 있을 것이다. 이것이 바로 개개인이 삼보를 중시하여 자기 동료와 교제하는 요결이다. 동료의 의탁을 받아 공적으로 그 일을 맡을 때의 도리 또한 이 삼보를 귀중하게 여기는 것 이외에는 나오지 않는다는 점에 대해서는 이후에 논하기로 하겠다.

✿

2. 정부와 인민이 이해利害를 달리하는 것에 대한 논의
(1875년 6월 1일 연설)

니시무라 시게키

대개 사물에는 통칭(合名)이 있고, 특칭(分名)이 있다. 사람이 통칭이라면, 정신, 신체라고 하는 것은 특칭이다. 나라가 통칭이라면, 정부, 인민이라고 하는 것은 특칭이다. 통칭으로 이를 살피자면 사람도 하나의 사물이며 국가도 하나의 사물이다. 그러나 특칭으로 이를 살피자면 사람도 두 개의 사물로 구성되고 국가도 두 개의 사물로 구성된다. 분리되어 두 개의 사물이 되기 때문에 필연적으로 그 이해득실이 달라지는 것이다. 이제 그 자세한 내용에 대해 말해 보고자 한다.

사람이 온 힘을 다하고, 마음을 다하며, 학문에 정진하고, 사업에 힘써서 현인, 군자가 되며, 그리하여 공명과 부귀를 얻는 것은 정신에 이로운 일이다. 하지만 신체로부터 보면 이로 인해 건강을 해치고 목숨을 단축시킬 우려가 있으므로 이것을 해롭다고 말하지 않을 수 없다.

몸을 움직여 근골을 연마하고, 사려로 피곤해하지 않으며, 정신을 쓰지 않아 건강과 장수를 유지하는 것은 몸에 이로운 것이다. 그러나 정신적으로는 지식을 깨닫지 못하고 도리에 밝지 못하면서 결국엔 어리석고 우둔한 사람이 될 우려가 있으므로 손해라고 하지 않을 수 없다. 이것은 모두 한 사람의 몸으로 합쳐서 보면, 원래부터 하나의 사물이기 때문에 이해를 구분해야 할 이유가 없다. 그러나 이것을 분리하여 보자면, 그 이해가 서로 같지 않아서 저쪽의 이로움이 이쪽의 해로움이 되는 것이 어찌 기이하다고 하지 않을 수 있는가?

국가와 같은 것도 또한 그러하다. 권위가 대단하여 백성이 이것을 두려워하매 명령하면 실행하고, 금지하면 멈추고, 하고자 하는 것을 전 국가적으로 모두 받아들이지 않는 자가 없는 것은 정부의 이로움일 것이다. 하지만 인민의 입장에서 말하자면, 국가의 권위로 인해 속박에 묶이고 압제를 받아 자신의 권리를 조금도 펼칠 수 없으니 이것을 해롭다고 하지 않을 수 없는 것이다. 자유를 펼치고 굴레를 벗어던지며, 조세를 스스로 늘리거나 줄이고, 관리를 인민이 채용하거나 그만두게 할 수 있게 된다면, 이것은 인민의 이로움일 것이다. 하지만 정부 입장에서 말하자면, 정부의 권한을 없애고 군주의 위세를 줄이며 일을 행하는 데 언제나 간섭하여 마음대로 하지 못하게 하여 모순이 생겨날 우려가 있으니, 이것은 해롭다고 말하지 않을 수 없을 것이다.

인민은 세금을 내는 사람이다. 정부는 세금을 거두는 기관이다. 조세를 내는 사람은 조금 내는 것이 이롭고, 조세를 거두는 기관은 많이 거두는 것이 이롭다. 단지 포악한 정부만이 많은 조세를 이롭다고 하는 것이 아니다. 좋은 정부라도 세금을 많이 걷는 것을 싫어하는 경우는 없다. 단지 태만한 인민만 세금이 적은 것을 이롭다고 하지 않고 양민良民이라도 세금이 적은 것을 결코 싫어하지 않는다. 가령, 돈을 빌리는 자와 빌려주는 자의 경우와 같다. 돈을 빌리는 자는 이자가 적으면 이롭지만 돈을 빌려주는 자는 이자가 비싸면 이롭다. 아무리 후덕한 사람이라도 돈을 빌릴 때 이자가 높기를 바라고 돈을 빌려줄 때 이자가 낮기를 바란다는 소리는 아직 들어 본 일이 없다. 또 물건을 매매하는 경우도 그러하다. 파는 사람은 가격이 높기를 원하며, 사는 사람은 가격이 저렴하기를 원한다. 군자라고 해도 물건을 살 때 가격이 높기를 원하며 물건을 팔 때 가격이 저렴하기를 바란다는 소리는 아직 들어 본 일이 없다.

이렇게 보자면, 인정(仁政)을 행하고 조세를 약하게 징수하기를 정부에 바라는 것은 돈을 빌려주는 자에게 이자를 낮춰 주기를 바라고 물건을 파는 자에게 가격을 낮춰 주기를 바라는 것과 같으니, 결국 빌려주는 자나 파는 자에게 이익이 되지 않으므로 자연히 이런 일은 일어나지 않는다. 이것이 예로부터 인정을 행하는 자는 항상 적었으며, 폭정을 일삼는 자는 항상 많았던 까닭이다.

그렇다면, 정부는 그냥 맡겨 두기만 해서는 절대로 인정을 행하지 않는 것일까? 인민이 만약 자신의 권리를 얻기 원한다면, 자기 힘으로 억지로 이것을 탈취해야 하는가? 조세를 가볍게 하기를 원한다면 세력을 만들어 정부를 위협해야 나중에 비로소 그 바람을 이룰 수 있는 것일까?

천하의 일에는 대개 공적 이익(公利)과 사적 이익(私利)이 있다. 자신의 몸을 이롭게 하고 아울러 타인을 이롭게 하는 것을 공적 이익이라고 하며, 자기 자신을 이롭게 하고 타인의 불이익을 돌보지 않는 것을 사적 이익이라고 한다. 인류는 서로 교제하지 않으면 안 된다. 교제를 하려고 하면 한 사람의 사적 이익을 추구함으로써 대중의 공적 이익을 손해 보게 해서는 안 된다. 그러므로 돈을 빌려주는 자도 돈을 빌리는 자의 이익을 생각해야 하며, 물건을 파는 자 또한 사는 자의 이익을 생각해야 한다. 만약 그렇지 않고 자신의 사적 이익만을 취하여 타인의 공적 이익에 해로움이 생긴다면, 사적 이익도 결국 자신의 이익이 되지 않고 오히려 자신에게 손해가 생기게 될 것이다.

무릇 자신과 타인이라는 것은 본디부터 완전히 다른 두 개의 사물이기 때문에 나의 이익이 굳이 타인에게 이익이 되지 않을 듯하다. 하지만 오직 자신에게만 이익이 되면서 타인의 불이익을 돌보지 않는다면 도리어 자신의 불이익을 초래하게 될 것이다. 국가와 같은 경우는 이와는 달라서 이것을 정부와 인민의 두 개로 구분할 수 있다고 하지만, 본래 원만한 하나의 사물로서 마치 정신과 신체가 합해져서 한 사람이 된 것과 비슷하다. 이미 원만한 하나의 사물이므로 정부의 이익은 인민의 이익이고, 인민의 불이익은 정부의 불이익이다. 예를 들면 정신의 쇠약함은 신체에 불리하고, 신체의 피로함은 또 정신에 불리한 것과 같다.

지금 말한 바와 같다면, 앞에서 말한 정부의 이익과 불이익, 인민의 이익과 불이익에 대한 이야기는 전혀 그렇지 않다는 말인가? 아니다. 사적 이익의 관점에서 논한다면 앞에서 말한 바와 같지만, 공적 이익의 관점에서 논한다면 지금 말한 바와 같은 것이다. 국가의 공적 이익이 되는 것은 무엇인가? 부강, 치안, 영예와 같은 것들이다. 정부도 이것을 목적으로 삼아야 하며, 인민도 이것을 목적으로 삼아야 한다. 권위를 자기 마음대로 휘두르고 심하게 세금을 할당하여 징수하면 정부의 이익이 되기는 하지만, 이렇게 함으로써 부강, 치안, 영예에 해로움이 생긴다면 정부는 자기 욕심을 극복하고 사적인 이익을 억눌러서 시행하지 말아야 한다. 민권을 확대하고 조세를 줄이는 것은 인민에게 이익이 되기는 하지만, 이렇게 함으로써 부강, 치안, 영예에 해로움이 생긴다면 인민은 욕구를 잘 견디고 사적 이익을 내려놓아서 시행하지 말아야 한다. 이렇게 되면 상하 모두가 똑같이 이롭고, 정부가 인민을 괴롭힐 염려가 없으며, 인민은 정부에 대해 반역할 우려가 없으므로 국가 전체가 힘을 모아 부강, 치안, 영예의 국가로 나아갈 수 있다.

그런데 반화半化[1]의 국가에서는 언제나 정부가 무거운 권위를 가지며 인재 또한 많다. 인민은 전혀 달라서 정부의 힘이 항상 8, 9할의 중량감을 가진다면 인민의 힘은 항상 1, 2할의 중량감에 지나지 않는다. 때문에 국력의 평균을 얻고자 한다면 정부도 5보 뒤로 물러서고 인민도 5보 뒤로 물러서서는 결코 진정한 국력의 평균을 얻을 수 없다. 반드시 정부가 2, 3보를 물러서고, 인민이 8, 9보를 앞서가야 비로소 평균을 얻을 수 있는 것이다. 이것이 뜻이 있는 자들이 민권을 주장하고 반복해 논설을 내는 까닭이다. 무릇 민권은 인민 고유의 소중한 보물로서, 정부가 부여해 주기를 기다려야 하는 것이 아니다. 근래의 상황을 보면 정부는 애초에 이미 국가의 공적 이익이 무엇인지를 아는 것 같다. 공리를 잘 안다면 필연적으로 인민과 사적 이익을 다투지 않을 것이다. 만약 인민이 분발하여 민권을 취하고, 그리하여 국력의 평균을 조정하려고 한다면 정부는 이를 저지할 이유가 결코 없다. 어쩌면 기꺼이 이것을 허가할지도 모를 일이다. 만약 인민이 막연히 정부에 의존하여 정부가 민권을 하사하기를 기다리는 것이라면, 예컨대 황하가 맑아지기를 기다리는 것[2]과 같아서 결국 그런 일은 일어나지 않을 것이다. 분발할지어다!

---

1   문명화의 정도가 중간 정도의 단계에 이른 나라를 가리킨다.

2   『춘추좌씨전(春秋左氏傳)』「양공팔연조(襄公八年條)」의 "황하의 물이 맑아지기를 기다리는 것은 사람의 짧은 목숨으로는 아무래도 부족하다(俟河之淸, 人壽幾何)"에 의거한다.

❁

3. 서학 일반 ⑦

나카무라 마사나오

　베이컨은 또한 소년 시기에 심지心智를 수양하는 일의 이로움을 농부가 봄에 농사에 힘쓰면 반드시 수확의 이익을 얻는 데에 비유하였다. 그러므로 이에 대해서 논한 책의 제목을 지오르직스 오브 더 마인드Georgics of the Mind[마음의 밭(心田)을 경작하는 노래라는 의미로, 옛날 이탈리아의 시인 베르길리우스Vergilius[1]가 농사에 관해 지은 시를 게오르가키[2]라고 하였기에 그 이름을 따서 책의 제목으로 하였다]라고 하였다. 이 제목은 일종의 비유로서 권농勸農의 의미를 담고 있어서, 세상 사람들로 하여금 우선 황야를 개간하고 생산물을

---

[1]　푸블리우스 베르길리우스 마로(Publius Vergilius Maro, 기원전 70-기원전 19). 고대 로마의 시인. 오비디우스, 호라티우스와 함께 역대 최고의 라틴어 문학가라고 평가받는다.

[2]　베르길리우스의 대표작인 교훈서사시. 농경시(農耕詩)라고 한다. 기원전 36-기원전 29년에 캄파니아에서 집필한 것으로 모두 4권으로 이루어져 있다. 제1권은 작물 재배와 기상(氣象), 제2권은 과수(果樹), 특히 올리브와 포도 재배, 제3권은 가축의 사육, 제4권은 양봉을 다루었으며, 국토에 대한 사랑과 농사에 대한 존경심을 환기시키기 위하여 쓴 것으로 알려져 있다.

무성하게 하는 데에 주의를 돌리게 하고, 다른 하나는 황폐한 마음의 밭을 다스려서 재덕才德의 싹을 틔우는 데에 주의를 기울이게 하려고 한 것이다.

폭스Fox[3]가 말하길, 1588년부터 1640년 사이에 놀라우리만큼 문예가 발달하면서 후커Hooker,[4] 롤리Raleigh,[5] 베이컨, 스펜서Spencer,[6] 셰익스피어Shakespeare[7] 등이 아름다운 언어와 문사로 영국을 장식하였다고 하였다. 모름지기 언어와 문사는 도道를 담는 그릇[8]이므로, 그것을 닦으면 닦을수록 사람 마음속의 덕도 점차 나아지는 것이다. 처음에는 총명하고 사리에 통달한 인물이 많지 않아도, 그들로 인해 저절로 다른 사람들이 변화하면서 총명해지고 통달하게 되기 때문에 문화가 더욱 발전하게 된다. 또 그중에서 세속에 통용되는 언어와 지혜롭고 총명한 이의 생각이 합쳐져 일체가 되도록 힘쓰면, 이로 인하여 사람의 마음속에 진리를 깨달을 수 있는 본연의 힘이 늘어나면서 다시 후생들은 보다 높은 곳에서부터

---

3 찰스 제임스 폭스(Charles James Fox, 1749-1806). 영국의 정치가. 휘그(Whig) 내각의 외무 장관을 역임했고, 프랑스 혁명을 지지하며 대프랑스 전쟁을 반대하였다. 풍부한 교양과 웅변으로 영향력이 컸으며, 자유주의의 선구자로 평가된다.

4 리처드 후커(Richard Hooker, 1554-1600). 영국의 성공회 성직자이자 신학자, 옥스퍼드대학 교수. 당시 영국에서 청교도의 세력이 커지는 것을 경계하여 성서주의를 비판하고, 영국 국교회가 신의 법에도 이성의 법에도 치우치지 않고, 성서와 초대 교회 이후의 전통에 의거한 가르침이라는 주장을 펼쳤다.

5 월터 롤리(Sir Walter Raleigh, 1554?-1618). 영국의 탐험가, 군인, 저작가. 엘리자베스 1세의 총애를 받아 북아메리카의 식민 사업을 하였으나 실패하고 제임스 1세 때 반역 혐의로 처형당했다.

6 에드먼드 스펜서(Edmund Spencer, 1552?-1599). 영국의 시인이다.

7 윌리엄 셰익스피어(William Shakespeare, 1564-1616). 영국의 시인, 극작가이다.

8 북송의 유학자 주돈이(周敦頤)가 쓴 『통서(通書)』의 "문장은 도를 담아야 한다[文以載道]"라는 말에 의거한다.

출발하여 나아갈 수 있게 된다. 그 아버지의 시대에는 아직 이런 높은 경지에 이르지 못하였던 것이다.

베이컨과 롤리는 그 직업과 품행이 매우 달랐지만, 또 서로 닮은 구석도 있었다. 이 두 사람 모두 스스로 심지의 힘을 기르는 데 최선을 다하였고, 또 세상과 학교의 질곡(오래된 나쁜 관습을 말하는 바와 같다)을 벗어났다. 이것은 그 시대에 호걸들도 하지 못한 일이었다. 또 영국의 언어를 갈고 닦아서 풍부하게 변화시켜 문장의 품격을 높이고 우아하게 만들어 세속인들의 거칠고 저급한 언어를 변화하게 한 것은 두 사람의 공이 크다 하지 않을 수 없다.

홉스Hobbes[9]

여기에 인도人道와 정치에 관한 학문으로 각별한 일파를 세운 자가 1588년에 영국 맘즈버리Malmesbury[10]에서 태어났다. 바로 홉스라는 자이다. 그의 주장의 요지는 나라의 권리를 군주에게 귀속시키고자 하는 것이었다. 18세기의 100년(1701년부터 1800년까지) 동안 인도학人道學 및 정치학의 대가들이 연이어 그의 학설을 논박하였지만, 지금까지도 새롭게 나오는 책 가운데 정치의 도리를 논하는 것은 대개 홉스의 학설을 비방하는 내용을 담고 있다. 그렇지만 홉스가 한때 영국을 크게 뒤흔들었으므

---

9   토머스 홉스(Thomas Hobbes, 1588-1679). 영국의 철학자. 베이컨의 영향을 받아 기계론적 세계관 위에서 인간계도 자연계와 같은 원칙에 의해 지배된다고 생각했으며, 대표적 저서인 『리바이어던(Leviathan)』(1651)을 통해 근대적 국가체제의 사상적 시발점으로 평가되는 중요한 사상을 제공하였다. 사회계약론의 이론적 토대와 근대 자유주의의 맹아를 제공했다고 평가된다.

10   잉글랜드 남서부 브리스톨 근교의 마을이다.

로 여기에서 그 주장의 일부를 들어 보고자 한다.

홉스의 말에 따르면, 사람은 누구나 본성은 동등(귀천의 구별이 없음을 말한다)하다. 그런데 통치하는 군주가 있기 전에는 인민이 모두 똑같이 천하의 재물을 나누어서 가지고 이용할 권리가 있었다. 또 사람은 누구나 독립하여 스스로 마음대로 하는 성질이 있다. 무릇 사람이 교제하여 패거리를 이루는 것은 편리를 위해서 하는 것이니, 이것은 어찌할 수 없는 도리로부터 그렇게 되는 것이다. 모름지기 사람은 모두 동등하며 각자가 독립하려는 마음이 있기 때문에, 그 기세상 반드시 언제나 투쟁이 일어나서 그칠 새가 없는 법이다. 거기에서 안전을 도모하기 위해 기댈 수 있는 것은 자기 자신의 힘과 지혜뿐이니, 위태롭다 하지 않을 수 없는 것이다.

홉스는 소사이어티Society, 즉 중인결사衆人結社의 기원을 설명하면서 자기 평생의 경험에 입각하여 문제를 설정해서 말하길, "살펴보라, 여행할 때 호신기구를 갖고 가지 않는 자가 있는가? 또 선량한 동반자와 함께 가려고 하지 않는 자가 있는가? 잠들려고 할 때 문을 잠그지 않는 자가 있는가? 그뿐만 아니라, 자기 집에 있어도 상자 등에 자물쇠를 잠그지 않는 자가 있는가? 또 다른 사람에게 억울한 괴롭힘을 당하면 이를 해명해 밝히려고 하지 않는 자가 있는가?"라고 하고, 또 그 밖에 덧붙여 말하길 "아이를 한번 살펴보라. 다른 나라의 사람을 보는 데 싫어하지 않는 아이를 본 적이 있는가? 또 어둠 속에 있으면서 익숙하지 않은 발소리를 듣고도 무서워하지 않는 아이를 본 일이 있는가?"라고 하였다.

홉스는 사람을 자연상태에 내버려두면 반드시 투쟁에 이르게 되므로, 법을 만들어서 화평과 보전을 도모해야 한다고 말한다. 그러기를 바라려면 사람들 각자가 본래부터 소유한 권리를 양보해 버림으로써, 사람들이 모두 함께 안전과 보호의 이익을 얻는 것에 만족해야 한다. 그런 이유에서 한 사람을 주인으로 세우고, 그 사람에게 사람들이 본래부터 가지고 있는 권리를 부여함으로써 비로소 국가를 이룰 수 있다. 즉 나라 안의 사람들이 오직 한 사람이 되어서, 이 한 사람에 의해 사람들의 뜻을 하나로 만들고, 사람들의 힘을 합쳐서 사람들을 보호하는 일을 행하게 되는 것이다. 그렇게 되면 국가 통치의 권리는 나중이 되어서는 위탁한 군주로부터 되가져오는 것은 불가능하다. 설령 정치가 마땅하지 않더라도 그 군주를 벌할 수는 없다. 법률을 판단하는 일은 정부(官府)의 권리이며, 학자들이 각자 논쟁할 수 있는 것이 아니다. 정부에서 정한 옳고 그름은 나라 안의 사람들 각자가 자기 마음속의 옳고 그름의 기준으로 삼아 들어야 한다. 홉스는 또 군주가 홀로 권력을 주관해야 한다고 논하며 말하기를, "사람은 길들이지 않은 맹수와 같고, 국정國政은 그 맹수를 묶는 사슬과 같은 것이니, 바로 그 잔인함과 난폭함으로 사람과 물건을 상하게 하는 일을 방지하기 위한 도구인 것이다"라고 하였다.

홉스의 논의는 편파적이기는 하지만, 당시 영국의 군주인 찰스 2세[11]가 몰래 프랑스로 도주하여 인민이 모두 군주의 권력을 혐오하고 반란의 마음을 품으면서 나라 안이 안정되지 않았기 때문에 그의 주장을 믿는 자가 많이 생겨났고, 그 이름이 세상에 널리 알려지면서 가만히 앉아 철학 명가의 반열에 서게 되었던 것이다.

---

11   찰스 2세(Charles II, 1630-1685). 찰스 1세의 아들이자 영국 스튜어트 왕가의 세 번째 왕.
      청교도혁명으로 아버지 찰스 1세가 단두대에서 처형당하고, 본인은 프랑스, 스코틀
      랜드, 네덜란드, 독일 등을 전전하였다. 그 후 올리버 크롬웰이 사망하고 1660년에
      공화국 체계가 혼란에 빠지자, 브레다선언을 발표한 뒤에 귀국하여 왕정복고를 실현
      하였다.

메이로쿠잡지
제40호

1875년(메이지 8) 8월 간행(9월 5일)

—

1. 인세삼보설 ③ (니시 아마네)
2. 양정신일설 ① (사카타니 시로시)

✿
1. 인세삼보설 ③

니시 아마네

나는 이미 앞의 두 편에서 인생 도덕의 큰 근본은 삼보를 귀중하게 여기는 데에 있음을 논하고, 내가 행동하고 타인과 교제하는 중요한 방도에 다른 방법이 필요하지 않음을 말하였다. 그리고 이제부터는 또 사람을 다스리는 중요한 방도 역시 이 삼보와 어떻게 관련되는지 논하고자 한다. 여기서 사람을 다스린다는 것은 군주와 인민을 구별하고 나라를 세워 정치를 행하는 도리로서, 소위 정부government라는 것을 세워 동포의 복지를 견고하고 장대하게 하는 방법이다. 그런데 여기서 먼저 바로 인간 사교社交, social의 생활life에 관해 논해 두어야만 할 것이다. 철리哲理, philosophical의 안목에서 보자면, 정부가 아직 서기 전에 이미 인간 사교의 생활상에서는 함께 생존하는 도는 갖추어지지 않을 수 없었던 것으로 인세에서 빠뜨릴 수 없는 급박한 것이다. 지금 대저 문명 제국에 있어서는 사교의 생활상에서 함께 생존하는 도리가 매우 성행하고 널리 퍼져서, 사업이 여기에 의존하여 성립하고, 학예가 여기에 의존하여 진전하며, 나라의 부유함도 여기에서 나오고, 나라의 강대함도 여기에서 나오며, 나라가 잘 다스려지고 어지러운 이유도 역시 여기에서 나온다. 소위 정부라는 것은 말하자면, 오로지 아무것도 하지 않을 뿐이라고 말할 수도 있을 것이다.

그런데 이처럼 사교가 왕성해지는 것은 원래 정교政敎의 마땅한 도리가 서고 인문이 개명하여야 이루어지는 것이기는 하지만, 그 본원을 따져 보면 안으로는 사람의 심성에 뿌리박고 밖으로는 사람 형체의 성질, 즉 자연의 이세理勢에 근본이 있는 것으로서, 원숭이를 벗어나 사람으로 생겨난 이래로는 사교의 생활은 절대로 없을 수 없는 도리인 것이다. 그러므로 아프리카 사막에 사는 흑인에게도, 아메리카 산중에 사는 적인종赤人種에게도, 사막 북쪽에서 유목하는 민족에게도, 에조蝦夷[1]에게도, 타이완의 도이島夷[2]에게도 크기의 차이는 있을지라도 무리를 이루는 성질에 따라 하나의 촌락 내지 부락 간에 교통하는 것은 설령 아무리 조잡하더라도 반드시 없을 수가 없다. 비록 이러한 야만적 풍속을 지닌 곳에서는 멀리 떨어진 곳의 부락을 원수 보듯이 하여 공격하기를 그치지 않고, 포로를 팔아 두개골을 장식하는 등의 나쁜 관습이 있지만(10여 년 전을 회고해 보면, 우리 나라에도 또한 구로후네黑船[3]를 공격하자는 의견이 있었다), 이는 다만 지식이 적고 편협하여 무리를 이루는 성질을 확충하고 사회생활을 갖추는 일을 온전히 하지 못하는 것일 뿐이다.

지금 이것을 서양 문명 제국의 현명하고 지혜로운 자들이 바로 지구

---

1   본래는 일본 도호쿠 지방 및 홋카이도 지역에 살던 변경 거주 집단의 명칭. 오랑캐, 야만인을 가리키는 말로도 쓰였다.
2   섬 또는 해안 지역의 오랑캐, 도적 집단, 야만인을 가리킨다.
3   에도 시대 말기에 서양 선박을 부르던 이름이다.

상 전체를 하나의 사회로 만들고자 움직이고 있는 데 비한다면, 하늘과 땅만큼이나 큰 차이가 있는 것이지만, 그 본원을 따지자면 하늘을 찌를 듯이 큰 소나무와 떡잎과의 차이처럼 형질이 다른 것이 아니라 도량이 다른 것일 뿐이다. 이처럼 인간 사교의 모습은 인생에서 없을 수 없는 중요한 도리이므로, 인문이 점점 열리면 사교의 모습 또한 점점 넓어지고 견고하게 될 것임에 의심의 여지가 없다. 그리하여 지금 시대에 이르러 사교의 정情(칸트의 소위 영구평화Eternal Peace와 세계공화World Republic는 당분간은 철학자의 몽상이다)이 커진 것을 국정國情, Nationality이나 국애國愛, Patriotic라고 말한다. 두 가지 모두 우리가 지닌 사교의 정서Feeling를 가리키는 것으로서, 시대에 순응하는 것을 국정이라고 하고 시대에 역행하는 것을 국애라고 한다. 지금 우리가 다른 곳에서 여러 해를 보낸 뒤 어느 날 옛 고향에 돌아와 소싯적에 주위를 돌며 어루만졌던 소나무를 보고 기뻐하며 얼싸안는 것과 같은 행동은 아무런 정도 느낄 수 없는 나무나 돌을 보았기 때문에 그러는 것이 아니라, 모름지기 사교의 정이 인간의 마음에 단단히 맺혀 있기 때문에 그런 것이다. 하물며 옛날 친구나 친척에 대해서는 또 어쩌하겠는가. 그러므로 사교의 도는 인생의 급무이자 잠시도 소홀히 할 수 없는 것이라 하겠다. 그런데 이 사교의 도에서도 저 삼보를 귀중하게 여기는 것으로 충분하다. 삼보를 귀중히 여기는 것은 곧 사교의 함께 살고 돕는 도리에서 시작하고 끝나는 것이니, 사교는 이로 인하여 생겨나고 이루어지는 것이다.

이제 이에 대해 상세히 논해 보고자 한다. 무릇 자신의 건강을 지키고자 하면 의식주에 관련된 모든 물품을 빠뜨려서는 안 된다. 그리고 의식주의 물품은 진실로 인간의 삶이 둥지나 동굴에서 더러운 물을 떠 마시던 풍습에서 벗어난 이후로는 결코 혼자서 갖출 수 없는 것이다. 분업의 법이 서지 않으면 안 되는 것이며, 사교의 모습이 갖춰지지 않고서는 불가능하다. 무릇 자신의 지식을 깨우치고자 하면 모든 일의 이치를 태어나면서부터 통달할 수는 없으며, 또 사용하는 물품들도 혼자서 일일이 발명할 수도 없는 노릇이다. 바로 학문의 도리가 일어나지 않으면 안 되며, 사교의 모습이 갖춰지지 않고서는 불가능하다. 무릇 자신의 재산을 증식하고 아름답고 선량해지고자 하면, 혼자서 일일이 만들고, 아름답고 선량하게 갖추고자 해도 불가능하다. 이로 인해 바로 전문가가 생기지 않을 수 없고, 기술을 통하게 하고 물품을 교역하는 도리가 없이는 불가능하다. 이렇게 많은 재화와 급한 수요로 인해 사교 또한 확대되지 않을 수 없는 것이다.

그러므로 삼보를 귀중하게 여기는 것은 곧 사교의 기반을 이루는 것이니, 이것을 귀중하게 여기면 여길수록 사교 또한 점점 넓어지고 융성하는 것은 당연한 이치라 하겠다. 저 야만 오랑캐의 낡은 습속과 왜소한 가옥의 남루함과 음식의 조악함은 다름 아닌 건강을 중시하지 않았기 때문이다. 결승結繩의 제도[4]도 없는데 하물며 문자술이 있을 리가 없으니, 이것은 다름 아닌 지식을 중시하지 않았기 때문이다. 축적해 둔 부가 없고, 또 화폐를 사용해 축적한 것을 분산하고 취합하는 법이 없는 것은 다름 아닌 부유를 중시하지 않았기 때문이다. 그러므로 만약 이것들을 중시한다면 사교의 도가 반드시 열릴 것이다. 진실로 이것들을 중시하는 마음이 점점 깊어져서 열심히 도모한다면 반드시 사교가 넓어지게 될 것이다. 모름지기 야만의 오랑캐는 남루함에 안주하여 하늘이 내려 준 것을 헛되어 잃어버리기 때문에 야만의 오랑캐인 것이다. 사람이 태어나서

---

4   문자가 사용되기 이전에 새끼줄을 묶어서 수를 셈하던 방법이다.

가령 죽을 때까지 단 한 번도 질병에 걸리지 않는다고 한들, 이미 태어날 때 산파産婆나 산의産醫의 도움을 받지 않는 자는 적다. 그러므로 건강은 반드시 지켜야 하는 것이다. 조금 더 나이가 들면 설령 학술을 익히지 않더라도 가업을 잇거나 다른 사람에게 일을 배워야만 한다. 혹은 일을 배우는 것이 아니더라도 언어와 동작은 반드시 익혀야 한다. 그러므로 지식은 반드시 배워야 하는 것이다. 조금 더 나이가 들어서는 각각의 농사, 목축, 공장, 무역업, 혹은 다른 직업에 종사하며 각각의 직업을 가지고 스스로 노력해서 밥벌이를 해야 한다. 그러므로 부유는 반드시 증식해야 하는 것이니, 사람이 태어나 어려서부터 늙을 때까지 필시 면할 수 없는 삼보가 바로 사교의 큰 도리이다.

그런데 이 도리를 그르치고 삼보를 경멸하면서 고질병으로 건강을 해롭게 하고, 완둔함으로 지식을 해롭게 하며, 게으름으로 부유를 해롭게 한다면, 곧 인간의 반열에 서지 못하고 사교로부터 배척당할 것이다. 이러한 자를 폐인이나 거지라고 부른다. 설령 악한 일을 하지 않았더라도 타고난 성질이나 운명이 그러하다면, 그 정황이 아무리 가련하다 해도 삼보를 소홀히 하는 것이니, 사교에 나란히 낄 수 없음은 매한가지이다. 그렇지만 사람이 정말로 삼보를 소중히 여기는데, 만약 원래 타고난 성질이 결여되지 않았다면, 가령 도량의 차이는 있을지언정 사교에 끼는 데 아무런 방해도 없을 것이다. 예를 들자면 담배를 파는 노인, 종이를 줍는 장정, 익은 콩을 파는 아낙네, 말똥을 줍는 어린아이의 일이 천하고 열등하다는 것은 모두 아는 사실이다. 또한 국왕이 귀하고 재상과 대신이 높으며 호상과 거농이 성대하다는 것도 누구나 알고 있다. 그러나 사교상에서 이를 보자면, 저 또한 각각 사교의 한 일원member에 지나지 않는다. 가령 사교는 커다란 집 한 채와 같아서 군주와 재상은 동량의 재료와 같고, 가난한 백성들은 문설주나 못과 같다. 그 쓰임새와 공을 논하자면, 설령 대소의 차이는 있을지언정 이를 빼먹을 수는 없는 것이다. 그러므로 인간의 사교를 비유하자면, 하나로 꿰어진 염주와 같다 하겠다. 고리 하나, 구슬 하나를 비교하면 가령 크기와 무게에 크고 작고의 차이가 있더라도, 그 안에서 한 위치를 이루는 성질에는 다를 바가 없다. 만일 하나로 꿰어진 염주 중에 고리 하나, 구슬 하나라도 빠지면, 나머지 모두가 이로 인해 풀어져 버리는 해악이 생겨날 것이다. 그러므로 사교는 한 사람이라도 만일 삼보를 소홀히 하여 훼손하는 일이 생긴다면 그 재앙이 전체에 파급되지 않을 수 없다. 만약 병든 폐인이나 거지와 같이 사회상의 교제에 가담할 수 없는 자가 아닌 다음에야, 모두 사교상 자기 본분의 위치를 갖지 않는 자가 없고, 각 위치에 있는 사람들의 삼보는 모두 동일하여 경중에 차이가 없는 것이다.

이로부터 삼보의 도덕학morality에서는 사교의 예규로서 2대 근본원리grand principle를 중시한다. 하나는 타인의 삼보는 상하귀천의 구별 없이 똑같이 귀중하다는 것이고, 다른 하나는 혹시라도 삼보를 해하지만 않는다면 사람의 모든 행위는 자유자재하다는 것이다. 이것은 바로 예수교의 근본원리이며(평등과 자유Equality and Liberty), 우리 동양에서는(석가모니가 또한 같은 것을 주장한 듯하다. 그런데 이 또한 히말라야 서쪽 지역의 근본원리에 속한다) 오늘날까지 아직 알려지지 않은 바이기는 하지만, 여기에 의거하지 않으면 삼보의 도덕은 설 수 없는 것이다. 어떤 이들은 사람에게 있어 삼보의 귀중함이 동일하며 전혀 다르지 않다는 말에 의문을 가지며, 현명함과 재능, 부유함과 고귀함을 귀중하게 여기는 데에 차이가 전혀 없다는 말에 의아해하기도 한다. 그러나 삼보의 귀중함은 개개인이 모두 동일하여 다를 바가 없는 것으로, 현명함과 재능을 귀하게 여기고 부유함과 고귀함을 중시하는 까닭은 바로 이 때문이다. 모름지기 개개인의 삼보가 똑같이 귀중하다는 것은 마치 만물이 각각의 종적 특성specific weights을 가진다는 것과 같은 말이다. 여기에 차이가 있다면 무엇을 가지고 비교하여 차별을 둘 것인가. 무릇 순금은 정수淨水보다 19배가 무겁지만, 여기에는 아무런 차이가 없다. 그런데 우리는 10센의 금이 1센의 금보다 10배의 가치가 있음을 안다. 그런데 종적 특성으로서 차이가 있다면 무엇을 가지고 비교할 수 있다는 말인가. 그러므로 무릇 인간이라면 그들이 가진 삼보의 귀중함은 동일하여 다를 것이 없다. 그런데 강력함과 지식과 부유함에서 우월한 자는 그 우월한 정도만큼 자연스레 귀중함을 배가하는 것에 차이가 있음이 마치 10센의 금이 1센의 금보다 무거운 것과 같은 일이라 하겠다.

그런데 지금 사람들 가운데에서 옛날 이집트나 인도의 카스트caste 제도처럼 미리 종류를 구별하는 것은 마치 동일한 인민에게서 금의 무게와 은의 무게와 동의 무게와 철의 무게를 나누는 것과 같은 행위이다. 특히 카스트 제도뿐만 아니라 전제정부 등에서 종종 보이는 것과 같은 문지門地, 세족世族의 풍습은 이 삼보에 기초한 사교의 도덕학에서 가장 배척하는 바이다. 삼보설의 사교에 관해서는 이 외에도 여러 설이 있으나, 말이 길어지기 때문에 이를 다음 기회로 넘기고자 한다.

✿

2. 양정신일설養精神一說 ①

사카타니 시로시

학문을 함양함으로써 지식을 기르고, 재정에 함께 관여하는 정치를 통해 스스로 담당하는 힘을 왕성하게 하는 정신을 기르는 것이 중요하다는 이야기는 지난번에 했습니다.[1] 그리고 이로부터 한 가지 더 깊이 생각하는 바가 있습니다. 일본과 지나의 정신이 서양에 미치지 못하는 이유는 물론 많지만, 가장 큰 원인은 기계에 있다는 것입니다.

이렇게 말하면 나이 드신 스님이나 한학 선생들께서는 반드시 그것은 그릇을 중시하고 내용을 가볍게 여기는 말이라며 꾸짖으실 것입니다. 제 이야기는 그런 것이 아니라, 도리어 내용을 중시하기 때문에 그릇을 중시하는 것입니다. 무릇 내용에는 형체가 없고, 그릇에는 형체가 있습니다. 형체가 없는 것은 형체가 있는 것에 의지하지 않으면 안 됩니다. 집, 탈것, 옷, 음식, 전투의 무기까지 무릇 형체를 이루어 사람의 쓰임이 되

1   『메이로쿠잡지』 제35호 2, 제36호 1에 게재된 「천강설」을 가리킨다.

는 것 가운데 기계가 아닌 것이 없습니다. 충신과 지사가 국가를 위하는 것, 친척과 친구를 위하는 것은 모두 이 기계를 가지고 실행합니다. 마시는 사람이 마시는 것, 먹는 사람이 먹는 것, 농업·공업·상업이 각각 그 일을 하면서 교제하는 것은 모두 이 기계를 가지고 합니다. 기계가 좋지 않으면 그 내용을 실행하는 데 반드시 지체되는 일이 생깁니다. 대담한 사람이 맨손으로 적에게 맞선다 한들, 기계가 없으면 아무 일도 못 합니다. 속담에서도 도깨비에게 방망이를 준다는 말이 있습니다. 도깨비는 대단히 강한 사람을 일컫는 말입니다. 대단히 강한 사람이 쇠방망이를 얻어 한층 더 강해집니다. 이것이 없으면 아이들의 전쟁놀이에도 무서워할 수밖에 없습니다. 세상에 용맹한 사람은 적고 겁이 많은 사람은 많으며, 기교 있는 사람은 적고 서투른 사람이 많은 것이 보통입니다. 그런데 기계가 있으면 겁이 많은 사람도 용기를 가질 수 있고 서투른 사람도 능숙하게 될 수 있습니다. 기계가 담력을 왕성하게 하고 정신을 발양시키며 도덕을 융성하게 할 수 있음을 알아야 합니다.

시험 삼아, 서양 각국에 선함船艦과 총포가 없고 일본과 지나에 그것이 있다고 해 봅시다. 부강한 서양도 일본과 지나를 스승으로 우러를 수밖에 없을 것입니다. 만일 지금 싸우고자 하면, 기계와 탄약은 모두 서양에서 빌려야 합니다. 서양이 없다면 팔짱을 낀 채로 쓰러질 것입니다. 우리에게 기댈 데가 없기 때문입니다. 물고기는 물속에서 빠르고 짐승은 산에서 뛰어다닙니다. 사람은 원래 기댈 데가 있어야 기운이 왕성해질 것입니다. 서양의 전쟁에서는 좋은 장수 이외에 좋은 의사를 얻을 수 있으면 병사들의 사기가 오른다고 들었습니다. 겁이 많고 마음이 약한 부녀자도 신불에 기대면 물과 불을 가리지 않고 뛰어들 수 있습니다. 우리는 서양의 정치, 법률, 교화의 도리를 배우지만, 기계에 있어서는 하나의 발명도 없는 것이 결국 아동과 노예일 뿐이니, 어디에 기대서 그 정신을 왕성하게 하고 그 국력을 세우겠습니까.

그런데 어떤 이가 자신이 도道를 잘 안다고 하였는데, 그것도 한 개미의 이야기를 말하는 선생일 뿐이었습니다. 지난해 어떤 나이 든 한학 선생께서 개미 이야기를 지었습니다. 대략 다음과 같은 이야기였습니다. 어느 날 길가에 쭈그려 앉아 개미가 왕래하는 것을 관찰하매 개미는 서로 만나면 반드시 예의를 갖추고 공손한 것을 보니, 따라서 사람이라면 예의를 갖추고 공손해야 한다는 것을 알았다는 것입니다. 늙은 농부가 이에 대해서 말하기를, "나는 글자를 하나도 모르지만, 그러나 어렸을 때 이미 사람이라면 예의와 공손함이 있어야 한다고 알고 있었는데, 선생은 오래도록 공부를 했지만 이제야 비로소 개미에게 예의를 배운다니 이 무슨 말인가. 나는 가래 하나로 자기 몸을 편안하게 하고 배불리 먹으며 나머지로 남을 도와주는데, 선생은 많은 책을 읽고도 하루 종일 공론空論만 하면서 세상에 도움은 하나도 안 되고 오직 제자의 사례를 받아 입에 풀칠을 하는구나" 하며 비난하였습니다. 늙은 농부의 말은 도가 지나쳤습니다. 그렇지만 도는 기계에 의해서 실행된다는 것도 알아야 합니다. 또 기계가 세상에 쓰임을 이루는 데 있어, 착한 사람이 만들었어도 서투르고 나쁘다면 나쁜 사람이 만든 도움이 되는 것에 미치지 못합니다. 따라서 도는 치란治亂에 따라 성쇠가 있지만, 기계는 치란에 상관없고, 혹은 난에 의해 더욱더 개화하기도 합니다. 서양의 문명국이 혼란할 때 오히려 세력을 늘렸고, 일본과 지나는 혼란할 때 더욱 곤궁에 빠지는 것도 이러한 이치에 따른 것입니다. 공리空理는 이익이 없고, 실물은 지식을 늘리고 정신을 기른다는 것을 알아야 합니다.

무릇 기계가 중요함에 대해서는 일본과 지나도 하루도 이것을 빠뜨리지 않았습니다. 그런데도 발명이 없었던 것은 인종의 차이가 있어서 지식이 따라가지 못했기 때문일까요? 그렇지 않습니다. 온갖 기계의 시작은 지나가 서양보다 앞섰습니다. 영국과 프랑스인이 일찍이 이에 대해서 논하였고, 러시아인은 예전에 이것을 두려워했습니다. 그런데 시작하고 나서는 다시 한 걸음 더 나아가지 못했습니다. 오히려 퇴보하고 없앤 것까지 있었습니다. 제가 은밀히 그 이유를 추측해 생각해 보니, 이것은 기학氣學의 단서가 시작에서 막히고 열리지 않았기 때문입니다. 기계는 술術과 예藝에서 생겨나고, 술과 예는 사려와 숙련으로부터 나옵니다. 기계에 있어서는 사려가 무엇보다도 중요합니다. 그리고 천지간에 형체를 이루는 것은 모두 기로부터 생겨납니다. 기가 분명하지 않은데, 어떻게 그것을 사려하고 어떻게 형체를 만들겠습니까. 그런데 지나의 기학을 잘 모르는 저는 그 이유를 알지 못합니다. 지금 세상의 논자들은 일본과 지나의 문명이 개화되지 않은 죄를 공자의 도에 진보의 궁리가 없었다는 데에 돌리고, 우리 나라도 그 해를 입었다고 주장합니다. 그러나 공자께서는 오직 인도人道에 대해 설명하셨을 뿐, 기학에 대해 논하지 않으셨습니다. 오로지 수신修身과 정사政事에 대해서만 논하셨습니다. 그 말씀이 만물의 뜻을 깨우치고 하려는 바를 이루는(開物成務) 것에 대해 기꺼이 논하셨지만, 기학을 언급하는 데에까지 이르지 않은 이유는 공자 이전에 그 단서를 연 사람이 없어서 선인의 학설을 이어받아 그것을 바탕으로 규칙을 정할 수 없었기 때문입니다.

서양 사람은 일찍이 기독교의 가르침이 과학에 방해가 되었음을 논했습니다. 처음 기독교는 괴이하고 헛된 이야기로 사람을 속이고, 불가사의한 일을 보여서 그야말로 과학에 해를 끼쳤습니다. 그런 이후에 과학이 오히려 번성하였습니다. 공자께서는 개물성무開物成務를 말씀하셨지만 도리어 과학은 일어나지 않았습니다. 참으로 이상한 일이라고 생각했습니다. 그래서 다시 그 근본을 추측해 보니, 지나의 오행설이 화를 자초한 듯합니다. 오행설은 공맹께서 배척하고 논하지 않은 것이었습니다. 『역경易經』은 음양을 위주로 합니다. 그 기원은 복희伏羲[2]에 근거를 둡니다. 오행은 음양에서 생겼기 때문에 복희가 그 해로움의 단서를 연 것이 아닌가 합니다. 그러나 당시에는 괘화卦畵[3]만 있었지 문장은 없었습니다. 소위 음양이라는 것은 밝음이니, 어두움이니, 남자니, 여자니 하는 것일 뿐이었습니다. 「순전舜典」[4]에 수화금목토水火金木土가 나옵니다. 그러나 농사에 대해 설명하면서 다만 실제로 존재하는 형체를 가지고 일상생활에서 쓰는 것을 언급했을 뿐입니다. 「홍범洪範」[5]에 이르러서 이 설이 번성하게 되었습니다. 점이나 의술에 관한 문장은 신농神農[6]에서 찾는다면 그 기원 역시 오래되었습니다. 『좌전左傳』[7]에 이르면 오행설은 한층 더 번성하게 되어서, 사람들은 모두 흔히 이른바 미신쟁이(御幣担ぎ)가 되었습니다. 공자조차도 봉조하도鳳鳥河圖[8]와 획린獲麟의 고사[9]에 대한 기록으로 미신쟁

---

2   중국 고대의 전설상의 제왕 또는 신. 『역경(易經)』「계사전(繫辭傳)」에 복희가 팔괘(八卦)를 처음 만들고 그물을 발명하여 어획과 수렵의 방법을 가르쳤다는 기록이 나온다.

3   역경을 이루는 64괘의 기호를 가리킨다.

4   『서경(書經)』「우서(虞書)」의 편명. 순임금의 치적을 기록하였다.

5   『서경(書經)』「주서(周書)」의 편명. 나라를 다스리는 방법에 관해 기록하였다.

6   중국 고대의 전설상의 제왕 또는 신. 삼황의 하나이며, 의약(醫藥)을 만들고 처음 사람들에게 농사짓는 법을 가르쳤다고 전해진다.

7   『춘추좌씨전(春秋左氏傳)』. 공자가 춘추 시대(春秋時代, 기원전 770-기원전 476)를 해설한 역사서 『춘추(春秋)』를 해설한 책이다.

8   『논어(論語)』「자한(子罕)」의 "공자께서 이르시길, 봉황도 날아오지 않고 황하가 그림을 내보이지 않으니 나도 여기까지로구나(子曰, 鳳鳥不至, 河不出圖, 吾已矣夫)"에 의거한다. 봉황은 성덕을 지닌 천자가 나오는 징조. 하도는 복희씨(伏羲氏) 때에 황하(黃河)에서 용마(龍馬)가 지고 나왔다는 쉰다섯 점의 그림으로, 이것을 기초로 팔괘가 만들어졌다

이를 면하지 못하였습니다. 맹자께서는 한마디도 언급하지 않으셨지만, 이러한 풍습은 전국 시대에 이르러 크게 늘어났고, 진한 시대에는 더욱 만연하였으며, 중국 전역을 통틀어 모두 미신쟁이뿐이었습니다. 따라서 가의賈誼[10]의 정학政學[11]에서 복조鵬鳥를 두려워한 것[12]은 미신이었습니다. 동중서董仲舒,[13] 유향劉向,[14] 양웅楊雄[15]은 모두 희대의 학자이면서 미신을 믿었습니다. 후한後漢[16]의 광무제光武帝[17]는 세상을 압도한 영웅이었습니다. 그러나 미신을 믿는 것이 지금 세상의 소학생보다 더할 것입니다. 어리석음도 이만저만이 아니어서 『전한서前漢書』[18]에 오행에 관한 지志가 한 책

고 한다.

9　　『춘추좌씨전(春秋左氏傳)』「애공(哀公)」의 노(魯)나라 애공이 사냥을 나갔다가 성인이 나타날 징조인 기린(麒麟)을 잡았다는 고사. 『춘추』의 마지막 문장으로, 절필 또는 시대의 종말을 의미하게 되었다.

10　 중국 전한(前漢)의 대신·정치가·문인(기원전 200-기원전 169)이다.

11　 가의는 진나라 때부터 내려온 율령·관제·예악 등의 제도를 개정하고 전한의 관제를 정비하기 위한 많은 의견을 상주했는데, 그가 제안한 제도는 오행설에 기초한 것이었다.

12　 북조는 수리부엉이. 가의가 장사(長沙)로 좌천되었을 때 불길함의 상징인 북조가 집에 들어온 것을 보고 자기 수명이 다한 것을 느껴 『북조부(鵬鳥賦)』를 지었다는 고사를 가리킨다.

13　 전한의 유학자(기원전 176?-기원전 104). 춘추공양학(春秋公羊學)을 배워 하늘과 사람의 밀접한 관계를 강조하였고, 무제(武帝)로 하여금 유교를 국교로 삼도록 설득하였다.

14　 전한의 경학자(기원전 77?-기원전 6). 「설원(説苑)」, 「홍범오행전(洪範五行伝)」, 「열녀전(列女伝)」 등을 지었다.

15　 전한 말기의 문인, 사상가. 「태현경(太玄経)」, 「양자법언(揚子法言)」 등을 지었다.

16　 광무제가 신(新) 왕조를 깨고 한 왕조를 부흥시킨 나라(25-220). 수도는 낙양. 동한(東漢)이라고도 했다.

17　 후한의 초대 황제(기원전 6-기원후 57). 왕망(王莽)의 군대를 격파하고 즉위해 한 왕조를 재건한 후 전국을 평정했다. 중앙집권화를 추진하였으며 학문을 장려하고 유교를 중시하는 정책을 펼쳤다.

의 5분의 1을 차지할 정도였으니, 이후의 도도한 흐름을 누가 책망할 수 있었겠습니까.

이에 따라 생각하면, 오행설이 인간의 지혜를 가로막아 기학을 분석하는 일의 단서가 전혀 열리지 않았음을 알 수 있습니다. 이와 같이 세상이 바뀌고 사물이 변화하여 가끔 기계가 그 편리함을 여는 일도 있었지만, 공연히 정신을 쓸모없이 낭비하고 남의 뛰어난 생각을 목격하는 데에만 힘을 쓸 뿐이었습니다. 단지 기계뿐만 아니라 매사 모든 것에서 그러하였습니다. 대체로 이렇게 막연하고 목적도 없으니 마치 맹인이 길을 걷고, 귀족의 자제가 금화를 알아도 그 사용에 익숙하지 않아 백 전의 값어치에 십 원을 투자하는 것과 같으니, 많은 이들의 비웃음을 살 만합니다. 따라서 옛날부터 신기한 재주가 있고 뛰어난 생각을 가진 사람은 적지 않았지만, 사다리 없이 지붕에 올라가고자 하는 것과 같아서 그 재능을 쓸 데가 없었던 것입니다.

뉴턴Newton은 사과가 떨어지는 것을 보고 중력을 발견했고, 우스터 Worcester[19]는 주전자의 뚜껑이 뒤집히는 것을 보고 증기력을 발견했습니다. 갈바니Galvani[20]는 두 가지 금속류가 죽은 개구리의 허벅다리를 움직이는 것을 보고 두 금속 사이의 전기가 교감한 것을 깨달았고, 이로부터 와트Watt[21]와 프랭클린Franklin[22]의 발명은 자연의 조화를 빼앗기에 이르렀

---

18   중국 후한 시대의 역사가 반고가 저술한 기전체의 역사서. 전 100권으로, 12제기(帝紀), 8표(表), 10지(志), 70열전(列傳)으로 이루어졌다.

19   에드워드 우스터(Edward Worcester, 1603-1667). 영국의 귀족이자 발명가이다.

20   루이지 갈바니(Luigi Galvani, 1737-1798). 이탈리아의 의학자·생리학자·물리학자. 전기생리학 창시자의 한 사람. 기전기(起電機) 옆에 놓은 개구리의 근신경 표본이 경련하는 것을 발견하고 '동물 전기'라고 단정했다. 이후 이 설은 알레산드로 볼타(Alessandro Volta, 1745-1827)에 의해 반박되었으나, 이를 계기로 볼타 전지(電池)가 발명되었다.

습니다. 이들은 물론 서양에서도 몇 없는 뛰어난 재능을 가진 사람들이기는 하지만, 만일 기학의 풍습이 없었다면 사과가 떨어지거나 뚜껑이 뒤집힌다 한들, 그냥 떨어지고 뒤집히는 것일 뿐, 거기에서 무엇을 느꼈겠습니까? 선승禪僧은 달과 비를 보며 깨달음을 얻고, 서예가는 뱀의 싸움이나 검무를 보고 깨달으며, 병법가는 노래에서, 조개의 수에서, 딱따구리에게서 깨달음을 얻습니다. 사정은 각기 다르지만 평소의 습관과 생활로부터 깨닫는 바가 있는 것은 똑같습니다. 일본과 지나가 만일 옛날부터 기학의 습관과 생활이 열려서, 어렸을 때부터 항상 보고 들으며 습관이 되어 지식을 이런 쪽으로 이용하게 했다면, 어쩌면 전기와 증기의 이용이 서양보다 앞서서 개화했을지도 모를 일입니다. 또한 기학, 기계 등 실용적인 것은 마음이 성기면 이룰 수 없고, 인내심이 없으면 익숙해지지 못합니다. 인내하며 마음이 정밀하게 되면, 인성人性이 모든 것을 운용할 궁리를 어중간하게 알고 이해하여 눈앞의 이익만 얻으려고 하지 않고, 난폭하고 원숭이처럼 경망스럽게 구는 습관도 자연스럽게 하지 않게 되며, 담력은 날마다 커지고 정신은 달마다 증가할 것입니다.

과거에 기학이 개화하지 않았던 것을 비난할 수는 없습니다. 지금은 다행히 이 학문이 우리에게 들어왔습니다. 이것을 앞에서는 비난하고 뒤에서는 금지하면 아무것도 이룰 수 없을 것입니다. 나는 서양의 겉모습만 배우는 악습은 단호하게 배제하고, 보호와 교육의 책임이 있는 자들 모두가 이 학문을 마음 깊이 담아 백 명의 뉴턴, 천 명의 와트를 우리 나

---

21   제임스 와트(James Watt, 1736-1819). 영국의 기술자. 증기기관의 개량자로 유명하다.

22   벤저민 프랭클린(Benjamin Franklin, 1706-1790). 미국의 정치인이자 외교관, 과학자, 발명가, 언론인. 피뢰침을 만든 것으로 유명하다.

라에서 배출하기를 바랍니다. 만일 그렇게 하지 않고 함부로 헛된 이치를 떠들고 쓸모없는 법을 가르치며 거짓 개화를 자랑하면, 결국 일거수일투족에 관련된 기계 전부를 서양에 기대게 되어 싸움을 벌일 수 없을 것이고, 만일 싸우게 된다면 부채는 산더미처럼 불어나서 결국 안정되지 못할 것이며, 안정되더라도 많은 일이 서로 맞지 않아서 산업과 무역을 하지 못하게 될 것입니다. 이렇게 되면 국력은 나날이 줄어들 것입니다. 아아, 이것 또한 어느 양학 선생이 지은 개미의 설일 따름인가 싶습니다.

메이로쿠잡지
제41호

1875년(메이지 8) 8월 간행(9월 5일)

—

✿

1. 사형론

쓰다 마미치

　형벌 중에 사형이 있는 것은 마치 죄를 묻는 방법 가운데 고문이 있는 것과 마찬가지일까. 고문의 방법이 마땅하지 않다는 점은 내가 앞에서 종종 논의했던 바이다. 이번에는 사형이라는 형벌이 그릇된 까닭을 설명하고자 한다.

　무릇 형벌이란 사람의 죄악을 벌하기 위한 것이다. 벌한다는 것은 무슨 의미일까? 말하자면 범죄를 저지른 자가 그 악업이 얼마나 두려워해야 할 것인지를 깨닫고 벌을 받으면서 뉘우치고 선한 길로 복귀하도록 하는 것이다. 형법의 목적은 마땅히 이와 같아야 한다. 그렇지만 사형은 이를 시행하면 곧 사람의 목숨을 끊는 것이니, 어찌 이를 벌주어 뉘우치게 하는 법이라고 말할 수 있겠는가? 설령 벌을 받아 뉘우친다고 한들, 그 사람은 벌써 죽어 버려서 마음과 영혼이 이미 육체에 남아 있지 않으니, 이를 어떻게 선한 길로 복귀시켜서 사람들에게 선행을 권장할 도리가 있단 말인가? 그러므로 사형은 형벌이 아니라고 말하는 것이다.

입법이나 사법은 우리가 세우고 관장할 수 있는 것이다. 하지만 우리에게 원래 사람을 살릴 능력이 없는데 함부로 사람을 죽이는 법을 제정하여 시행하는 것이 어찌 올바른 도리에 부합하는 일이라고 말할 수 있겠는가. 사람을 죽이는 형벌은 역시 도저히 그 포악함을 면하지 못하는 일이다. 형법에서 살인하는 자는 사형이라고 말하지만,[1] 이것은 단지 포악함으로 포악함을 대신하는 것일 뿐이다.

또 어떤 이는 사형이 한 사람을 벌하여서 천만 명을 경계하게 하는 것이라고 말하기도 한다. 그런데 원래 우리 나라의 인구가 3천여만 명이고, 해마다 사형에 처해지는 자가 대개 천여 명이니, 적다고는 할 수 없는 숫자이다. 생각해 보면, 천수백 년간 이렇게 경계하였건만 여전히 경계하고 있는 것이 아닌가. 서양의 여러 나라를 합치면 그 인구가 우리의 몇 배에 이르는데도, 거기에서 사형에 처해지는 자는 수 개국을 합쳐서 일 년에 겨우 수 명에 지나지 않는다. 우리 나라에는 흉악한 자가 많고 저들 나라에는 적기 때문일까. 그런 것이 아니라, 모름지기 형률이 저들과 우리가 서로 달라서 사형이 저들에게는 적거나, 혹은 사형을 완전히 폐지한 나라도 있기 때문이니, 이 또한 개화의 정도가 같지 않기 때문일 뿐일 것이다.

옛날에는 복수하는 행위를 선하다고 여겼다. 그렇지만 그것은 결코 선한 일이 아니라 도리어 대단히 나쁜 일이다. 오늘날의 국가는 복수하는 자를 살인죄로 다스리는데, 가혹하다고 하지 않는다. 복수는 실로 백방으로 도모하여 그 대상인 자를 죽이는 것이다. 그러므로 복수에 관한

---

1   1870년(메이지 3) 12월 20일 태정관포고 제944호의 '신율강령' 인명률(人命律)에서 '범인 (凡人)은 모살함에 조의자(造意者)는 참(斬)한다'라고 되어 있다.

법률의 개정은, 우리 습관에 따라 이를 논박하는 자가 간혹 없지는 않지만, 굳이 다른 이야기를 들을 필요가 없는 것이다. 그런데 문명이 개화하면서 사사로운 복수를 엄격하게 금지하였는데도,[2] 사형은 여전히 존속하고 있다. 내가 이해하기로는 있을 수 없는 일이다. 모름지기 복수는 금지하면서 사형은 존속시키는 것은 마치 술을 금지하면서 이를 술잔으로 벌주는 것과 같은 일이라 할 수 있지 않을까.

또 어떤 이는 형벌의 주요한 취지는 우리 사회의 해악을 제거하기 위함이며, 그러므로 포악한 사람을 죽여서 우리 사회의 해악을 제거해야 한다고 주장하기도 한다. 이 말에는 일리가 있다. 그렇지만 이 취지를 달성할 수 있는 것은 사형을 제외하고 다른 데에서도 찾을 수 있다. 소위 유배형과 같은 것이 바로 그러하다. 그런데 유배형은 도리어 범죄자를 다른 곳으로 옮기는 일로, 이는 마치 백규白圭가 물을 다스리는 것과 마찬가지여서 이웃 나라를 물길로 삼는 해로움이 있으니,[3] 시행해서는 안 될 것이다. 모름지기 형벌의 취지에 적합하게 시행할 수 있는 것은 오로지 도형徒刑[4] 또는 징역형뿐이다.

『상서尙書』에 이르길, 형벌의 목적은 형벌을 없애는 데에 있다[5]고 하였

2   1873년(메이지 6) 2월 7일 태정관포고 제37호를 통해 복수를 금지하였다.
3   『맹자(孟子)』「고자(告子)」편. 백규는 위(魏) 혜왕(惠王)의 신하로, 축성과 치수를 담당하는 자였다. 백규가 맹자를 만나서 말하길, 자신이 제방을 높게 쌓아서 물을 이웃 나라로 흘려보내 자기 나라의 홍수를 방비하였음을 자랑하였는데, 맹자는 그 둑으로 인해 이웃 나라에 피해를 입힐 것을 전혀 생각하지 않았으니, 그것은 잘못임을 지적하였다.
4   감옥에서 강제 노동을 하면서 복역하는 형벌을 가리킨다.
5   형기무형(刑期無刑). 즉 죄를 지은 사람에게 국법으로 형벌을 가하거나 처벌하는 것은 이를 통해 범죄자가 없어져서 형벌 제도가 필요 없게 됨을 목적으로 한다는 뜻이다.

다. 그 취지는 아름답다고 할 수 있을 것이다. 그렇지만 이것은 부질없는 논의로서, 지금까지 실제로 시행되었다는 말을 들어 본 일이 없다. 나는 형벌에서 사형이 없어지기를 기대한다. 그러나 서양의 문명 각국에서도 사형을 폐지하자는 주장이 나온 지 이미 백여 년이 되었는데, 저들조차 도 아직 온전히 시행하지 못하고 있다. 하물며 우리 동방에서는 어떠하 겠는가. 단지 이것을 장래에 기대하고자 할 뿐이다. 지금 이 논의를 내는 것이 스스로도 시기상조임을 알지만, 잠시 베카리아Beccaria[6] 씨의 흉내를 내어 우리 나라 사람들의 졸음을 깨우고자 하였을 따름이다.

---

6   체사레 베카리아(Cesare Beccaria, 1738-1794). 이탈리아의 법학자이자 경제학자. 이탈리
     아 계몽사상가로서, 근대 형법 사상의 기초를 마련하였다. 대표작으로 『범죄와 형벌
     (Dei delitti e delle pene)』(1764)이 있으며, 죄형법정주의의 사상 및 고문·사형의 폐지론을
     주장하였다.

✿

2. 화화매조법지설禾花媒助法之說

쓰다 센津田仙

1873년(메이지 6), 빈의 전람회'가 개장했을 때, 저(拙者) 또한 그 파견된 관원 중 한 사람이었습니다. 당시 눈으로 보고 귀로 들은 것들의 이익은 참으로 많습니다.

때마침 농학의 대가인 네덜란드인 호이브렝크Daniel Hooibrenk 씨라는 선생을 오랜만에 다시 만날 수 있었습니다. 이것은 실로 저에게는 대단한 행운이었습니다. 다행히 선생은 빈 외곽의 조금 떨어진 곳에 살고 있었습니다. 우연히 악수를 나눈 이후로 대단히 선생과 친밀하게 되었습니다. 그리고 선생의 손에 이끌려 그 집으로 가게 되었습니다. 그 후에 선생의 집에 손님이 되어 반년 동안 가르침을 받았습니다. 선생의 초목에 대한 사랑은, 목마름 속에서 음식을 구한 것보다도 더욱 즐거워할 정도였습니다.

---

1   빈 만국박람회. 1873년 5월 1일에 개회하였다.

20여 년 전에 뷔르츠부르크Würzburger 사람 지볼트Siebold² 씨가 (이유가 있어서) 네덜란드인이 되어서 나가사키로 와³ 우리 나라의 초목을 유럽에 가지고 돌아갔는데, 지금 유럽의 여러 나라에 전해지게 된 것은 대개 선생의 손을 거쳐 간 것들입니다. 서양인이 우리 나라의 초목을 사랑하고 귀하게 여기게 된 것은 실로 선생으로부터 시작된 것입니다. 선생의 공은 정말 크다고 할 수 있지 않을까요.

선생은 더욱이 일본인을 사랑하였습니다. 선생은 대단히 친절하고, 특히 저를 귀엽게 여겨서 언제나 일본의 아들이라고 불렀습니다. 선생은 밤낮으로 저에게 배양술을 친절히 알려 주셨습니다. 또 실제로 시험을 할 때는 선생이 언제나 반드시 그 이치와 방법을 신중하고 꼼꼼하게 강의하였습니다. 선생은 언제나 게으름을 피우는 모습은 전혀 보이지 않았습니다. 그리하여 저는 잠시간 다행히도 선생께서 다년간 실험하였던 대강을 볼 수 있었습니다. 제가 실로 이 이상 없을 만큼의 큰 행운이라고 한 것은 바로 이 일을 말한 것입니다. 선생은 이미 칠순을 넘기셨습니다만, 신체가 건강하여 여전히 괭이를 쥐고 삼태기를 메고는 아침저녁으로 물을 대며 스스로 즐기는 생활을 하고 계셨습니다. 소위 노익장이라고 하는 말은 이런 사람을 두고 하는 것이겠지요.

2   필리프 프란츠 폰 지볼트(Philipp Franz von Siebold, 1796-1866). 독일의 의사, 박물학자.
     1823년에 일본에 와서 『일본(日本)』, 『일본식물지(日本植物誌)』 등의 저술을 남겼다.
3   에도 시대 일본은 외국과의 교류를 막부가 통제하면서 기본적으로 네덜란드인의 체
     재만이 허용되었다. 지볼트는 네덜란드 동인도회사 소속으로, 나가사키의 네덜란드
     상관이 있던 데지마[出島]에 상관의[商館醫]로 일본에 오게 되었으나, 본래 독일인이었
     으므로 원칙대로라면 일본에 체류할 수 없었다. 그 때문에 지볼트는 일본 입국 시 자
     신을 네덜란드인이라고 속이고, 자신의 이상한 네덜란드어 발음은 사투리라고 둘러
     대어 머물 수 있었다.

선생은 우리 세계에 큰 이로움이 있는 세 가지 대발견을 하셨습니다. 제가 작년에 저술하여 출판한 『농업삼사農業三事』[4]라는 책에 그 대강을 소개했습니다. 그 세 번째가 화화매조禾花媒助의 법으로, 지난 9월 13일에 도쿄 제2대구 12소구 아자부후루카와麻布古川[5]의 전답에서 실제로 시행하여 11월 13일에 수확하였고, 그 벼와 일반적으로 성숙시킨 벼를 비교해 본 바로는 놀랄 정도로 쌀의 성질이 상등품이 되어서 히고肥後쌀과 아키타秋田쌀만큼이나 달라졌습니다. 그뿐만 아니라, 그 수확량의 개괄을 표로 보면 다음과 같습니다.

갑(甲)의 장소 시험			
1평당 벼[籾]	매조(媒助)미	구법(舊法)미	차이
승목(升目)	1승(升) 4합(合) 6석(夕)	8합 9석	5합 7석
목방(目方)	495문(匁) 6분(分)	281문 2분 4리(厘)	240문 3분 6리
을(乙)의 장소 시험			
승목	1승 8합 3석	1승 4합 3석	4합
목방	650문 8분 8리	413문 2분 7리	202문 6분 1리
병(丙)의 장소 시험			
승목	1승 2합 3석	8합 5석	3합 7석
목방	354문 4분 7리	248문 2분	106문 2분 7리
위 3개 평균			
1평당 벼[籾]	매조미	구법미	차이
승목	1승 5합 66	1승 5석 66	4합 5석
목방	488문 7리 2모(毛)	319문 3리 4모	619문

<hr>

4   1874년(메이지 7) 5월 간행. 상하 두 책으로 되어 있으며, 삼사(三事)란 '기통(氣筒)', '언곡(偃曲)', '매조(媒助)'를 말한다.
5   현재의 도쿄의 미나토[港]구 아자부[麻布] 1, 2초[町] 근처를 가리킨다.

승목 백분율	4할(割) 2분 5리 8모	매조법 시술의 이익
양목(量目) 백분율	5할 5분 1리 9모	매조법 시술의 이익

또 올해 제9대구 소3구의 아스카야마飛鳥山 아래에서 시술한 보리를 6월 14일에 수확한 대강의 표는 다음과 같습니다.

제1시험장 52번지 전답 주인[戸部喜想治]				
	매조미	구법미	차이	비율
승목	7합 4석	5합 1석	2합 3석	4할 5분 90리
목방	241문	175문	66문	3할 7분 71리
제2 47번지 전답 주인[鈴木安左工門]				
장(長) 1장(丈) 2척주(尺疇)	1승 5석	7합 3석	3합 2석	4할 3분 8리 3모
목방	275문	203문	72문	3할 5분 4리 6모
제3 50번지 전답 주인[同人]				
수(穗) 10본(本)당 목방	7문	4문 5분	2문 5분	5할 5분 5리
제4 30번지 전답 주인[戸部喜想治]				
1휴(畦)당 승목	2승 9합 6석	2승 3합 3석	6합 3석	2할 7분 38리
목방	820목(目)	650목	170목	2할 6분 15리
제5 29번지 전답 주인[戸部弥次想治]				
최상수 10본 목방	16문 6분 5리	11문 9분	4문 7분 5리	3할 9분 91리
평균				
승목의 비율	3할 5분 9리 5모	매조의 이익		
양목의 비율	3할 8분 9리 4모			

위 매조법은 『농업삼사』 안에서 개략적으로 서술한 것처럼 대단히 손쉬운 것으로, 사실 노력이라고 말씀드릴 만한 것은 전답의 잡초를 한 차

레 제거하는 것보다 더욱 쉽습니다. 거기에서 말하는 기계는 우리 나라 풍속에서 새해에 문 앞에다가 걸어 놓는 금줄과 비슷한데, 양모로 만든 것으로 외람되게도 지금은 쓰다나와津田繩[6]라고 불리고 있습니다. 이 줄에 벌꿀을 얇게 발라 두고, 쌀이나 보리의 꽃이 피려고 할 즈음에 그 이삭의 끝부분을 네다섯 차례 마찰시켜(摩盪) 주기만 하면 됩니다. 세 명이 하루 1헥타르 정도의 답지에 어렵지 않게 시행할 수 있습니다.

이렇게 간단한 방법, 즉 아이들의 놀이와도 비슷하다고 할 정도의 방법으로 해당 표와 같이 3할 내지 5할 이상의 큰 이익을 보는 확증이 있으면서, 이를 위해 더 비용을 들일 일도, 또 농부를 더 고생시킬 일도 없이 거의 공짜로 수확량을 늘리기만 하면, 아무리 더하고 빼고 나누고 곱해 보아도 거의 두 배의 이익이 남는다고 한들, 허황된 소리는 아닐 것입니다. 그렇다면 농가는 3년 경작하여 1년의 식량을 남기고, 정부도 조세를 걷기 좋으니, 우리 3부府 60현縣의 인민들, 즉 우리 3500만의 형제 모두가 3년에 1번의 흉년이 있어도 배고플 걱정은 면할 수 있는 비율이 아니겠습니까. 아아, 이렇게 큰 이로움이 대단히 많은 것이니, 호이브렝크 선생이 우리 세상에 보여 주신 커다란 사업과 공이 대단히 놀라운 것이라 말하지 않을 수 없습니다.

지금 우리 정부의 내외 부채를 합한 금액 3120만 금金 정도는 3년 이내에 인민으로부터 완전히 갚는 것도 어렵지는 않을 것입니다. 그렇게 된다면 정부에서 오직 진심을 다해 돕는다면 내외의 부채는 물론이거니와 황궁의 신축[7]도, 여러 관청의 설치도, 화족·사족의 녹채祿債[8]도, 철로

---

6   글의 저자인 쓰다가 고안한 수분(受粉)을 활성화하기 위해 만든 끈 모양의 도구이다.

7   1873년(메이지 6) 5월 5일의 화재로 황거(皇居)가 소실된 상태였다.

도, 전선도, 무엇이건 십수 년 후에는 어렵지 않게 가능하리라고 궁리하는 듯합니다만, 정부에서는 아직 농업은 천한 일이라고 생각하는 것인지, 전혀 여기에 착수하려는 움직임이 없습니다(아라카와新川,[9] 하마다浜田,[10] 묘도名東,[11] 기후岐阜, 미야기宮城 이외의 두세 현은 예외). 세상 사람들은 사업에 관한 일은 모조리 마이동풍馬耳東風이어서 들으려고 하지 않습니다. 그러므로 제가 어쩔 수 없이 모임의 선생 여러분께 단 하나 절실히 바라는 바가 있으니, 이 법을 널리 우리 나라 농가에 전파하여 실행시킬 방법을 가르쳐 주셨으면 합니다.

8   메이지유신 이후, 정부는 사민평등을 주창하며 당대 지배층의 특권 중 하나였던 녹봉, 즉 질록(秩祿)의 지불을 폐지하였다. 대신 집안 대대로 세습되어 물려받는 녹봉의 수년 치에 해당하는 금액을 채권으로 지급하는 방안으로 모색하여 추진했는데, 이는 해당 당사자인 무사들의 불만을 키우는 계기가 되었고, 정부 또한 그 막대한 금액 마련에 곤란함을 겪었다.
9   현재의 도야마현[富山縣]을 가리킨다.
10   현재의 시마네현[島根縣]을 가리킨다.
11   현재의 도쿠시마현[德島縣]과 가가와현[香川縣]을 가리킨다.

✿
3. 양정신일설 ②

사카타니 시로시

어느 배가 폭풍을 만났습니다. 배에 탄 손님 가운데 노래하고 춤추는 자는 노래하고 춤추며, 악기 연주를 잘하는 자는 연주를 하고, 곡예를 잘하는 자는 곡예를, 스모 선수는 스모를, 목수는 목수 일을, 학자는 문장의 뜻을 풀이합니다. 어찌된 영문인가를 물으니, 속담에 취미로 익혀 둔 재주가 궁할 때 도움이 된다[1]는 말이 있다고 답하였습니다. 이것은 세상에서 어떤 상황에 쓸모가 없는 일에 열심인 사람을 빗대는 말입니다. 송나라 말, 애산崖山에서 물에 빠져 죽기 직전에 육수부陸秀夫[2]가 『대학』을 배 안에서 강의한 것[3]도 이와 비슷합니다. 그러나 사실은 그렇지 않습니다.

---

1   취미로 익힌 재주가 어려울 때 생활에 도움을 준다[芸は身を助ける]는 일본 속담에 의거한다.

2   남송 말의 정치가(1236-1279). 장세걸(張世傑, ?-1279)과 함께 집정하여 끝까지 원나라와 싸웠다. 지정(至正) 16년(1279)에 애산(厓山)이 함락되자 위왕을 업고 함께 바다에 투신하여 죽었다.

왜냐하면, 이것은 어려운 상황에 도움이 되지 않기 때문입니다. 그렇지만 이런 일을 하는 자는 마치 성경을 믿는 자가 죽음에 맞서 성경의 가르침을 주장하는 것과 동일합니다. 삶과 죽음은 운명입니다. 각자가 자기 최선을 다한 뒤 더 이상 어찌할 도리가 없을 때, 방황하거나 허둥대지 않고 평소 하던 일을 잊지 않는 것이 이와 같습니다. 그런 다음에 할 일을 하면 정신이 더욱 왕성해진 것을 볼 수 있습니다.

그러므로 제 생각으로는 사람의 심지心志를 술術과 예藝에 전념하게 하는 것은 크게 정신을 기르는 데에 효과가 있습니다. 문에 또한 그러하며, 하물며 무술이 평소에 뼈와 근육을 강하게 만들고 담력을 왕성하게 해서 어려움에 직면했을 때, 큰 도움이 되리라는 것은 말할 필요조차 없을 것입니다. 어떤 이에 따르면, 지금은 쌍도雙刀를 폐지하고,[4] 함부로 총을 쏘는 것을 금지하며, 횡포함을 경계하는 시대이니, 이런 주장은 야만에 가까운 것이라고 말하기도 합니다만, 이것은 정말로 그렇지 않습니다. 대개 나라를 세우는 데에 저들의 장점을 마땅히 취해야 하지만, 그렇다고 우리의 정신을 잃어서도 안 됩니다. 우리의 정신을 잃게 된다면 이른바 시골 아낙들이 서시 흉내를 내고, 한단에서 걸음걸이를 잃어버리는 꼴[5]이 되어 취해야 할 장점도 오히려 해로움이 됩니다. 무武는 용기를 성장

---

3   남송(南宋)이 원(元)의 공격을 받아 지금의 광동성 애산(崖山)에서 망했을 때, 육수부(陸秀夫)가 배에서 『대학(大學)』을 강의하다, 어린 송나라 황제를 업고 물에 빠져 죽은 고사를 가리킨다.

4   1871년(메이지 4) 9월 태정관포고 제399호로 대도(帶刀)와 탈도(脱刀)를 자유롭게 하는 법령이 제정되었다.

5   연(燕)나라 사람이 조(趙)의 수도 한단(邯鄲)에 가서 그 나라의 걸음걸이를 따라 하다가 자기의 옛날 걸음걸이[故步]마저 잃어버리고 엉금엉금 기어서 고향으로 돌아갔다는 고사에서 유래한다.

시킵니다. 천하의 일은 용기 없이는 이루어지지 않습니다. 공부와 인내는 원래 용기에서 나옵니다. 어찌 겁 많고 나약하며 용기 없는 자가 학문에 잘 종사할 수 있겠습니까. 용기는 무를 통해 기를 수 있습니다. 우리 나라의 풍습에 옛날부터 무를 존중하고 명예를 소중히 여기었던 것이 거의 게르만족과 흡사합니다. 중고 시대 왕실의 문약함은 위에 있는 자가 무를 업신여겼기 때문으로, 그로부터 무사의 기상이 더욱 융성하였습니다. 이른바 야마토혼大和魂이라는 것에 그러한 설이 많은 것도, 단지 무도武道의 정신을 자화자찬할 뿐인 것입니다. 1570년부터 1691년까지 무도가 융성하고 정신이 호쾌하였는데, 요사이 학술이 열리는 시대의 관점에서 보자면 야만스러운 것이 많다고 하겠지만, 그 정신과 담력의 왕성함은 독일이나 프랑스보다 못하지 않았습니다. 그러나 간에이寬永[6] 시기이후로 아래로는 정치가 안정되고 작은 것에 안주하며, 전국 시대의 포악했던 기운을 없애고, 교류를 끊으며 스스로를 지키는 것을 좋은 계책이라고 생각하고, 밖으로 나아갈 기세 없이는 안을 길러 낼 수 없다는 것을 알지 못했습니다. 나라가 무사태평하고 마음은 나약해져서, 한 척의 외국 함대가 오자 나라 전체에 큰 소동이 일어나게 되었습니다. 분큐文久[7]·게이오慶応[8] 동안에는 외국으로부터 자극을 받아 열심히 분발하였습니다. 양이攘夷는 고루한 억지 주장이지만 용감한 분노로부터 나왔으니, 잘못을 보고 그 사람의 어짊을 알 수 있다[9]는 의미에서 보자면, 무도에서

---

6   일본의 연호. 1624년부터 1645년까지의 시기를 가리킨다.
7   분큐文久는 일본의 연호. 서력 1861년부터 1864년 사이의 기간을 가리킨다.
8   게이오慶応는 일본의 연호. 서력 1865년부터 1868년 사이의 기간을 가리킨다.
9   『논어(論語)』「이인(里仁)」의 "잘못을 보고 사람의 선악을 알 수 있다[人之過也, 各於其黨. 觀過, 斯知仁矣]"에 의거한다.

나온 부분 역시 있는 것입니다. 이것을 막는 것은 좋지 않습니다. 난폭함이 깨뜨리고 나와서 이른바 천주암살天誅暗殺[10]의 폐해가 많아지고, 욕심 많고 잔인한 짐승처럼 될 것입니다.

메이지 시대 이래로 외국 문명의 정치술과 풍조를 내세워서 난폭하고 살벌한 나쁜 풍조를 바꿨습니다. 번藩을 없애고,[11] 사士의 특권을 폐지했습니다.[12] 군대를 해군과 육군으로 배치시키고, 탈도脫刀를 권장하며,[13] 총을 함부로 발사하는 것을 금지했습니다. 그렇지만 이렇게 고치려는 기세가 지나치면 안으로는 비굴한 습관을 기르고 밖으로는 이런 폐단이 쌓여서 무술이 흔적도 없이 사라지게 될 것입니다. 그러면 관에 종사하는 자들 대부분은 틈만 나면 여색과 음주를 일삼고 서양인 가운데 천박한 자들의 나쁜 습관을 배워서, 위아래로 모두 경박함과 허세가 흘러넘치는 구덩이 속으로 빠지게 될 것입니다. 이것은 목이 멘다고 해서 식사를 멈추고,[14] 뜨거운 국에 데고서는 차가운 음식을 후후 불어서 먹는 꼴이니, 버릇없는 아이의 거친 행동을 고치려고 하다가 도리어 주색 유흥에 빠트려서 구할 방도가 없어지는 것이나 마찬가지인 것입니다.

10   하늘이 내리는 벌을 대신해 수행한다는 명분을 내세우는 암살을 가리킨다.

11   1871년(메이지 4) 8월 29일에 단행된 폐번치현(廢藩置縣)을 가리킨다.

12   1872년(메이지 5) 12월 28일의 이른바 '징병에 관한 조칙[徵兵の詔]'으로 무사 계층에게 한정된 병역의 의무가 폐지되고 신분에 관계없이 성인 남성 전체를 대상으로 하는 징병의 원칙이 세워졌다.

13   메이지정부는 무사 계층의 특권 가운데 칼을 착용할 특권을 박탈하는 방향으로 정책을 펼쳐 나갔고, 이후 1876년(메이지 9) 3월 28일, '폐도령(廢刀令)'이 공포되면서 칼의 착용 자체가 금지되었다.

14   『회남자(淮南子)』「설림훈(說林訓)」에 나오는 '인열폐식(因噎廢食)'이라는 말에 의거한다. 목이 멘다고 그 음식을 먹지 않는다는 뜻으로, 사소한 장애를 두려워한 나머지 중요한 일을 멈춘다는 의미이다.

무릇 사람이란 기댈 데가 있으면 기운이 씩씩하여 학문의 지식을 밝히고 기계의 운용을 편리하게 하는 법이니, 모든 기대는 것이 이렇게 중요합니다. 술術과 예藝에 기대는 것 또한 그래서 중요합니다. 하물며 외란을 막아 내고 자기 몸을 지키는 무술이라면 더 말할 것도 없습니다. 독일의 교육을 살펴보면, 태어나서 8년이 되면 체조를 배우게 해서, 그 건강함을 관리하여 훗날 강성하고 용맹한 군대를 기약합니다. 부녀자에게도 체조와 무예를 가르쳐서 국가가 위급한 상황에 놓였을 때 쓰이게 합니다. 그 나라의 풍속이 거칠고 강하여, 학문이 왕성해지더라도 그 기질은 바뀌지 않습니다. 비스마르크는 현명하게도 여러 차례에 걸쳐 이른바 결투를 경험한 자로 하여금 그 용감한 습속을 잃지 않도록 한 뒤에야 겨우 개화의 진리로 나아가고자 했던 것입니다. 러시아는 야만적인 나라로, 옛날 표트르 대제는 스스로 여러 나라를 주유하며 그 장점을 취하였습니다. 하지만 그 나라의 강하고 거친 습속은 문명을 향해서 나아가는 데 중요한 자산이 되었습니다. 왜냐하면, 제자의 본체本體가 서야 그 스승을 배울 수 있는 법으로, 용기는 많은 폐해가 있지만 모든 일을 이루어 내는 근본이기 때문입니다. 학문을 통해 온순함을 가르치고, 무술을 통해 용기를 기르는 것이니, 용기가 없는 온순함은 쓸모없는 폐물일 뿐입니다. 무엇을 가지고 문명을 열 수 있겠습니까.

일찍이 생각하건대, 색色을 사랑하고, 돈을 사랑하고, 나라를 사랑하고, 부모를 사랑한다고 할 때의 사랑은 모두 하나입니다. 사랑을 쓰는 곳이 다를 뿐입니다. 고난은 도적을 만들고, 난폭함은 잔인함을 낳습니다. 모두 담력에서 나오는 것입니다. 담력은 두 개가 아닙니다. 이것을 좋게 사용하면, 곧 바르고 옳으며 훌륭한 용기가 되어 국력을 신장시키는 정신을 이룰 것입니다. 세상에 쓸모없는 사람은 없습니다. 다만 나약하고 담력이 없는 자들이 이렇게 기운이 전환하고 접교蝶鮫하는 시기[15]를 맞았으니 어찌 깊이 우려하지 않을 수 있겠습니까. 저의 부족한 생각으로는, 얼마 전에 징병에 관한 조칙을 환발渙發하시어 국민개병령[16]을 내리셨는데, 이것은 그야말로 시대의 아름다운 일이자 오래도록 이어질 훌륭한 제도라 하지 않을 수 없습니다만, 사족의 본분을 해체한다면 무武가 인민의 일상 의무임을 잊고, 서민은 옛 풍습의 나태함에 젖어, 자신이 나라를 지켜야 하는 임무가 있음을 똑바로 알지 못할 것입니다. 이름만 개국병대이지 실제로는 위아래가 모두 무사태평의 새로운 풍습으로 바꾸고는, 우리 나라 고유의 용기를 소모시키기만 할 것입니다. 이것을 지휘하여 풍습을 완전히 고치는 일은 본래 공명정대한 정치와 학문의 지식이 특기로 삼는 바입니다. 그러므로 정치와 학제學制[17]가 왕성히 시행되게 하며, 문무를 겸비하고 나아가 개국병대의 위무를 해외로 떨쳐 빛나게 해야 합니다. 무릇 개국병대로 만드는 조치가 실제로는 쉬운 일이 아닐 것입니다. 제가 이에 관해 생각이 없지는 않습니다만, 여기는 이에 대해 논하는 자리가 아니므로 일단은 잠시 제쳐 두고자 합니다.

　결국 무술을 일으키는 것이 중요합니다. 체조의 법을 정하는 것도 나쁘지 않습니다. 그렇지만 칼과 창·유술柔術·봉棒의 사용법이 모두 우리가 오랜 기간 써서 경지에 이른 것들입니다. 서양에서 나오지 않았다고

15　시대의 전환기를 의미한다. 『메이로쿠잡지』 제38호 2. 사카타니가 쓴 「전환접교설」을 참조하라.

16　'징병에 관한 조칙'을 가리킨다.

17　1842년(메이지 5) 9월 4일에 발포된 일본 최초의 근대적 학교 제도를 정한 교육법령. 109장으로 이루어져 있으며, 전국을 학구(學區)로 나누고 각각 대학교, 중학교, 소학교를 설치하도록 계획하였고, 신분과 성별에 차별 없는 국민개학(國民皆學)을 목표로 하였다. 1879년(메이지 12) 교육령(敎育令)의 포고와 함께 폐지되었다.

해서 이것들을 배척하는 것은 오히려 야만의 견해일 뿐입니다. 지금 사족 가운데에는 이러한 술術에 능숙한 자가 여전히 많습니다. 이들을 중소中小학교[18] 및 진대鎭臺[19]·군영軍營·순사巡査 등의 관청으로 초빙하고, 그곳의 임무와 훈련을 수행하는 와중에 적절한 때를 보아 연습시켜야 합니다. 그리고 중소학교 수업의 와중에서 아동들의 유희로 제공하는 데에 무엇보다도 신경을 써서, 혹은 격일제로, 혹은 매일 순서를 정하여 무술을 가르치며, 또 목총木銃·목포木砲를 마련하여 병대 훈련의 사전연습을 시킨다면, 몇 년 안에 이른바 온순한 습성과 용맹한 기질이 저절로 함께 성장할 것이고, 개국병대의 풍습 역시 저절로 갖추어질 것이며, 애국의 담력이 나날이 커질 것입니다. 또 유사시에도 훈련을 하지 않아도 신속하게 전장으로 향하게 할 수 있을 것입니다. 정신이 여기에 이른다면, 독일의 학술도 이런 기운으로 분발하여 나아가 영국이 되고 프랑스가 되며, 이를 넘어서 동양 문명의 일대 강국이 되는 것 또한 여기에 기초를 두어야 가능한 것입니다. 그런데도 여전히 무술은 독서에 해害가 되느니, 문명의 적이니 말하곤 합니다. 구습에 젖고 옛것에 집착하는 야만의 논의를 취해서는 안 된다고도 말합니다. 아아, 제가 다시 무슨 말을 할 수 있겠습니까.

18　1872년(메이지 5)에 제정된 학제(學制)로 정해진 학교이다.
19　1870년(메이지 3)에 설치된 육군의 상비군이다.

메이로쿠잡지
제42호

1875년(메이지 8) 10월 간행(10월 16일)

—

✿

1. 권리權理라는 말에 대한 풀이 (서어십이해 ③)

니시무라 시게키

권리는 영어의 라이트right라는 말을 번역한 글자이다. 라이트는 게르만어로, 라틴어의 유스jus라는 말과 같은 것이어서, 법률과 능력 있음이라는 두 가지 의미를 가진 말이다. 지금 영국에서 라이트라는 말은 법률의 의미는 완전히 사라졌고, 능력 있음이라는 뜻, 또는 다른 의미로 바뀌어서 쓰인다.

지금 쓰는 권리(즉 라이트)라는 말은 법에 부합하는 의견이라는 뜻이며, 또 법률의 도움으로 의견이 성립한다는 의미, 또는 만일 타인으로부터 손해를 입었을 경우에는 법률의 처분에 의해서 죄를 그 사람에게 물을 수 있는 의견이라는 등의 해석을 내릴 수 있는 말이다. 권리라는 말의 근원과 그 권리를 얻을 수 있는 방법에 대해서는 여러 가지 주장이 있어 동일하지 않으니, 어떤 이는 자연적으로 얻는 것이라고 하고, 어떤 이는 계약에 의해 얻어진다고 하며, 또는 사여賜與[1]에 의해서 얻는 것이라고도 하고 상속에 의해 얻는 것이라고도 하지만, 그러나 이들 모두 법률학에서 정한 논의에 의해 인허認許된 것이다.

권리와 의무란 상호 간에 관계를 갖는 것이다. 어떤 한 사람에게 권리가 있으면 다른 사람은 그 사람에 대해 의무를 갖는다. 가령 어떤 한 사람이 그 재산을 소유할 권리가 있다면, 다른 사람은 그 재산에 대해서 욕심을 갖지 않을 의무가 있다. 어떤 사람의 부모인 자가 자기 자식의 존경을 받을 권리가 있다면, 그의 자식인 자는 그 부모를 존경할 의무가 있다.

권리라는 것은 합쳐서 말하자면 앞에서 적은 바와 같으나, 나누어서 말하자면 자연의 권리, 부가적 권리, 타인에게 양도할 수 있는 권리, 타인에게 양도할 수 없는 권리, 충분한 권리, 충분하지 않은 권리, 각 개인의 권리, 총체의 권리의 여덟 가지로 구별된다.

자연의 권리란, 모든 인류는 그 생명과 신체와 자유에 대해서 권리를 가지며, 또 자신이 노동을 해서 만든 물건에 대한 권리가 있고, 대기와 물과 빛을 공동으로 사용할 권리가 있으니, 이를 자연의 권리라고 한다. 왜냐하면, 인류는 하늘(天)로부터 살아갈 신체를 받았고, 또 도리道理를 갖춘 동물이니, 이처럼 하늘로부터 받은 것들을 온전하게 만들기 위해서는 반드시 이상의 여러 권리를 자기 소유로 삼지 않으면 안 된다. 그런 까닭에 이를 자연의 권리라고 일컫는 것이다.

부가적 권리란 군주가 신민에 대해 갖는 권리, 대장이 병사들에 대해서 갖는 권리, 남편의 아내에 대한 권리, 또 사람들이 자기 재산 혹은 약속에 대해 갖는 권리를 말한다. 대개 사람들이 있으면, 거기에서는 반드시 자연스레 교제가 생겨나게 마련이고, 교제가 생겨나면 이미 자연의

---

1   신분이 높은 자가 밑의 사람에게 수여함을 의미한다.

권리 위에 덧붙이지 않을 수 없는 권리가 생겨난다. 신하가 군주를 존경하고, 병사가 대장에게 복종하며, 사람들이 자기 재산을 보호하고 상호 간의 약속을 지키는 등의 일들은 모두 인간 교제상 없어서는 안 되는 일들인 것이다. 군주, 대장, 부부 등과 같은 신분은 본디 인간이 정하는 것이고, 그 신분에 따라서 각자의 권리가 있는 것은 자연스러운 일이 아니므로, 곧 부가적 권리이기는 하나, 인간 교제상에서는 자연의 권리에 비하여도 다를 바 없는 무게를 갖는 것이다.

인류가 자연 그대로의 모습에서는 사람들이 모두 조물주로부터 받은 지력을 가지고 자기 생명과 자유와 재산을 보호한다. 그렇지만 천하의 인민은 서로 교제하는 사회 안에 들어오려면 각자 자기 권리의 많은 부분을 타인에게 양도하지 않으면 안 된다. 이것을 타인에게 양도할 수 있는 권리라고 말한다. 누구라도 자기 권리를 양도할 때에는 국권과 법률 위에서 행한다. 생명과 자유와 재산은 인간에게 가장 중요한 권리인데, 어째서 이러한 것을 쉽사리 국권과 법률에 양도하는가 하면, 이 권리들은 인민 자신이 장악하고 있는 것보다 도리어 국권과 법률에 양도하는 편이 그 권리를 견고하고 안전하게 할 수 있기 때문이다. 다만 갑작스레 어떤 일이 일어나거나, 위급한 상황을 맞이하여 법률을 이용할 틈이 없을 때에는, 자기 힘으로 자신의 권리를 지키는 경우가 있다. 또 군주의 인민에 대한 권리나 남편의 아내에 대한 권리, 주인의 종복에 대한 권리와 같은 것은 전국의 모두가 똑같이 타인에게 양도할 수 없는 권리이다.

충분한 권리라는 것은 자기 지력을 가지고 완전히 보전할 수 있어서 조금도 바꿀 수 없는 권리로서, 교제상에서는 법률의 힘에 의거하여 확실하게 보호할 수 있는 것을 말한다. 불충분한 권리란 자기 지력과 법률의 권력을 충분하게 이용할 수 없는 권리를 말한다. 대개 인간의 생명, 신체, 재산의 권리는 충분한 권리인데, 왜냐하면, 만일 타인이 이러한 권리들을 손상하거나 침탈하였을 때에는 자기 힘으로써 여기에 저항하거나, 또는 법률의 재판을 통해 그자의 죄를 묻거나 자기 손해를 배상하게 하고, 혹은 자기 뜻을 만족시킬 때까지 그자에게 압박을 가할 수 있기 때문이다. 또 부녀자의 체면상 권리도 충분한 권리인데, 왜냐하면, 만일 부녀자가 강간을 당하게 되었을 때, 이를 피할 수 있는 길이 없다면, 그 강간인을 살상하여도 무방하기 때문이다.

지금 만일 관에서 사람을 선발하려고 한다면, 먼저 그 관에서 필요한 재능과 기술을 가지고 인재를 시험할 것이다. 관을 목표로 하는 자의 재능과 기술이 정부에서 요구하는 바에 적합하다면, 곧 그 관직을 얻을 권리가 있는 자라고 할 것이다. 그렇지만 정부에서 그 사람을 버리고 쓰지 않는다면, 그 사람이 자기 힘을 가지고 억지로 관직을 얻는다는 것은 불가능하다. 또한 법률의 도움을 받아서 그 바람을 달성하는 일도 불가능하다. 이러한 것을 불충분한 권리라고 말한다. 또한 동쪽 집의 가난한 자는 서쪽 집의 부자가 베푸는 것을 받을 권리가 있지만, 부자가 만일 베풀고 싶지 않아 한다면 가난한 자가 이를 재촉하여 받아 내는 일은 불가능하고, 또 은혜를 베푼 자는 은혜를 받는 자로부터 보답을 받을 권리가 있지만, 그러나 은혜를 받는 자가 혹시라도 보답하지 않는다고 해서 억지로 보답을 하게 할 수는 없는 것이다. 또 자식은 부모에게서 사랑과 교육을 받을 권리가 있고, 부모는 자식으로부터 효도와 공경을 받을 권리가 있지만, 만약 양쪽이 모두 그 의무를 다하지 않는다고 해서 자기 힘을 가지고 억지로 그 의무를 다하게 할 수는 없는 노릇이다. 이러한 것들은 모두 불충분한 권리이다.

각 개인의 권리란, 그 사람의 위계, 신분, 특권이 모두 다른 사람과 다른 바가 있는 것을 말한다. 즉 군주, 주인, 교사, 부부의 권리 등과 같은 종류로, 교제상에서 그 사람이 본래 가진 권리를 말하는 것이다. 총체의 권리란 인류 전체에게 속하는 권리로서, 우리가 지상의 식물과 동물의 고기를 음식의 재료로 할 수 있는 것과 같은 것을 말한다. 이렇게 지상에서 생겨난 식물을 먹는 것을 인간 일반의 권리로 삼는다면, 어떤 사람이 가령 지나치게 노는 데에 빠져서 전답의 일부분을 황폐하게 하는 것과 같은 일은 조물주가 인류에게 나누어 준 공유물을 감축하는 것과 같은 이치이니, 대단히 악한 행위의 한 종류가 되는 것이다. 이러한 도리를 미루어 한 걸음 더 나아가면, 도박과 같은 것을 규칙을 정하여서 허가하거나, 또는 도읍都邑의 법을 통해 어떤 한 사람의 사권私權을 보호하는 등과 같은 일은 모두 사람들의 권리를 해치는 것이다. 영국의 페일리Paley[2] 박사는 대개 인민 전체의 공용公用에 해당하는 것은 결코 한 사람의 사적 용도의 것으로 정할 수 없다고 말하였다.

　총체의 권리 중에서 또한 도저히 어쩔 수 없는 불가항력의 권리가 있는데, 그것은 타인의 재산을 파괴하고 자기 소유물을 보호할 권리이다. 가령 짐을 바다 한가운데 던져 버리고 자기 배를 구한다거나, 화재가 번지는 것을 막기 위해서 이웃집을 미리 부수어 버리는 것과 같은 일은 모두 이 권리에 속하는 것이다. 그렇지만 이러한 일은 만약 자기 스스로 하게 되면 반드시 그 손실을 보상하지 않으면 안 된다.

　권리라는 글자에는 또한 두 번째의 용법이 있는데, 즉 도덕학에서 말

2　　윌리엄 페일리(William Paley, 1743-1805). 영국의 성공회 사제이자 신학자, 철학자, 공리주의자이다.

하는 권리가 바로 그것이다. 보통의 권리라는 말은 법률에 의거하여 정해지고, 도덕학에서 사용하는 권리라는 글자는 조물주의 뜻에 의거하여 정하는 것인데, 거기에서 권리라고 하는 것도 본디 크게 다를 바 없다. 다만 도덕학의 권리는 그 내포하는 바가 매우 넓어서 법률상에서는 말하지 않는 권리마저도 그 안에 넣는 경우가 있다.

✿

2. 인세삼보설 ④

니시 아마네

전편에서 인간 사교의 도리를 논하며 점점 사교가 왕성해지고 성립하는 까닭이 또한 삼보 이외에 다른 것이 없음을 밝혔다. 그런데 사물이 있으면 법칙이 있으니, 사교가 성립하면 사교를 유지하는 원칙principle이 없을 수 없고, 또 사교를 유지하는 원칙이 있다면 이를 표현해 나타내는 예규가 없을 수 없다. 그런데 인간 사교는 하나의 촌락부터 하나의 주현州縣, 하나의 방국邦國을 이루고 나아가 지구상의 한 지방이나 마지막에는 전 지구에 걸쳐 세계에 남는 곳 없이 통하는 것이다. 반드시 작은 데에서부터 큰 데에 이르게 되는 이치임은 쉽게 알 수 있을 뿐 아니라, 동서고금의 역사상에서도 증명되는 의심할 여지가 없는 사실이다. 그런데 이것은 어디까지는 별론別論으로, 여기에서 논하고자 하는 바가 아니니, 이에 관해서는 다음을 기약하기로 한다.

지금 여기서 논하고자 하는 취지는 이렇게 점차 크게 열리고 나아가는 사교상 생활에서 사람들이 스스로 지켜야 할 사교의 예규에 관한 것이다. 이미 전편에서도 논했듯이 사람에게 접촉하는 도리는 이 학문에서는 역시 삼보를 귀중하게 여기는 것 이외에 다름 아니므로, 사교가 아무리 크게 열리게 된들, 이 예규를 받들어야 한다는 점은 말할 것도 없지만, 또한 사교상에서 생각할 때 사교를 규율하는 어떤 도리, 그 도리를 표현해 나타내는 어떤 예규가 없을 수 없는 것이다. 그런데 이 예규는 두 개의 서로 반대opposition되는 도리로부터 이루어지는 것으로, 이것을 성질상에서 말하자면 이질heterogeneous을 바꿔서 동질homogeneous로 만들고, 이것을 역학관계에서 말하자면 저항력antagonistic을 바꿔서 균형력equilibrium으로 만들며, 이를 이치상에서 말하면 본래 반대opposition proper인 것을 동일한 이치로 되돌리는 것으로서, 예를 들면 물과 불을 하나로 만들고 눈과 재를 화합시키는 것과 같은 일이다. 그런데 지금 그 두 개의 도리라는 것이, 하나는 바로 기독교의 격식scheme(일찍이 내가 네덜란드에 유학하였을 때 야소정교耶蘇正敎, protestant를 믿는 친구로부터 들은 것인데, 그때 그 전모를 상세히 알려 주지 않아서 그중 어느 분파sect에 속하는 것인지는 알지 못한다)으로서 Man lives for others, 사람은 남을 위해 살아가는 자라는 말이다. 다른 하나는 곧 이 삼보설의 근본이 되는 취지로서, 사람들이 자기 삼보를 귀중히 여겨 이를 발달시키는 데에 힘써야 한다는 것으로, 말하자면 열심히 노력하여 자기 이익을 도모해야 한다는 말이다. 그러므로 하나는 남을 위해서 하고, 다른 하나는 나를 위해서 하는 것으로, 서로 섞일 수 없는 물불과 같은 것이라 하겠다.

　　그런데 이는 멀리 서양의 일을 가져올 것도 없이, 우리 동방에서도 이미 2,300년 전에 맹자가 묵양墨楊의 격식을 깊이 논하면서, 양자楊子는 아무리 천하에 이익이 된다고 해도 자기 털 한 오라기조차 뽑지 않을 것이라 하였고, 묵자는 머리부터 발끝까지 남을 위해서라면 털 한 오라기라도 남기지 않을 것이라 하였다.[1] 이것은 앞의 이야기와 동일한 논제로서, 이때부터 이미 이 두 가지 도리가 상반하여 도덕상의 양극단을 이루었음이 분명하다. 그런데 이 물불의 설을 사교상에 적용하고자 하면 어느 쪽에 따르는 것이 옳다 하겠는가. 이것을 결정하고자 한다면 사람들이 그 사실fact과 자기의 체험experience에 비추어 그 진리에 부합하는 것을 취해야 한다. 지금 양자의 위아지설爲我之說에 초점을 맞추어 사실에 비추어 보면, 하루의 일 중 자신을 위해 하는 일이 무엇이 있을까? 음식을 먹어 입과 배를 채우고 의복으로 온몸을 감싸며 조그마한 집에 몸을 눕히는 것으로 족하다고 하면 대단히 간단한 일일 것이다. 그러나 가정의 즐거움으로부터 자손을 도모하듯이, 이것이 모두 자기 몸 외의 일에 관계된다면 남을 위해서 하는 것이라 말하지 않을 수 없다. 하물며 사교의 도리가 서고 분업의 법이 행해지게 되면, 농공상의 사업으로부터 다른 여러 사업에 이르기까지, 행하는 바가 모두 남과 관계되는 일이 되는 것이다. 가령 타인이 이른 새벽(早晨)부터 늦은 밤까지 맡은 일을 체험해 보면, 얼마간의 시간은 완전히 자기의 일을 하는 때가 있을 것이다. 또 오락 같은 것은 원래 자기를 위해 하는 바이지만, 시인이 시를 짓고서 그 원고를 불태워 남에게 보이지 않는다면 그 즐거움은 대체 어떠할까? 악기를 좋아하는 사람이 아무도 없는 절간에서 연주를 하면 그 즐거움이란 대체 무엇일까? 오락 또한 그러한데, 하물며 맡은 바 직업은 어떠하겠는가.

1　『맹자』「진심(盡心)」상(上)의 "맹자가 말씀하시길, 양자는 나만을 위해야 한다는 입장을 취하였으니, 터럭 한 올을 뽑아서 천하를 이롭게 할 수 있더라도 하지 않았다. 묵자는 모두를 두루 사랑하매 천하를 이롭게 하기 위해서는 정수리에서 발뒤꿈치까지 털 한 올도 남기지 않을 것이라고 하였다[孟子曰, 楊子取爲我, 拔一毛而利天下, 不爲也. 墨子兼愛, 摩頂放踵, 利天下, 爲之]"에 의거한다.

그러므로 이런 사실에 근거해 보면, 양자가 말한 위아지설은 취할 수 없으며, 사람은 남을 위해 살아가는 듯하다. 그런데 또 묵자의 겸애지설兼愛之說을 위주로 나의 실제 경험에 비추어 보니, 하루의 일 가운데 남을 위해 하는 일이 무엇이 있을까? 간간히 온정이나 은혜를 베푸는 것을 제외하면 설령 남의 일을 행하고 남의 이익을 도모하는 것도 또한 모두 자기를 위해서 하는 일에서 벗어나지 않는다. 만약 자기에게 이익이 되지 않으면, 사람은 누구라도 남을 위해 노력하거나 고생하여 행하는 자가 없을 것이다. 이것은 사람들이 스스로 체험해 보면 증명할 필요도 없는 것으로, 무릇 노력하여 고생하는 것을 견디면서 장래를 기대하고 열심히 정성을 다하여 사업에 종사하게 하는 것은 이익이 아니면 반드시 명예로서, 이 욕망을 축으로 삼아 움직이지 않는 경우가 없다. 그러므로 저 삼보설의 원천은 이 축을 속박하지 않으면서 사리私利를 발달시키는 데에 있다. 그리고 그 사리란 삼보 이외에 다른 것이 아니다. 그러므로 이 사실에 근거하면 묵자가 말하는 겸애지설은 인성을 속이는 것인 듯하다.

이처럼 양묵 양극단의 설이 본래부터 상반하여 얼음과 숯처럼 서로 용납하지 않는 것이기 때문에 지금 사교의 실제상에서 어느 쪽을 옳고 어느 쪽을 그르다고 할 것인지가 본 편에서 논하고자 하는 큰 취지이자 사교상 하나의 의문이니, 이를 푸는 것은 학문상의 큰 난제인 듯하다.

그런데 지금 이 이질을 동질로 바꾸고 저항력을 균형력으로 만드는 일 또한 어려운 일은 아니다. 즉 이를 예규로 세워서 말하자면, 인간 사교의 도리는 사람들이 마땅히 공익public interest을 목적으로 하는 것이어야 한다. 이 한 구절로 위아겸애爲我兼愛의 양극단을 변화시켜 그것을 하나의 공익으로 귀속시키는 것이다. 그런데 지금 공익이라고 말하면, 마치 묵적墨翟² 같은 이들의 편을 든다(左袒)는 의심을 살 수 있으므로, 여기에서 공익이라는 글자에 대해서 하나의 명제proposition를 들어 이를 분명히 하고자 한다. 즉, 말하자면 사리self interest를 합한 것이 공익이다. 한층 더 분명히 말하자면, 소위 공익이란 사리의 총수總數, aggregate인 것이다. 이를 사실에 비추어 말하자면, 여기 100호戶 500구口³로 구성된 한 촌락 단위의 사회가 있는데, 100호 500구의 사람들이 모두 사리를 다하여 그 얻는 것이 있으면, 이는 곧 공익이 아닌 것이 없다. 이것을 개개인의 차원에서 말하자면, 양주楊朱⁴ 같은 생각을 하는 한 늙은 농부가 자기 이익을 위주로 하여 아침저녁으로 노동하고 자기 부유함을 늘린다면 어떻게 될까? 그가 평생 동안 온 힘을 다하여 증식시킨 부유가 설령 타인에게 나누어지기를 원하지 않더라도, 그가 죽어 버리고 나면 그 부유는 사회 전체로 귀속되지 않을 수 없다. 또 묵적과 같은 생각을 하는 한 노파가 있는데, 남을 위해 사는 것을 좋아하여 평생 열심히 남에게 은혜를 베푸는 데 힘썼다면 어떻게 될까. 아마 사람들은 반드시 이를 덕이라고 하고 은혜라 하여 보답과 감사를 생각하지 않는 자가 없을 것이다. 즉 결국은 자기를 위한 일로 귀결되는 것이다. 이는 양주와 묵적이라는 상반되는 양극을 하나로 합쳐서 사교의 일대 예규로 하는 것으로, 일단 물리학의 용어를 빌려 양리인아兩利人我의 합극合極, polarization이라고 부르고자 한다. 마치 두 빛이 서로 합쳐져 어두워지고, 두 소리가 만나 무음이 되며, 두 파도가 부딪혀 수평을 이루는 것과도 같다. 그러므로 사교의 목적은 공익이며, 공익은 사리의 총수이고, 사리는 개인의 신체건강, 지식개달智識開

2   묵자의 본명이다.
3   인구를 세는 단위이다.
4   양자의 본명이다.

達, 재화충실財貨充實이라는 세 가지에 다름 아니다. 사리라고 하면 개인의 영역에서 말하는 것이고, 공익이라고 하면 사교 전체의 영역에서 말하는 것이니, 요약하자면 삼보를 이롭게 하는 것과 다르지 않다. 그러므로 사람이 만약 도덕을 닦고자 한다면 자신의 삼보를 귀중하게 여기는 것에서부터 시작되는 것이다.

3. 폐창론

쓰다 마미치

    다음과 같은 논제를 올리면, 다만 세상 사람들의 비웃음을 사는 데 그치지 않을 뿐 아니라, 정치가는 물론이고 소위 유식자들도 또한 그 시대와 인정에 대단히 어둡다며 비웃을 것이다. 그렇지만 바로 여기에서 내가 이런 이야기를 꺼내는 연유가 있으니, 다음과 같은 생각이 일단 내 머릿속에 남았기 때문이다.

    올해 여름에 나는 휴가를 얻어 마쓰지마[松島][1]에 놀러 갔다. 해안가 길[2]을 따라서 갔다가 오슈가도[奧州街道][3]를 통해 돌아왔는데, 왕복 2백 리, 20일의 시간이 걸렸다. 지나간 곳의 역참이 수십 개, 여관은 셀 수 없이 많았

---

1   미야기현[宮城県]에 위치한 일본의 명승지이다.

2   해안가를 따라 나 있는 길로, 여기에서는 도쿄에서 미토[水戸], 이와키(いわき)를 거쳐 센다이[仙台] 북부를 통과하는 길을 말한다.

3   도쿄에서 동북 지방으로 이어지는 가도(街道). 도쿄에서 북동부의 센주[千住], 닛코[日光]를 지나 후쿠시마현[福島県]의 시라카[白河]로 이어진다.

는데, 사이타마현埼玉縣 관할을 제외한 나머지 여관들은 대부분 창가娼家가 없는 곳이 없었다. 그중에서도 특히 센다이仙臺 고쿠분마치國分町는 여관이 가장 많았는데, 듣자 하니 옛날에는 여관에 창기를 두는 것을 금지했다고 한다. 그런데 지금은 대체로 모두 창기를 두고 있었다. 그 밖에 옛날에는 역참에서 나니와코浪花講⁴라고 부르는 여관에는 창기가 전혀 없었는데, 지금은 가끔 눈에 띈다. 그리고 세상 사람들은 이것을 두고 제멋대로 지금의 개화 정도가 옛날에 비교하면 한층 더 진보했다고 생각한다. 여론이 나쁜 것에 미혹되어 있다고 말하지 않을 수 없다. 이것이 내가 세상의 미개함을 개탄하는 이유이며, 또 내가 이런 생각을 이야기하는 연유이다.

지금 비슷한 것을 가지고 이를 고찰하면, 우리 제국에서 기후현岐阜縣 등 몇몇 현을 제외하고 나머지 부현에서 창기의 수가 크게 증가하고 있다는 것은 정표가政表家⁵의 기록에 따르지 않더라도 단연 의심할 바가 없다. 우리 나라의 형세를 다만 이 한 가지에만 주목해 논한다면, 소위 개화의 정도는 옛날과 비교해 보면 도리어 몇 걸음 더 퇴보했다고 말할 수 있을 뿐이다. 대개 이것은 소위 어설픈 개화꾼 무리의 병폐이다. 지금의

4   에도 시대 후기에 오사카 상인이 일으킨 여관 조합. 주요 도로에 위치한 숙소 가운데 성실하게 영업하는 여관을 골라 이 조합에서 발행한 초패(招牌)를 걸어 두고 영업하게 했다. 이들은 도박, 매춘, 술자리 등의 금지를 내걸고 이 조합에 가입한 상인들을 상대로 영업하여 호평을 얻었다.

5   정표(政表)는 통계라는 의미. 쓰다 마미치는 네덜란드 유학 시절 국가학의 기본 중 하나로 통계학 수업을 들었고, 귀국 후 이를 『표기제강(表記提綱)』(1874)이라는 제목으로 번역 출판했다. 이 책에서 그는 '통계학'을 '정표학'으로 번역했다. 한편 메이지정부는 1871년(메이지 4) 12월에 태정관 정원(太政官正院) 내에 처음 정표과(政表課, 현재의 통계국)를 설치했고, 이 기관의 수장은 메이로쿠샤 회원인 스기 고지[杉亨二]가 맡았다.

시기는 학술 여론이 일변하는 때로, 대체로 모든 일이 낡은 것을 버리고 새로운 것으로 옮겨 가면서 잠시 소위 개화꾼 무리를 낳지 않을 수는 없다. 이것 또한 자연스러운 형세이다. 대저 학자의 지금의 의무는 힘을 다하여 이러한 개화꾼 무리를 배격하고 세상의 참된 개화로 나아가는 것을 추구하는 데에 있을 뿐이다.

무릇 창기가 풍속을 어지럽히고 사람의 덕의와 품행에 큰 해를 끼친다는 것은 두말할 필요도 없다. 민재民財를 파산시키고 민력民力을 박약하게 하는 폐해 또한 굳이 언급할 필요조차 없는 것이다. 대개 나라는 인민에 의해 서고, 인민에 의해 성립된다. 한 사람의 가난은 곧 온 나라의 가난이 되고, 한 사람의 약함은 곧 나라 전체의 약함이 된다. 지금 대개 무지한 백성들이 창기에게 미혹되어 가산을 탕진하여 집을 잃고, 매독에 걸려 신체는 쇠약해지고 정신은 혼미해지는 자가 셀 수 없을 정도로 많다. 무릇 지금의 형세가 이와 같으니 나라가 어찌 가난하지 않을 수 있고, 병력이 어찌 약해지지 않을 수 있다는 말인가. 지금 창기를 없애지 않는다면, 2,500여 년의 장구한 세월을 거쳐 지금까지 아직껏 외국의 모욕을 받지 않았던 당당한 우리 대일본 제국이라 할지라도 영원히 그 독립의 국체를 유지하는 것이 위태로울 것이다. 무릇 지금의 시기는 소위 문명하고 부강한 각국과 교제를 꾀하지 않으면 안 되는 때이다. 옛날에 외국과의 교제 없이, 아무것도 하지 않고 오직 우리 나라의 독립만을 지키던 시대와 똑같은 때라고는 도저히 말할 수 없는 것이다. 소위 나라의 정사政事를 생각하는 학자라면 어찌 기우일지언정 하지 않을 수 있겠는가.

이 논의는 내 머릿속에서 지금 실로 지체해서는 안 되는 급무의 모습을 보이기 위해 이렇게 말한 것이다. 그리고 짐작하건대 일반적인 세상 사람들은 이 논의를 단지 비웃기만 할 것이다. 식자들 또한 이에 대해 말은 할 수 있지만 행할 수 없는 공론空論이라고 물리쳐 버릴 것이다. 그렇다면 마땅히 침묵해야 할 것이다. 그렇지만 내가 예전에 사람의 매매를 금지하는 논의를 냈을 때, 어찌 그 논의가 생각했던 대로 세상에 실행될 것이라 믿었겠는가. 그로부터 겨우 수년이 지나지 않아서 갑작스레 창기 해방娼妓解放의 법령[6]이 나왔다. 그렇다면 훗날 나의 이 논의에 대해 어쩌면 후세 사람들이 선견지명이라며 감탄하는 자가 나올 때가 없을 것이라고 어찌 단언할 수 있겠는가.

---

6   메이지정부에 의해 1872년(메이지 5) 10월에 태정관달(太政官達) 제295호 및 사법성달
(司法省達) 제22호로 기생, 창기 등의 인신매매 금지, 연계봉공의 제한과 전차금(前借金)
을 무효로 하는 선언이 포고되었다.

메이로쿠잡지
제43호

1875년(메이지 8) 11월 간행(11월 14일)

—

1. 전환설 (니시무라 시게키)

2. 존왕양이설 (사카타니 시로시)

✿

1. 전환설轉換說

니시무라 시게키

앞에서 우리 모임의 회원인 사카타니 군이 전환접교轉換蝶鮫의 설을 실은 바 있다.[1] 이에 나 또한 일설을 지어서 전환설이라고 이름을 짓고자 한다. 그 이름은 사카타니 군의 설과 같지만, 그 뜻은 명백히 다르다.

대개 세상에는 하늘이 정한 시기의 전환과 사람에 관계된 일의 전환이라는 것이 있다. 아침과 저녁이 서로 바뀌고 봄·여름·가을·겨울이 교대하는 것은 하늘이 정한 시기의 전환을 보여 주는 작은 예일 것이다. 불덩어리(火奮石)[2]의 세계가 바뀌어서 용암이 흐르는 세계가 되고, 용암이 흐르는 세계가 다시 바뀌어서 인류의 세계가 된 것은 하늘이 정한 시기의 전환을 보여 주는 큰 예일 것이다. 자기 전답이 없는 백성이 전답을 가지게 되고, 만 냥의 재산을 가진 부자가 파산하는 일은 사람에게 일어나

1   『메이로쿠잡지』 제38호 2. 사카타니 시로시의 「전환접교설」을 가리킨다.
2   탄생기의 지구가 불덩이 상태였던 것을 가리킨다.

는 인사의 전환 중에서 작은 일이다. 왕정이 쇠퇴하여 무사들이 일어나고(우리 나라의 일만을 말한다), 무사가 다시 망하고 왕정이 다시 일어난 것은 사람에게 일어나는 인사의 전환 중에서도 커다란 일이다. 하늘이 정한 시기의 전환이 왔다 갔다 하는 것은 모두 조물주가 하시는 바로서, 거기에는 인류의 힘이 미치지 못하므로 여기에서 논해 봐야 이로울 것이 없다. 인사의 전환에 대해서는 우리 인류에게 관계가 많은 것이므로 이에 대해 논하지 않을 수 없지만, 그 작은 전환에 대해서는 원래 한 사람, 한 집안의 일이므로 일단 제쳐 두기로 한다. 큰 전환에 대해서는 전국 인민의 화복이해禍福利害와 깊은 관계가 있으므로, 특히 요 근래의 전환[3]과 같은 것은 우리와 같은 사람들도 그 은택을 깊이 받았으니, 여기에 대해 약간 내 생각을 언급하지 않을 수 없을 것이다.

인사의 전환에는 반드시 그 원인과 원질原質이 있다. 원인에 대해서는 과거에 속하고 장래와 관계없는 것이므로 언급하지 않겠다. 원질에 대해서는, 그 전환의 본질이자 언제나 실제 사태의 위에서 세력을 떨치는 것이므로 상세하게 논하지 않으면 안 된다. 원질에는 단일한 것과 복합적인 것이 있다. 아메리카의 독립 전쟁은 국민자주를 보전한다고 하는 단일한 원질로부터 일어난 것이다. 프랑스가 전복된 대혼란은 국민이 왕가의 폭정을 싫어하면서 평민이 모두 패기를 드러낸다고 하는 복합적인 원질로부터 일어난 것이다. 근래 일본의 대전환은 처음에는 존왕양이라는 원질로부터 일어나서, 다음으로 문명개화라는 원질이 뒤섞인 것이니, 지금은 존왕양이를 제1의 원질이라 이름하고, 문명개화를 제2의 원질이라고 하자.

3   메이지유신을 가리킨다.

제1의 원질은 옛날을 사모하고 지금을 가벼이 여기며, 위를 귀하게 여기고 아래를 천하게 여기며, 스스로를 존대하고 다른 나라를 혐오하는 성질을 가진다. 제2의 원질은 옛것을 버리고 새로운 것을 취하며, 위가 손해를 보고 아래가 이익을 보며, 존대하는 기풍을 버리고 교제의 예의를 두텁게 하는 성질을 지녔다. 그러므로 제1의 원질과 제2의 원질은 서로 다르기가 흑과 백, 얼음과 불이 서로 섞이지 못하는 것과 비슷하다. 그런데 이 두 종류의 원질이 하나는 정부의 위에, 하나는 인민의 위에 동시에 모이게 되었던 것은 실로 불가사의한 일이라 할 수 있다.

　처음에는 제1의 원질의 힘이 대단히 강했고 이로부터 전환의 효과를 보는 것이 대단히 빨랐는데, 이후에는 제2의 원질이 점점 힘이 세져서 명목상으로는 제1의 원질의 힘을 빌렸지만, 사실 그 효과는 제2의 원질의 힘을 사용한 일이 많았다. 그 실제의 증거는 정치상에서 명백하게 드러나 모든 이들이 알고 있는 바이므로 여기에서 더 설명하지는 않겠다.

　제1의 원질은 전환의 효과를 신속하게 보는 데 도움이 되었지만, 만일 이 제1의 원질뿐이었다면 결국 고루하고 편벽한 습속에 빠져서 만국과 어깨를 나란히 하는 효과를 거둘 수는 없었을 것이다. 그런데 이 대전환의 시기를 맞이하여 제1의 원질과 제2의 원질이 합병하게 된 것은, 조상의 신령함인지 조물주의 뜻인지 모르겠지만, 진정으로 나라를 위한 큰 행운이었다.

　그렇지만 인민의 신분에서 이를 보자면, 전환 이전의 세상과 오늘날의 세상 중 어느 쪽이 더 행복할까? 오늘날의 모습을 가지고 말하자면, 아직 지금의 행복이 크게 이전의 행복보다 앞선다고는 말할 수 없다. 만약 제1의 원질만 있고 제2의 원질이 없었다면 어땠을까? 오늘날의 모습을 가지고 말하자면, 제2의 원질이 있다고 해도 그 행복이 크게 더한 점이 있었으리라 생각되지 않는다. 그 까닭은 무엇인가 하면, 지금의 인민은 제1의 원질과 제2의 원질을 뒤섞어서 자기 머리에 뒤집어쓰고 있기 때문이다.

제1의 원질을 머리에 뒤집어쓴다는 것은 어떤 것인가. 조세는 납부하지만, 정부에서 이것을 어떻게 쓰는지를 알지 못한다. 지방의 장관은 옛날의 영주인 것만 같고, 관리라고 하면 하급 관리라도 권위가 있어서 평민을 경시한다. 법률은 모두 관리의 손으로 만들어지고, 백성들은 복종, 불복종을 불문하고 반드시 이것을 받들어 행해야 하며, 그렇지 않으면 벌을 받는다. 이것은 제1의 원질로부터 나온 민정으로, 구래 봉건의 정치 역시 모두 이러하였다.

제2의 원질을 머리에 뒤집어썼다는 것은 어떤 것인가. 장정(丁壯)을 내보내 군역에 종사하게 하지 않으면 안 된다. 도로, 교량, 경찰, 치수, 제방의 비용을 민간으로부터 내지 않으면 안 된다.[4] 학교건축보존법을 세우고 그 비용을 내지 않으면 안 된다. 호적, 지면, 조세 등의 여러 법이 번잡하고 무겁게 바뀐 것이 많고, 이것을 기억하여 지키는 것도 대단히 어렵다. 이것은 모두 제2의 원질에서 나온 것으로, 고래 봉건의 세상에서는 대단히 드문 일이었다.

제1의 원질 가운데서도 인민에게 도움이 되는 것이 있고 불리한 것이 있다. 앞에서 언급한 몇 가지는 제1의 원질 가운데 인민에게 불리한 것이다. 군주가 스스로 절검을 행하고 인민의 조세를 가볍게 하며, 장마나 가뭄, 역병 등의 재난이 있으면 대단히 많은 쌀과 돈을 풀거나 빌려줘서 가난하고 힘든 인민을 구하며, 효자나 충복忠僕, 그 밖의 기특한 자들, 또

---

4   부현과 마을의 필요에 따라 징수되었던 민간 비용을 말한다.

장수한 이들에게는 평생 수급받을 수 있는 쌀을 주어 사람들의 장려 또는 양로의 모범(典)으로 삼게 한 등의 일은 제1의 원질에서 나온 인민에게 이로운 것들로서, 봉건의 세상에서는 이러한 경우를 종종 듣곤 했었는데 지금의 인민은 이런 은혜를 입을 일이 없다. 다만 봉건의 세상에서 행해졌던 임시 징수(用金),[5] 부역 동원(助鄕),[6] 재산 몰수(闕所)[7]와 같은 폭정이 없어졌을 뿐이다.

　제1의 원질은 인민을 국가의 보물로 삼고, 이것을 양육하여 위난, 재액이 닥치지 않도록 하는 것을 주로 삼았다. 그렇지만 아무래도 인민을 우매한 자로 간주하고 정치상의 일은 일절 관여하지 않게 하여 아는 일이 없도록 하는 것을 법으로 삼았다. 그러므로 현명한 군주가 나오면 인민을 위해 크게 인정仁政을 베풀지만, 포악한 군주가 나오면 인민에게 크게 학정虐政을 시행하였다. 인자하지도 포악하지도 않으면 그 사이에 인민에게 이롭거나 불리한 정치가 있었으니, 위에서 적은 바와 같은 것이 바로 이것이다.

　제2의 원질은 인민을 나라의 본체라 하고, 정부를 인민이 세우는 것이라 하였다. 그러므로 법도는 인민 스스로 만들고, 조세는 인민 스스로 그 많고 적음을 정하여 낸다. 관리가 제멋대로 권위를 부리면 인민이 쫓아낼 수 있으며, 정부가 폭정을 행하면 인민이 이를 바꿔 버릴 수 있다. 그러므로 전국의 공공 비용은 인민 모두가 내서 그 쓰임을 충당한다. 원래 관비官費와 민비民費의 구별을 두는 것은 당연하지 않다. 이러한 권한을

5　막부나 다이묘가 임시로 징수하는 금전을 가리킨다.
6　숙소의 사람이나 말이 부족할 경우, 주변 마을에 사람이나 말을 할당하는 부역의 일종이다.
7　에도 시대의 형벌로, 죽을죄 등에 더하여 그 재산을 몰수하는 일을 가리킨다.

인민에게 주지 않으면서 위에서 적은 것들을 인민에게 부과한다면, 이것을 폭정이라고는 부르지 않을지라도 인민에게 있어서는 대단히 헷갈리는 일일 것이다. 지금 제2의 원질로부터 나와 인민의 이익이 된 것은, 이름을 가지고, 말을 탈 수 있으며, 히닌非人[8]이 평민이 되고, 재판소에서 맨땅에 앉지 않아도 되는 것 정도에 지나지 않는다.

앞에서 말한 것처럼, 지금의 인민은 제1의 원질과 제2의 원질을 모두 머리에 이고 있어서, 특히 그중에 인민에게 이로운 것보다 불리한 것을 많이 이고 있었으므로, 혼란과 어려움을 불평하는 것도 무리는 아닐 것이다. 그러나 제1의 원질은 점점 소멸되고, 제2의 원질이 나날이 왕성해지며, 정부 또한 민력民力을 소생시키고 전국의 공익을 도모하는 훌륭한 뜻을 가졌음이 분명하므로, 단지 불리한 것만이 아니라 이로운 것들도 마침내 모두 인민에게 돌아가게 될 것이다. 지금은 옛것을 버리고 새로운 것으로 바꾸는 시기로, 인민이 자주를 얻는 것과 얻지 못하는 것의 전환이 있는 때이므로, 조금은 헷갈리더라도 참고 견디며 이 시기를 지나가게 된다면 반드시 좋은 시절이 올 것임에 틀림없다. 나는 그래서 지난 1867년은 정권의 전환이며, 이로부터 멀지 않아 민권의 전환이 있을 것이라 생각한다.

그런데 민권의 전환은 언제 있을 것인가 묻는다면, 인민이 가장 귀하고 소중한 입법의 권한을 장악할 때에 민권의 전환이 있을 것이다. 그러나 이 입법의 권한을 얻으려면 학식과 기력의 두 가지를 갖추지 않으면 안 된다. 이 두 가지가 없으면 설령 정부로부터 입법의 권한을 받는다고

---

8   일본에 있던 평민 이하의 계급. 1871년 6월 5일의 태정관포고 제170호의 「호적법」으로 일반민적에 편입되었고, 같은 해 10월 12일 태정관포고 제448호에서 「히닌에타의 칭호(非人穢多の称)」가 폐지되었다.

해도 그 권한을 가지고도 감당하지 못할 것이다. 억지로 가지고 감당하려 해도 도리어 나라 안에 소란이 일어나서 인민이 다시 스스로 행복을 잃어버리게 될 것이다. 그러므로 내가 절실히 바라건대, 인민이 학식을 닦고 기력을 기르며, 권위와 무력에 굴하지 말 것이며 환난을 두려워하지 말고, 이로써 입법의 권한을 장악할 수 있을 때가 되면, 그 외의 인민의 불리함은 얼음 녹듯이 사라지고, 민력이 강성해지며 국력 또한 따라서 강성해질 것이다. 이렇게 될 때에는 어서문御誓文[9]에서 말한 만국과 대등하게 서려고 한다는 취지에도 부합하니, 위아래 모두가 행복을 누리게 될 것이다. 어찌 기뻐할 만한 일이 아니겠는가.

---

9   메이지유신 당시 천황이 발표한 5개조의 서약문. 제5항에는 '지식을 세계에서 구하고, 크게 황실의 기초를 진기(振起)할 것'이라고 되어 있다.

✿

2. 존왕양이설

사카타니 시로시

　요새 존왕양이 따위의 설을 말하면, 여느 때와 같이 합죽이 사카타니
가 또 하늘에서 내려온 낡은 훈도시¹ 같은 소리를 하는구나, 정신 나갔냐
고 비웃음을 사지는 않을까 걱정이 되기도 하지만, 그래도 나라를 사랑
하는 마음에서 잘못되더라도 마음속에 이래야 한다고 생각하는 바는 연
설해서 바로잡아야 할 것입니다. 지난번에 가토 선생의 연설에서 존왕에
대해 이야기했고,² 또 후쿠자와 선생도 이전에 이에 관해 말씀하신 일이
있었습니다. 두 선생의 말씀은 귀결되는 바는 같지만, 그 의견에는 차이
가 있습니다. 차이가 있다는 것은 지식을 절차탁마하기 위함으로, 사회
에 있어서는 기뻐해야 할 일입니다. 저는 존왕과 양이를 겸해서 말하기
때문에 또 차이가 있습니다. 남에게 도움이 되지는 않겠으나 저 자신의

1　　샅바, 들보, 남성의 음부를 가리기 위한 폭이 좁고 긴 천이다.
2　　1875년(메이지 8) 10월 1일에 가토 히로유키가 「왕정일신론(王政一新論)」이라는 제목의
　　　연설을 했다.

이익을 청하고자 지난번에 하다 만 말[3]을 이어 가고자 하니, 부디 양해를 구합니다.

　처음부터 말하지 않으면 이해하지 못할 것입니다. 저는 존왕양이라는 네 글자에 대해 어리석으나마 이전부터 가졌던 의견이 하나 있었습니다. 옛 조슈長州번에 원래 겐즈이元瑞라고 불리다가 개명하고 구사카 요시스케日下義助[4]라고 칭하는 사람과 나카무라 구로中村九郞[5]라는 두 사람이 같이 겐지元治 원년[6] 갑자의 4월 중순, 비젠備前[7]에서 돌아오는 길이라며 제 고향인 빗추備中[8]의 집(寓居)을 찾아와서, 하룻밤 유쾌하게 이야기를 나누며 이 네 글자를 언급했던 일이 있었습니다. 이때 저는 다음과 같이 말했습니다. "화를 내는 것도 웃는 것도 당신 마음이지만, 내 마음에서 이럴 것 같다고 생각하는 것을 숨기는 것은 사기이며 아첨일 것입니다. 한마디 하자면, 작년 시모노세키下關의 싸움[9]에서 패배하여 화해한 것은 그대의 번에 있어서는 좋은 일은 아니었을 것입니다. 그러나 이를 통해 황국의 명분과 의리를 세운 것은 대단히 아름다운 일이었다고 말해야 할 것입니

3　이 기사에 앞선 1875년(메이지 8) 10월 16일에 사카타니는 이 내용과 관련된 연설을 했다.

4　구사카 겐즈이[久坂玄瑞, 1840-1864]. 조슈번의 무사이자 요시다 쇼인[吉田松陰]의 문하생. 급진파 존왕양이론자였으며, 시나가와[品川]의 영국 공사관 방화 사건 등에 참여했다.

5　나카무라 구로[中村九郞, 1828-1864]. 조슈번의 무사로 양이파로 활약하였다.

6　1864년. 겐지[元治]는 일본의 연호로 1864년부터 1865년까지의 기간을 말한다.

7　현재 오카야마현 동부를 가리킨다.

8　현재 오카야마현 서부를 가리킨다.

9　시모노세키 전쟁. 에도막부 말기에 조슈번과 미국·영국·프랑스·네덜란드의 4개국 사이에서 1863년과 1864년의 2회에 걸쳐서 발생한 무력 충돌 사건. 1863년, 조슈번이 먼저 외국 함대에 포격을 가했으며, 이 일에 대한 보복으로 1864년 8월에 영국, 프랑스, 미국, 네덜란드 4개국의 함대가 시모노세키를 포격하였다.

다. 왜냐하면, 종래의 법에서 외국의 배는 물론 우리 나라 표류민을 구조해서 실어 오면 쫓겨날 뿐이었습니다. 또 난파해서 구조를 요청하고 물과 연료를 구해도 쫓겨날 따름이었습니다.[10] 무례하고 몰인정하며 도리에 어긋나는 것이 이와 같았으니, 지극히 야만적인 방침이었다고 말하지 않을 수 없습니다. 만일 시모노세키의 싸움에 이겨서 사면으로 적을 맞이하였더라면, 패배해서 몇천만 달러의 배상금 또는 황국의 인종이 멸망하는 경우는 차치하더라도, 다행히 계속해서 이겼다 한들, 세계 만국으로부터 일본은 호랑이다 승냥이다 하면서 가까이해서는 안 된다는 말을 들었을 것입니다. 그렇게 되면 황국은 야만과 승냥이라는 악명을 지구상에 떨치게 되는 것입니다. 우리 일성무비一姓無比[11]의 제왕이 야만과 승냥이의 왕이 되는 것입니다. 조금이라도 뜻이 있는 남아男兒라면 이처럼 존왕에 반하는 비왕卑王을 감수할 수 있을까요? 다행히 일단 패배하여 화해하고 큰 모욕을 받지 않게 되었으니, 이 일은 황국의 절대적으로 좋은 일이었다고 해야 할 것입니다."

이 말을 들은 구사카가 다음과 같이 말했습니다. "그러면 막부의 개항은 옳은 일이었습니까?" 저는 이렇게 대답했습니다. "아니, 명목은 옳았으나 마음은 옳지 않았습니다. 그 행위는 더욱 옳지 않았습니다. 시험 삼아 살펴보자면, 모두 마음속에서 외국을 혐오하고 이것을 쫓아내어 도리 없는 야만을 세우고 싶었지만, 겁이 많고 두려움에 벌벌 떨며 소위 어쩔 수 없었다든가, 그럴 수밖에 없었다든가 하는 이유로 개항하려고 했습니

---

10   일본은 1825년(분세이 8) '이국선타불령(異國船打拂令)'을 내려 일본에 접근하는 외국 선박을 무력으로 격퇴하는 것을 기본 방침으로 삼고 있었다.

11   하나의 혈통이 이어져서 비할 데 없이 고귀하다는 의미. 일본 왕실의 만세일계(萬世一係)를 의미한다.

다. 용기도 없고 대책도 없으며 게다가 정견定見도 없었습니다. 했던 일이라곤 모두 어린이와 아녀자가 강도를 만난 것처럼 말 한마디 행동 하나하나가 고식적이고 비굴하며, 진심에서 나온 것이 없고 아첨이 아닌 것이 없었습니다. 그들은 양이는 아직 이르다, 때가 오기를 기다려야 한다고 말했지만 호랑이가 바뀌어서 원숭이나 쥐가 된다 한들 똑같은 야만일 뿐입니다. 왕을 무시하고 나라를 욕되게 하여 장래 외교에 큰 해를 조성하였으니, 참으로 분노해 마땅한 일이라 하겠습니다."

구사카는 다시 "그렇다면 이 일을 어찌해야 하겠습니까?"라고 말했습니다. 제가 대답하여 말하기를, "오랑캐라는 칭호는 중국[12]처럼 예의와 도리를 갖추지 않았기 때문에 일컬어지는 것입니다. 따라서 오랑캐는 야만이라는 뜻입니다. 우리가 먼저 야만인데, 어찌 저들을 오랑캐라 말할 수 있겠습니까? 두 사람이 어두운 밤길을 가다가 옥구슬 하나가 갑자기 날아와 눈앞에 떨어지자 한 사람은 용기를 내어 칼을 빼 들고 다른 한 사람은 두려워서 고개를 숙이고 엎드려 동정을 구하였습니다. 그 행동은 달랐어도 괴이함을 싫어하는 뜻은 같은 것입니다. 그리고 옥구슬인지 괴물인지를 변별하지 않고서 낭패를 보는 야만이라는 점 역시 똑같습니다. 왕이란 나라의 주인이 되어 올바른 도리로써 백성을 보호하는 것입니다. 만약 올바른 도리를 잃는다면 멸망하거나 반드시 쇠퇴합니다. 고금의 역사에 비추어 보면 명명백백한 교훈입니다. 적어도 그 나라의 식량을 먹고 급료를 받는 자가 올바른 도리를 지킬 담력이 없고 아첨하며 비굴하거나, 또는 횡포를 부리고 함부로 굴며 고집을 부리는 술 취한 광인처럼 굴면, 나라를 욕되게 하고 왕을 쇠퇴시키니, 이것이 바로 야만이고 오랑

12 　화이질서에 있어서의 중국을 가리킨다.

캐입니다. 오랑캐가 도리를 가지고 나라를 사랑하며 왕을 존경한다고 하면, 오랑캐를 우러르고 왕을 낮출 만하다 할 것입니다. 황국이 제왕을 우러른 것은 요시토키義時[13]와 다카우지尊氏 같은 대단한 악당들조차 끊어낼 수 없었습니다. 이것은 선천적인 이치로서 바꿀 수 없는 것이기 때문입니다. 그러나 왕정이 공정하지 않고 올바른 도리를 잃을 때에는 반드시 쇠약해지고 어지러워지는 것 또한 명백합니다. 세상이 차츰 개화하면서 도리를 아는 사람들이 많아졌습니다. 신도와 불교의 사후세계에 대한 가르침을 정치에 개입시키고 불가사의에 대한 설을 존중하며 믿게 하는 일은, 주나라 말기인 장홍萇弘[14] 때에도 이미 하지 않았습니다. 왕을 존숭하려면 오직 만국을 관통하는 공정한 도리를 행해야 하며, 우리의 오랑캐 같은 풍습을 버려야만 합니다. 오늘날 세상의 기세는 공도公道와 개항開港에 있으니, 개항이 바로 왕을 존숭하는 시작인 것입니다"라고 하였습니다.

구사카는 이에 대답하지 않고 봉칙시말奉勅始末[15] 한 권을 맡기고 떠났습니다. 그 책이 아직 제 집에 있으니, 죽은 벗의 유물이 된 셈입니다. 아마도 그때 구사카는 자신의 번을 위해 억울한 누명을 푸는 데에 급급하여 제 주장의 시비를 논할 틈도 없었을 것입니다. 지금은 그 사람이 없어

---

13 호조 요시토키[条義時, 1163-1224]. 가마쿠라막부의 2대 싯켄[執權]으로 조큐[承久]의 난에서 고토바상황[後鳥羽上皇]과 대립하여 막부 중심의 권력체제를 강화하였다.

14 주나라 조정의 음악가로, 공자에게 음악을 가르쳤다고 전해진다. 또는 주 영왕(周靈王) 때 사람으로, 천문에 밝았고 귀신에 관한 일을 잘 알았다고 한다.

15 1863년(분큐 3), 조슈번[長州藩]의 양이행동이 칙명을 받들어 이루어진 것임을 소명하기 위해 작성된 문서로, 조슈번의 중신 이하라 가즈에[井原主計]가 작성하였다. 조정에 교토로의 복귀를 탄원하고자 한 것이었으나 받아들여지지 않았다. 구사카 겐즈이는 이하라가 이 문서를 가지고 교토로 떠날 때 수행원으로 동행하였다.

서 다시 논할 수는 없지만, 저의 의견은 여전히 달라지지 않았습니다. 따라서 오늘날 조선 등의 일을 논하는 것[16]도 나라 안팎의 사정을 참작하면서 만국을 관통하는 공도를 가지고 판단할 뿐입니다.

애당초 구사카와 이야기했을 때, 저는 천성이 둔재이고 오랫동안 시골에 있으면서 시세와 양학을 견문한 적이 없었습니다. 유일한 정리공도正理公道[17]에 따라 미루어 보았을 뿐입니다. 그러다가 요사이 메이로쿠샤의 말석에 들어와 고견을 들으면서 느끼고 깨달은 바가 적지 않았습니다. 더욱더 정리공도를 가지고 미루어 보면, 반드시 일치하지는 않더라도 크게 다르지는 않다는 것을 알게 되었습니다. 지난번에 저는 민선의원변칙설民選議院變則說을 쓰고 질정을 청했던 일이 있었습니다.[18] 그 글은 결점이 많고 서둘러 첨가하여 고치지 못해서 비웃음을 살 만하지만, 주된 의미는 스스로 생각하기에 존양의 길은 이렇게 되어야 한다는 것이었습니다. 지금 두 선생의 이야기를 들어 보니, 차이는 있지만 결국 비굴한 풍습을 싫어한다는 점에서는 똑같습니다. 제가 우려하는 바는 여러 가지 있지만, 결국은 아첨하는 것으로 귀결됩니다. 비굴하므로, 아첨합니다. 아첨하니, 따라서 비굴해집니다. 아첨하고 비굴하면, 부모가 자식이 제멋대로 하는 말을 들어주어 독을 먹이는 것이나 마찬가지입니다. 설령 진정으로 사랑하고 공경하는 마음에서 나왔더라도, 도리어 극도로 미워하고 천하게 만드는 것입니다. 존양은 하나입니다. 존왕의 방법은 오로지 양이에 있습니다. 왕을 존숭하고자 하면 반드시 오랑캐의 풍습인 아

16 1873년(메이지 6)에 일어난 정한논쟁(征韓論爭)을 가리킨다.
17 유학의 도리를 가리킨다.
18 『메이로쿠잡지』 제27호 2와 제28호 1에 사카타니가 게재한 기사인 「민선의원변칙론(民選議院變則論)」을 가리킨다.

첨을 버리고, 자주독립하여 올바른 도리를 확실하게 지켜야 합니다. 아첨은 마음속으로는 잘못임을 알면서도 언행은 이와 반대로 사욕을 채우려고 하는 것으로, 때로는 직언도 하고 고상한 논의를 해서 사람을 놀라게 하는 경우도 있습니다. 그처럼 기이하고 탁월한 논의의 해로움은 비굴과 비교해도 더욱 심합니다. 왕을 노리개로 삼고, 왕의 사사로운 욕심에 겉으로만 따르면서, 나쁜 길에 빠뜨리고는 뒤로는 혀를 내밀고 잘됐다고 합니다. 세상에 나팔수라고 일컬어지는 사람도 있고, 또 기생집 앞의 나카돈仲どん[19]이라고 일컬어지는 사람도 있습니다. 겉으로는 웃음을 지으며 알랑거리며 아첨하고, 손님을 맞아 한없이 비위를 맞추면서, 또 가끔은 올바른 소리로 손님을 격려하기도 합니다. 그중 한두 명은 성실할지도 모르지만, 대부분은 손님을 독에 빠뜨릴 뿐입니다.

생각해 보면, 화한고금和漢古今에서 나팔수, 나카돈이 아닌 사람이 얼마나 많겠습니까? 왕망王莽,[20] 조조曹操,[21] 도쿄道鏡,[22] 다카우지尊氏 같은 이들도 그렇고, 진나라의 조고趙高나, 도요토미 히데요시에게 이시다 미쓰나리石田三成[23]가 한 일이나, 한 여자로 두 명의 호걸을 우롱한 이집트의 클레오

---

19   나카돈[仲どん, 仲殿]. 기생집이나 찻집에서 일하는 허드렛일을 하는 남자를 가리킨다.

20   중국 전한(前漢) 말기의 정치가(기원전 45-기원후 23). 황제를 죽이고 신(新) 왕조를 건국하여 황제 노릇을 했다.

21   중국 후한(後漢) 말기의 무장(武將). 황건(黃巾)의 난을 다스려 유력자로 떠올랐고, 이후 군웅(群雄)들을 물리치고 화북(華北) 지방을 거의 통일하여, 위왕(魏王)이라 일컬었다.

22   도쿄[道鏡, ?-772]. 나라 시대에 황족에 준하는 권세를 누렸던 일본의 승려. 고켄[孝謙]천황의 절대적 신임을 얻어 대신선사(大臣禪師)로 임명되었고, 이후 쇼무[聖武]천황이 도다이지[東大寺]를 모방하여 사이다이지[西大寺]를 창건하는 데 큰 역할을 하였으며 천황에 준하는 법왕(法王)의 대우를 받았다.

23   이시다 미쓰나리[石田三成, 1560-1600]. 도요토미 히데요시의 가신인 무장. 도요토미의 총애를 받아 어려서부터 도요토미를 모셨고, 임진왜란에도 출전하였다. 적을 많이

파트라나, 프랑스를 혼란에 빠뜨린 존 로[24] 같은 사람들이 모두 나팔수, 나카돈의 우두머리 격인 것입니다. 100, 200히키[匹][25]의 꽃 정도의 작은 출세와 작은 영예를 얻고 득의양양하는 사람은 참으로 셀 수 없을 정도입니다. 또 쓴소리를 싫어하고, 진심 없이 겉으로만 부드러운 사람을 좋아하며, 자기 욕심을 채우기를 바라는 것은 인지상정입니다. 따라서 아첨하는 사람은 반드시 남이 자기에게 아첨하는 것을 좋아합니다. 나팔수, 나카돈도 자기가 손님이 되면 사치하며 위세를 부리고, 바보 놀음이 아니면 재미없다고 떠들면서 자기도 모르는 사이에 진짜로 바보가 되곤 합니다. 참으로 아첨은 아편보다 무섭습니다. 옛날부터 총명하다고 일컬어지는 사람이 출세할수록 바보가 되는 것은 이 때문입니다. 거짓과 비방은 명예를 훼손하지만, 덕성과 품행을 바꿀 수는 없습니다. 아첨은 사람의 지식을 어리석게 하고 뇌수를 전도시키며 나쁜 길에 빠뜨립니다. 또 거짓과 비방은 대개 아첨으로부터 나옵니다. 아첨으로부터 나오지 않는 것은 대단한 힘이 있습니다. 아첨으로부터 나오는 것은 음험과 은폐로, 그 해로움은 헤아릴 수조차 없습니다. 옛날부터 왕실을 쇠퇴시킨 것은 모두 이로부터 생겨났습니다. 자신과 같은 사람을 끌어들이고 자신과

만들어 도요토미 세력 내부에서 일어난 갈등의 원인을 제공하는 경우가 잦았다.

24　존 로(John Law, 1671-1729). 스코틀랜드 출신의 경제학자. 중앙은행을 설립하여 신용의 활용을 늘리고, 토지, 금, 은에 기반한 은행권(banknote)을 확산시킬 것을 주장하였다. 이런 주장은 당시 재정 궁핍에 빠져 있던 프랑스에서 채택되어 1718년 왕립은행의 설립으로 이어졌고, 1720년에는 재무장관이 되었으나, 왕립은행에서 발행한 은행권이 투기 과열과 거품 해소를 거치며 폭락하면서 실각하였다. 스기 고지[杉亨二]의 제8호 4.「공상에 관해서 기록하다[空商の事を記す]」와 제34호 1.「상상 쇄국설[想像鎖國論]」에도 언급되었다.

25　돈의 단위이다.

다른 사람을 싫어하며, 패를 갈라 당을 이루어서 자신의 사사로운 이익을 이루기 위해 국가의 공론을 억압하니, 이윽고 횡포하고 배반하며, 학대하여 멸망하기에 이르기까지 멈추지 않습니다. 나라는 기생집이 아니고, 군주는 손님이 아니라 나라를 보호하는 사람입니다. 이를 물리치고 보호의 올바른 도리를 세우는 것이 바로 존왕尊王입니다. 군주를 세우는 풍습에는 차이가 있지만, 지구상에 수령이 없는 나라는 없습니다. 수령은 한 사람뿐이고, 신민은 많습니다. 나라를 사랑하는 책임은 백성에게 있습니다. 백성이 모두 아첨하지 않고 자주독립의 올바른 도리를 가지고 하면, 그 수령인 자가 설령 걸·주 임금일지언정 혼자서 무엇을 할 수 있겠습니까? 하물며 공론에 따라 헌법이 정해진다면 암군난주暗君亂主를 세워서 계통을 쇠퇴시킬 자가 나오지 못할 것입니다.

그러나 시험 삼아 스터티스틱스Statistics의 방법으로 고금을 통관하여 비교해 보면, 야만과 아첨의 술수를 써서, 왕을 존경한다고 하면서 도리어 쇠퇴하며 어지럽게 만들어 왕을 무시할 뿐만 아니라, 나아가 왕을 괴로움에 빠지게 하는 자들은 어느 시대건 간에 마치 구더기마냥 득실득실합니다. 번성하는 시대에는 강직하고 자유로운 기풍이 있기는 하지만 한때의 아름다움일 뿐이고, 오히려 이 때문에 억압하는 권력을 강화하고 아첨하는 풍습이 퍼져서 구할 수 없는 지경까지 이르게 되는 듯합니다. 이렇게 된다면 어떻게 개명에 도달할 것이며, 무엇으로 존양의 사업을 일으킬 수 있을까요? 모든 일이 단지 고식에 그치게 될 것입니다. 그러니 아첨으로 규율을 세워서는 안 됩니다. 오직 사람들로 하여금 아첨의 이익이 없도록 해야 하는 것입니다.

유럽 문명 제국은 이 점에서 볼만합니다. 국가 공공의 도리를 분명히 하고, 상하동치上下同治의 정체政體를 정했습니다. 이렇게 되면 아첨하려는 사람도 아첨할 곳이 없고, 비굴하려는 사람도 비굴할 곳이 없어서, 아첨과 비굴의 이익이 하나도 없고 손실과 치욕만 있습니다. 조고와 미쓰나리와 같은 사람이 있어도 간사함을 발휘할 곳이 없으니, 도리어 나라를 위해 그 재능과 지혜를 발휘하게 될 뿐입니다. 사람들의 논의로써 헌법을 세우고, 법률은 적절함을 얻어서 분규와 소란이 일어나지 않습니다. 재화는 공정해져서 의심스러울 것이 하나 없고 인선은 공평하여 분개할 일이 없으며, 사람들은 분발하여 나라를 사랑하고 임무를 이루기 위해 힘을 내니, 이전의 나쁜 풍습은 저절로 없어져 나라는 넉넉해지고 병사는 강해지며 존양의 사업은 대단히 왕성해졌다고 합니다. 지나와 같은 나라는 이와 반대로 존양을 주창하기 시작하면서 스스로 아첨과 압제의 풍습을 제멋대로 하여, 야만의 풍습을 가까이하고 왕을 업신여기는 행위로써 옳다고 하였습니다. 듣기로는, 미국에서는 중국인이 와서 풍습을 어지럽히는 것을 싫어해서 이 사람들을 내쫓으려고 하는 논의가 있다고 합니다. 이것이 진정한 양이입니다. 일이 뒤집혀서 이 지경에 이른 것이니, 우습고도 개탄스럽습니다. 옛날에 무엇이 국가의 화를 불렀는지 생각해 보면, 결국은 관리와 인민의 고식에 그 이유가 있었습니다. 사람이 아첨하고 비굴하며 서로 알랑거리고 위압하면, 마음에 중심이 없습니다. 마음에 중심이 없으면, 동쪽으로 달리고 서쪽에서 쓰러지며, 위아래가 뒤집히고 정해진 뜻이 없어, 하나의 일조차 제대로 이룰 수 없습니다. 지나와 같은 경우가 이 사실을 분명히 보여 줍니다.

우리 나라에서는 이러한 구습을 싫어하고 궤란潰亂을 맞기 전에 유럽 문명의 장점을 일으키고자 하여 미리 만기공론萬機公論의 어서문御誓文을 선포했습니다. 또 입헌정체를 세우기 위해 사람들에게 익찬을 명하는 성조聖詔[26]를 내렸습니다. 그러므로 이전의 존양은 아첨을 버리고 항구를 여는 데에 있었다면, 지금의 존양은 다시 아첨을 버리고 위아래 사람들이 함께 의논할 방법을 정하는 것에 있습니다. 그 시작은 무엇으로부터 착수하면 좋을까요? 온 나라가 공유하는 재산으로부터 시작해야 합니다. 이것이 제 존양의 관건입니다. 세상 사람들은 왕왕 실제와 이론이 다르다고 말합니다. 그러나 이것을 세심하게 바로잡으면, 고금으로부터 실제의 일은 좋은 것이건 나쁜 것이건 모두 이론으로부터 나오지 않은 것이 없습니다. 저는 무엇보다도 이론異論과 이의異議가 아첨에서 나오지 않는다는 점을 존중합니다. 일찍이 우리 모임의 잡지에 존이론尊異論[27]을 냈었던 이유가 바로 이것이니, 청하건대, 여러 선생들의 논박을 기다리고자 합니다.

26 성왕(聖王)의 칙유(勅諭)라는 의미로, 여기서는 메이지천황이 1875년(메이지 8) 4월 14일에 선언한 입헌정체에 관한 조서[立憲政體論の詔書]를 가리킨다.
27 사카타니 시로시는 『메이로쿠잡지』 제19호 3에 「존이설」을 게재하였다.

『메이로쿠잡지』의 기고자들

◎ **가시와바라 다카아키**柏原孝章(1835-1910)

의사, 계몽가, 양학자. 다카마쓰번高松藩의 의사 집안에서 출생하여 오가타 고안緒方洪庵의 데키주쿠適塾에서 난학을 공부했고, 이후 에도막부의 마지막 쇼군 도쿠가와 요시노부德川慶喜의 시의侍醫로 근무했다. 메이지유신 이후에는 의원을 개업하고 의학 관련 서적을 다수 집필·간행했다.

▲ 메이로쿠잡지 기고원고

종교론 의문(29-3, 30-3, 31-4), 일요일의 설(33-3)

◎ **가토 히로유키**加藤弘之(1836-1916)

무사, 관료, 교육자, 양학자. 다지마국但馬国의 병학사범가에서 출생하여 사쿠마 쇼잔佐久間象山, 쓰보이 이슌坪井為春 등에게서 서양식 병법과 난학을 배웠다. 이후 반쇼시라베쇼蕃書調所에 들어가 독일어를 익혔고, 메이지유신 이후에는 주로 학교, 연구와 관련된 부서 등에 근무하였으며, 특히 1869년부터 메이지 천황에게 서양학을 가르치기도 했다. 이후 도쿄대학 총리, 제국대학 총장, 원로원 의관 등을 역임했다.

▲ 메이로쿠잡지 기고원고

후쿠자와 선생의 논의에 답하다(2-1), 블룬칠리 씨『국법범론』발췌 번역 민선의원 불가립의 설(4-2), 미국의 정치와 종교(5-5, 6-3, 13-1), 무관의 공순(7-2), 국가를 가볍게 여기는 정부(18-2), 부부동권 유폐론(31-1, 31-2)

◎ 간다 다카히라神田孝平(1830-1898)

정치가, 관료, 양학자. 미노국美濃国의 무사 집안에서 태어나 마쓰자카 고도松崎慊堂에게 한학漢学을, 스기타 세이케이杉田成卿 등에게 난학을 배 웠다. 반쇼시라베쇼 교수, 가이세이쇼開成所 교수 등을 역임하였고, 메 이지유신 이후에는 서양의 제도 등을 연구하고 수립하는 관료로 활 약했다. 이후 원로원 의관, 도쿄학사회원 회원, 귀족원 의원 등을 지 냈다.

▲ 메이로쿠잡지 기고원고

재정 변혁의 설(17-1), 국악을 진흥해야 한다는 주장(18-6), 민선의원의 시기는 아직 도래하지 않았음을 논한다(19-2), 지폐인체간원록(22-5), 정금외출탄식록(23-2), 지 폐성행망상록(26-3), 화폐병근치료록(33-4), 화폐사록 부언(34-2), 철산을 개발해야 함을 논한다(37-3)

◎ 나카무라 마사나오中村正直(1832-1891)

교육자, 계몽사상가. 에도江戸에서 막부의 유관儒官 집안에서 태어났 다. 어려서부터 유학을 배웠고, 본인도 막부의 유학 담당 관료로 근무 하는 한편 서양 학문에도 관심을 가졌다. 1866년 막부의 유학생 담당으로 영국에 유학했다. 귀국 후 사립학교 동인사同人社를 개설했고, 새 뮤얼 스마일즈의 *Self help*를 『서국입지편西國立志編』으로, 밀의『자유론』을 『자유지리自由之理』로 번역했다. 이후 도쿄학사회원 회원, 도쿄대학 교수, 원로원 의관 등을 지냈다.

▲ 메이로쿠잡지 기고원고

서학 일반(10-3, 11-3, 12-3, 15-2, 16-3, 23-3, 39-3), 인민의 성질을 개조하는 것에 대한 설(30-4), 선량한 어머니를 만드는 일에 대한 설(33-1), 지나를 경시해서는 안 된다(35-1), 상벌훼예론(37-2)

◎ 니시무라 시게키西村茂樹(1828-1902)

계몽사상가, 교육자, 관료. 사쿠라번佐倉藩의 무사 집안에서 태어나 어려서부터 야스이 솟켄安井息軒 등에게 한학을 배웠다. 이후 사쿠마 쇼잔에게 병학을, 데즈카 리쓰조手塚律蔵에게 난학과 영어를 배웠다. 문부성, 궁내성 등에서 근무했고, 메이지 천황의 시독侍讀을 담당하기도 했다. 1876년 도쿄수신학사(훗날 일본홍도회로 개칭)를 설립하여 도덕교육의 보급에 힘썼고, 『일본도덕론日本道德論』 등의 저술을 남겼다. 도쿄학사회원 회원, 궁중고문관, 귀족원 의원 등을 역임했다.

▲ 메이로쿠잡지 기고원고

개화의 정도에 따라 문자를 개량해야 한다(1-2), 진언일칙(3-2), 정체삼종설(28-2, 28-3), 자유교역론(29-2), 수신치도비이도론(31-3), 적설(33-2), 서어십이해(36-2, 37-1, 42-1), 정부와 인민이 이해를 달리하는 것에 대한 논의(39-2), 전환설(43-1)

◎ **니시 아마네**西周(1829-1897)

계몽사상가, 교육자, 관료. 이와미국石見国의 의사 집안에서 태어나 어려서부터 주자학을 공부했다. 반쇼시라베쇼의 조교로 근무하다가 1862년 네덜란드 레이던대학으로 유학을 떠나 약 4년간 서양의 근대 학문을 배웠다. 귀국 후 가이세이쇼 교수로 근무하며 네덜란드에서 공부한 강의록을 정리하여 『만국공법萬國公法』으로 간행했다. 이후 병부성, 육군성, 문부성 등에서 근무하였고, 군인칙유軍人勅諭를 기초하기도 했다. 도쿄학사회원 회원, 원로원 의관 등을 역임했다.

▲ 메이로쿠잡지 기고원고

서양 글자로 국어를 표기하자(1-1), 비학자직분론(2-4), 옛 상공들의 주장을 반박한다(3-6), 종교론(4-4, 5-2, 6-2, 8-5, 9-3, 12-1), 벽돌 건물에 관한 설(4-5), 지설(14-1, 17-3, 20-5, 22-1, 25-1), 애적론(16-4), 정실에 관한 설(18-5), 비밀에 관한 설(19-1), 내지 여행(23-1), 망라의원의 설(29-1), 국민기풍론(32-1), 인세삼보설(38-1, 39-1, 40-1, 42-2)

◎ **모리 아리노리**森有礼(1847-1889)

정치가, 외교관, 계몽사상가, 교육자. 사쓰마국薩摩国의 무사 집안에서 태어났다. 어려서 한학과 영어를 배웠고, 1865년 사쓰마번의 제1차 영국유학생으로 런던으로 건너가 약 3년간 유학했다. 귀국 후 외국 관련 사무에 종사했고, 1870년 외교관으로 미국에 부임했다. 다시 일본으로 돌아와 미국에서의 경험을 바탕으로 메이로쿠샤 결성을 주도했고, 본인은 계속 외무성 관료로 근무했다. 1875년 특명전권공사로 청나라에 부임하여 조선 문제를 두고 이홍장과 회담했다. 미국에서의 교육에 관심을 가지고 관련 자료와 서적을 수집했으며, 이토 히로부미伊藤博文 1차 내각에서 초대 문부대신이 되어 학교령을 제정하는 등 근대 일본의 교육제도 확립에 종사했다.

▲ 메이로쿠잡지 기고원고

학자직분론에 대하여(2-2), 개화 제1화(3-1), 민선의원설립건언서에 대한 평(3-3), 종교(6-4), 독립국 권의(7-1), 저첩론(8-2, 11-2, 15-1, 20-2, 27-1), 메이로쿠샤 제1년차 역원 개선에 대한 연설(30-1)

◎ **미쓰쿠리 린쇼箕作麟祥(1846-1897)**

양학자, 법학자, 관료. 쓰야마번津山藩의 무사 집안에서 태어났다. 어려서 아즈미 곤사이安積艮斎에게 한학을, 조부인 미쓰쿠리 겐포箕作阮甫에게 영어와 프랑스어, 난학을 배웠다. 반쇼시라베쇼 교수로 근무하며 막부에서 통번역 관련 일에 종사했다. 1867년부터 1년간 프랑스에 유학 후 가숙家塾을 열고 학생들을 가르쳤는데, 이때 나카에 조민中江兆民, 오이 겐타로大井憲太郎 등이 여기에서 배웠다. 문부성, 사법성 등에 근무했고, 프랑스민법의 번역에 종사했다. 사법 차관, 행정재판소 장관 등을 역임했다.

▲ 메이로쿠잡지 기고원고

인민의 자유와 토지의 기후는 서로 관련이 있다(4-1, 5-4), 개화를 앞당기는 것은 정부가 아니라 인민의 중론이다(7-3), 리버티설(9-2, 14-2)

◎ **미쓰쿠리 슈헤이**箕作秋坪(1826-1886)

교육자, 계몽사상가. 빗추국備中国의 의사 집안에서 태어나 청소년기에 고가 도안古賀侗庵에게 한학을, 미쓰쿠리 겐포에게 난학을 배웠다. 막부의 통번역직으로 근무하였으며, 퇴직 후에는 모리 아리노리, 후쿠자와 유키치와 협력하여 상법학교商法學校(현재 히토쓰바시대학의 전신)를 설립했다. 도쿄학사회원 회원, 교육박물관 관장을 역임했다.

▲ 메이로쿠잡지 기고원고

교육담(8-3)

◎ **사카타니 시로시**阪谷素(1822-1881)

한학자, 교육자, 관리. 빗추국의 무사 집안에서 태어나 오시오 주사이大塩中斎, 고가 도안古賀侗庵 등에게 한학을 배웠고, 육군성과 문부성, 사법성 등에서 관료로 근무했으며, 도쿄학사회원 회원이기도 했다. 주자학에 심취한 한학자이면서 서양 학문에 대한 관심으로 메이로쿠샤에 참가했고, 최고령자이면서 모임의 회원들과 다수의 논쟁을 벌였다.

▲ 메이로쿠잡지 기고원고

질의일칙(10-4, 11-4), 민선의원을 세우는 데 먼저 정체를 정해야 한다는 것에 대한 의문(13-3), 조세의 권한은 상하가 함께 관여해야 한다는 설(15-3), 화장에 관한 의문(18-4), 존이설(19-3), 호설에 대한 의문(20-3), 호설의 넓은 뜻(20-4), 여성의 치장에 대한 의문(21-4), 정교에 대한 의문(22-3), 정교에 대한 나머지 의문(25-2), 민선의원 변칙론(27-2, 28-1), 처첩에 관한 설(32-2), 천강설(35-2, 36-1), 전환접교설(38-2), 양정신일설(40-2, 41-3), 존왕양이설(43-2)

◎ 스기 고지杉亨二(1828-1917)

관료, 계몽사상가, 통계학자. 나가사키長崎의 의사 집안에서 태어났고, 의학 공부를 하던 중 서양 학문에 관심을 가지고 난학을 연구했다. 이후 반쇼시라베쇼 교수조교를 거쳐 가이세이쇼 교수를 역임했으며, 도쿠가와 가문의 교수역으로 근무하기도 했다. 메이지유신 이후 민부성에 출사하여 태정관, 좌원, 정원, 통계원 등에서 관료로 활약했으며 도쿄학사회원 회원을 역임했다. 특히 서양의 통계학을 본격적으로 소개·연구하여 정부의 업무에 통계를 이용한 각종 기법을 도입하고 활용한 인물로 유명하다.

▲ 메이로쿠잡지 기고원고

러시아 표트르 대제의 유훈(3-4), 프랑스인 '쉴리' 씨의 국가가 쇠미하게 되는 징후를 든 조목은 다음과 같다(4-3), '북아메리카합중국의 자립'(5-3), 남북아메리카 연방론(7-4), 공상에 관해서 기록하다(8-4), 참된 위정자에 관한 설(10-2), 화폐의 효능(14-3), 인간 공공의 설(16-2, 18-3, 19-4, 21-3), 무역개정론(24-2), 상상 쇄국설(34-1)

◎ 쓰다 마미치津田真道(1829-1903)

무사, 관료, 정치가, 양학자. 미마사카국美作国의 하급 무사 집안에서 태어나 한학과 병학, 국학 등을 익혔다. 사쿠마 쇼잔에게 난학을 배우고 반쇼시라베쇼 조교로 근무하다가 1862년 네덜란드의 레이던대학으로 유학하여 약 4년 간 근대 학문을 배웠다. 이후 가이세이쇼 교수, 사법성 및 육군성의 관료 등을 거치며 근대적 학문과 제도의 이식에 종사했으며, 원로원 의관, 도쿄학사회원 회원, 고등법원 배석재판관,

중의원 의원, 초대 중의원 부의장 등을 역임했다.

▲ 메이로쿠잡지 기고원고

학자직분론에 대한 평(2-3), 개화를 진전시킬 방법에 대해 논하다(3-5), 보호세가 잘못이라는 주장(5-1), 출판의 자유가 이루어지기를 바란다(6-1), 고문론(7-5, 10-1), 복장론(8-1), 근본은 하나가 아니다(8-6), 운송론(9-1), 정론(9-4, 11-1, 12-2, 15-4, 16-1), 상상론(13-2), 덴구설(14-4), 지진의 설(17-2), 서양의 개화는 서행한다는 설(18-1), 신문지론(20-1), 삼성론(21-2), 부부유별론(22-2), 내지여행론(24-1), 괴설(25-3), 무역균형론(26-2), 인재론(30-2), 정욕론(34-3), 부부동권변(35-3), 사형론(41-1), 폐창론(42-3)

◎ 쓰다 센津田仙(1837-1908)

농학자, 계몽가. 시모우사국下総国의 무사 집안에서 태어났으며, 페리 내항 시에 포병으로 출진한 경험이 있다. 젊어서 난학과 영어를 배우고 막부의 통역관으로 활약했으며, 일찍부터 서양 농업에 관심을 가지다가 빈 박람회에 참가한 것을 계기로 오스트리아의 농학자 다니엘 호이브렝크에게 농법을 배웠다. 이후 농학사농학교農學社農學校를 개설하는 등 농업 분야에서 활약하였고, 『영화화역자전英華和譯字典』을 간행하기도 했다.

▲ 메이로쿠잡지 기고원고

화화매조법지설(41-2)

◎ **시미즈 우사부로**清水卯三郎(1829-1910)

실업가. 무사시국武蔵国에서 양조업을 경영하던 집안에서 태어나 한학과 난학 등을 익혔다. 어려서 러시아의 일본 외교관이었던 푸탸틴Putyatin을 만난 경험을 계기로 국제정세와 서양학 공부에 관심을 가졌다. 막부 말기부터 통역 담당으로 외교 방면에서 활약했고, 파리 만국박람회에 참가한 경험을 바탕으로 서양 물품의 수입과 유통, 개발에 종사하는 등 실업가로 활약했다.

▲ 메이로쿠잡지 기고원고

히라가나의 설(7-6), 화학 개혁의 대략(22-4)

◎ **시바타 마사요시**柴田昌吉(1842-1901)

영어학자, 관리, 교육자. 나가사키의 관리 집안에서 태어나 의사 집안의 양자로 들어갔고, 나가사키영어전습소에서 영어를 익혔다. 이후 영어 통번역 관련 일에 종사하면서 외무성 역관, 가나가와양학교神奈川洋学校 교수, 외무성 관료 등을 역임했다.『영화자휘英和字彙』,『증보정정 영화자휘增補訂正英和字彙』등의 영어사전을 편찬 간행했으며, 나가사키에 영어학교를 열어 영어 교육에 종사했다.

▲ 메이로쿠잡지 기고원고

필리모어『만국공법』중 종교를 논하는 장(6-5)

◎ **후쿠자와 유키치**福澤諭吉(1835-1901)

계몽사상가, 저술가, 교육자, 언론인. 나카쓰번中津藩의 하급 무사 집안

에서 태어났다. 서양 포술을 배우고자 나가사키로 나와 네덜란드어를 공부했고, 오가타 고안 문하에서 난학을 배웠다. 이후 에도에서 난학 숙蘭学塾을 열어 운영하다가 1860년 미국에 방문한 일을 계기로 영어로 된 서적들을 수입해 번역하여 가르치기 시작했고, 학숙이 성장하면서 그 이름을 게이오기주쿠慶應義塾(현재의 게이오대학)로 개칭했다. 특히 그는 일본을 문명 부강국으로 이끌고자 하는 목표를 표방하고, 이를 위해 서양 문명을 철저히 가르치는 '양학'의 교육을 우선시했다. 정부에 출사하지 않고 주로 교육과 신문 발행에 집중했으며, 서양 문명을 소개하는 내용의 『서양사정西洋事情』, 『학문의 권유学問のすすめ』, 『문명론의 개략文明論の概略』 등을 저술한 당대 최고의 베스트셀러 작가이기도 했다.

▲ 메이로쿠잡지 기고원고

정대화의에 대한 연설(21-1), 내지 여행에 관한 니시 선생의 설을 반박한다(26-1), 남녀동수론(31-5)

역자 후기

이 잡지를 처음 만난 것은 기억조차 까마득한 대학원 석사 시절이었다. 대학원에서 석사과정을 밟던 나는 뭔가 사람들과 함께 공부할 공간을 찾아 헤매고 있었고, 우연히 이 잡지를 읽는 모임을 알게 되어 이것이 어떤 텍스트이고 어떤 의미가 있는 것인지조차 알지 못한 채로 읽어 나가기 시작했던 것 같다. 지금 함께한 공동 역자들 역시 모두 이 시기에 만난 인연들로, 그것이 지금까지 이어져 온 것을 생각해 보면 감개가 무량할 정도이다.

나중에 알게 되었지만, 당시에는 이 까다로운 텍스트를 오역과 오류투성이인 채로 읽고 이해하며 의미를 부여하고 있었다. 이 잡지는 한 차례 완독하는 일조차 쉽지 않았는데, 양도 적지 않았지만, 메이지 초기, 아직 글쓰기의 형태나 규칙이 완전히 자리 잡히지 않았던 시기에 다양한 개성을 지닌 필자들이 나름의 논리 구조 안에서 문장을 작성하던 시대의 전환기에 나온 텍스트였던 탓에 좀처럼 읽기에 속도를 내기 어려운 것이 하나의 이유였다. 또 잡지이다 보니 자기 관심에 맞는 것을 찾아서 읽게 될 뿐, 완독할 생각 자체를 하지 않았던 것 역시 하나의 이유가 되었다. 그만큼 다양하고 언뜻 번잡해 보이기도 하는 이 백과전서식 지식의 향연장에 익숙해지는 데에 제법 오랜 시간이 필요했던 것이다.

그럼에도 불구하고, 이 잡지를 완역해 보자고 마음먹게 된 것은 역시 여기에 나오는 지식의 단편들이 때로는 지적 자극을 제공해 주었고, 때로는 막연하게 가지고 있는 의문들을 해소해 주는 단서를 제시해 주곤 했기 때문이다. 우리가 당연히 생각하는 교양, 상식들이 애초에 어디에서 왔으며, 그 기원을 확인하는 것이 어떤 의미를 주는지와 같은 지적 성취와 즐거움을 이 잡지에서 발견하는 일이 가능했다. 또한 우리의 전통과 현재 사이를 가로막고 드러누워 있는 '식민지'로 인해 온전히 사고해 볼 수 없었던 '근대'의 생생함을 여기에서 조금이나마 맛볼 수 있었다. 즉 이 잡지는 너무나 거대하고 막막한 근대, 일본, 나아가 동아시아라는 수수께끼를 풀기 위한 일종의 지도 같은 것이었던 셈이다.

『메이로쿠잡지』가 21세기의 대한민국에서 번역되는 것은 어떤 의미가 있을까. 이 잡지는 근대 초기 일본이 '서양'이라는 존재와 마주하면서 그것을 어떻게 받아들이고 변용變容했는지 그 생생한 모습을 살펴볼 수 있는 텍스트이다. 일본의 근대에 대한 우리의 평가는 오랫동안 방치되었거나, 평가하더라도 '식민지'라는 문제의식과 맞물려 논의되어 왔던 만큼 객관성을 유지하기 어려웠다는 사정도 존재했다. 그러나 일본의 근대가 우리의, 나아가 동아시아의 근대—가령 '계몽'의 문제와 같은—에 큰 영향을 끼쳤음을 또한 부정하기 어렵다. 근대를 둘러싼 우리의 사유는, 현재의 세계 대부분을 구성하고 있는 서구적 근대가 어떻게 동아시아의 지식장 안에서 재구성되었는지에 대한 어쩌면 가장 기초적인 탐색과 고민을 건너뛴 채로 식민지의 경험에만 천착해 온 감이 있다. 그러다 보니 그것이 서구적 근대이건, 전통적 근대이건, 식민적 근대이건 정작 '근대' 자체를 어떻게 평가할지에 대한 균형감각을 잃어버리고 있었던 것은 아닌가 생각해 보게 된다. 일본의 근대 자체를 확인해 보는 작업은 바로 이런 지점에서 의미를 가질 수 있다. 메이지 초기의 양학자洋學者들은 대부분

동아시아의 지적 세계에서 생산된 지식과 가치관을 바탕으로 서양을 이해하고 취사선택했으며, 그 선택 기준들의 상당수는 다시 우리의 근대를 구성하는 기준으로 작동했다. 또 그 안에서 분출한 다양한 의견들은 우리가 역사적으로 익히 알고 있는 제국주의적 방향성이 아직 설정되기 이전의 것들로, 근대가 가졌던 다양한 가능성들 역시 이 잡지 안에서 확인해 볼 수 있다. 『메이로쿠잡지』는 바로 그러한 일본의 근대가 처음에 어떤 시선으로 서양을 바라보고 수용하면서 구성되었는지를 보여 주는 절호의 텍스트이다. 메이지 당대 최고의 석학들이 모여서 고민하고 토론하며 자신의 의견을 기탄없이 내비쳤던 이 잡지야말로 일본의 근대, 나아가 그 영향(긍/부정을 떠나)을 받은 동아시아 근대의 문제의식을 엿보기 위해 검토할 가치가 충분한 사료이자 지적 원천을 풍부히 제공해 줄 만한 것이라고 말해도 결코 과장은 아닐 것이다.

마지막으로, 잡지가 완역되기까지 많은 어려움이 있었다. 이 어려움의 상당 부분은 부족한 능력에도 여러 가지로 고집을 부렸던 책임 번역자로부터 기인한 문제들이었다. 그럼에도 불구하고 이 지난한 과정을 함께해 준 우리 공동 번역자들께 이 지면을 빌려 진심으로 송구하고 고마운 마음을 전하고 싶다. 또한 이 오랜 시간을 인내심으로 기다려 주신 세창출판사 관계자 여러분께도 진심으로 감사하다고 말씀드린다.

역자들을 대표하며
김도형 적음

찾아보기

편저자 소개

메이로쿠샤 동인明六社同人

메이로쿠샤 동인은 1873년, 즉 메이지 6년에 설립된 근대 일본 학술단체 메이로쿠샤明六社에서 함께 활동했던 지식인들을 가리킨다. 여기에 참가한 서양학, 유학 등 각 분야의 전문가들은 이후 일본에서 근대적인 형태의 '학술계'가 성립하는 데 지대한 영향을 끼쳤는데, 이전까지의 학술모임은 각 분야 안에서 무리를 지어 교류하는 것이 일반적이었던 만큼 각 분야의 벽을 넘어서 하나의 학술단체를 결성한 일 자체가 특이한 현상이었다고 말할 수 있다.

니시 아마네, 후쿠자와 유키치, 쓰다 마미치, 나카무라 마사나오, 니시무라 시게키, 가토 히로유키, 모리 아리노리, 사카타니 시로시 등 여기에 참가한 이들은 모두 근대국가 일본이 만들어지는 과정에서 나름의 족적을 남겼는데, 흥미로운 점은 이들이 생각한 근대 일본의 방향성이 모두 달랐다는 것이다. 그런 양상은 이 잡지 안에서 확인할 수 있어서, 이들은 서로의 의견에 대해 기탄없이 논평하고 때로는 비판하거나 대안을 제시하였다. 지금의 시점에서 예정조화적으로 필연적 결과에 이른 것처럼 보이는 근대 일본의 모습이, 어쩌면 다양한 가능성과 모색의 과정 안에서 우연적으로 도출된 결과일 수도 있다는 점을 이 잡지 기사의 내용과 논쟁을 통해 확인해 보는 것은 이 잡지를 읽는 하나의 재미가 될 것이다.

역주자 소개

김도형金度亨

세종대학교 국제학부 일어일문학전공 조교수. 성균관대학교 철학과를
졸업하고 동 대학교 동아시아학술원에서 박사학위를 받았다. 근대 일
본의 사상을 중심으로 연구하고 있으며, 특히 서양 사상의 수용과 재
구축 과정 및 양상에 대해 관심을 가지고 있다. 논문으로「3·1운동 이
후 일본 언론매체의 보도양상 분석: 의친왕 탈출사건 관련 기사를 중
심으로」,「COMPETITION AND HARMONY Kato Hiroyuki's Naturalism
and Ethics for Modern Japan」,「일본의 로봇문화: 친밀함, 생명, 공존의
상상력」등을 발표했고, 공저로『메이지유신의 침략성과 재인식의 문
제』,『근현대 동아시아 지식장과 정치변동』,『근대 일본과 번역의 정
치』등이, 번역서로『입헌정체략·진정대의』,『번역된 근대: 문부성〈백
과전서〉의 번역학』(공역) 등이 있다.

역주자 소개

박삼헌朴三憲

건국대학교 일어교육과 교수 겸 아시아콘텐츠연구소 소장. 고려대학
교 일어일문학과를 졸업하고 고베대학 대학원에서 일본사회문화사 전
공으로 박사학위를 받았다. 근대 일본의 국가체제를 중심으로 연구하
고 있으며, 최근에는 메이지 시대 이후, '메이지'를 둘러싼 역사 인식과
정치에 관심이 많다. 저서로『근대 일본 형성기의 국가체제: 지방관회
의·태정관·천황』,『천황 그리고 국민과 신민 사이』등이, 공저로『한중
일이 함께 쓴 동아시아 근현대사』,『동아시아 도시 이야기』,『일본사 시
민강좌』,『벌거벗은 세계사: 사건편 2』등이, 번역서로『천황의 초상』,
『천황 아키히토와 헤이세이 일본사』등이 있다.

역주자 소개

박은영朴銀瑛

성균관대학교 동아시아학술원 연구교수. 일본 근대사, 일본 기독교사를 전공했다. 근대국가와 전쟁, 종교 문제에 관심이 있으며, 최근에는 일본 여성사의 관점에서 근대 일본 여성의 사상 형성 문제를 분석하고 있다. 공저로『일본사 시민강좌』,『근대 일본인의 국가인식: 메이지 인물 6인의 삶을 관통한 국가』,『근현대 동아시아 지식장과 정치변동』등이, 번역서로『환경으로 보는 고대 중국』,『서양을 번역하다』,『번역된 근대』(이상 공역),『한중일 비교 통사』등이 있다.

메이로쿠잡지
明六雜誌